山不在高，有仙则名。
刘禹锡在《绝编生墓表》中，
表彰了苏州人顾彖先生，
他将一生奉献给了常德德山的《周易》文化教育事业。
400多年后，在汉寿、德山的石坛精舍——沅阳书院，
出现了《周易》研究大师丁易东。
他的《周易象义》，
成为名垂青史的常德地方文化品牌。

梁颂成 刘卫红 陈顺清 校点

周易象义

（宋）丁易东 著

中国社会科学出版社

图书在版编目(CIP)数据

周易象义 /（宋）丁易东著；梁颂成，刘卫红，陈顺清校点 .—北京：中国社会科学出版社，2021.3

ISBN 978-7-5203-7927-4

Ⅰ.①周…　Ⅱ.①丁…②梁…③刘…④陈…　Ⅲ.①《周易》—研究　Ⅳ.①B221.5

中国版本图书馆 CIP 数据核字（2021）第 029158 号

出 版 人	赵剑英
责任编辑	任　明
责任校对	杨　林
责任印制	郝美娜

出　　版	中国社会科学出版社
社　　址	北京鼓楼西大街甲 158 号
邮　　编	100720
网　　址	http://www.csspw.cn
发 行 部	010-84083685
门 市 部	010-84029450
经　　销	新华书店及其他书店
印刷装订	北京君升印刷有限公司
版　　次	2021 年 3 月第 1 版
印　　次	2021 年 3 月第 1 次印刷
开　　本	710×1000　1/16
印　　张	21.25
插　　页	2
字　　数	362 千字
定　　价	120.00 元

凡购买中国社会科学出版社图书，如有质量问题请与本社营销中心联系调换

电话：010-84083683

版权所有　侵权必究

前　言

梁颂成

《周易象义》十六卷，为南宋丁易东阐释《易经》义理的著作。本书整理底本为《四库全书·经部·易象义》十六卷。此书因易象以明义，故称"象义"。卷首有著名爱国诗人、文学批评家刘辰翁，以及时任右丞相兼枢密使章鉴的序，还有作者的自序及又序，然后是《易统论》三篇和《凡例》。

《周易象义》将《周易》取象之例分为十二类：一为本体，即"乾天坤地"之类；二为互体，即"杂物撰德"之旨；三为卦变，即《彖》所谓"大往小来"、《传》所谓"柔来文刚"、"刚上文柔"是也；四为正应，即《传》所谓"刚柔内外"之应是也；五为动爻，阳老即变为阴，阴老则变为阳是也；六为变卦，即《左传》所载古人占筮之法，曰乾之姤、乾之同人是也；七为伏卦，乾则伏坤，震则伏巽，"说卦"所谓"天地定位""雷风相薄"是也；八为互对，即汉儒之旁通，卦义与伏，而有本体全体之异；九为反对，损之与益，五二之词同、夬之与姤，四、三之辞同，可以类推者是也；十为比爻，初比二、二比三是也；十一为原画，阳皆属乾、阴皆属坤是也；十二为纳甲，蛊之先甲后甲、巽之先庚后庚是也。

全书以李鼎祚《周易解集》、朱震《汉上易传》为根本，并与诸家相关著述互为参补。对于前人旧说，如唐李鼎祚、宋朱震、邵雍、朱熹、沈该、都洁、蔡渊、冯椅等的易象论说多有辩证取舍。其意义，清人许治修在《元赵汸黄泽世家》一文中评价："李鼎祚缀辑于王氏弃掷之余，朱子发后出而加密，丁易东继之而愈详。"先儒言《易》，有汉、宋之分。汉《易》以言象数见长，宋《易》则长于言理。丁易东言《易》，则不分门户，他认为舍象而言理，则理未免太空洞；舍理而言象，则象未免为穿凿。因此，他提倡"以因理明象为主，而参以变与数"，是对他之前的象数《易》学，做出的很好总结。

《四库全书提要》称此书原本已不全，原稿"世仅存十之二三"，"惟散见《永乐大典》中者，排比其文，仅缺豫、随、无妄、大壮、睽、蹇、中孚七卦，及晋卦之后四爻，余皆完具，与残本互相参补，遂还旧观。以篇页颇繁，谨析为一十六卷，以便循览。"可见，四库馆臣们编辑此书使复旧观，是花了一定工夫的。

此书作者丁易东，同时被收入《四库全书》"子部"的著作还有《大衍索隐》。除此，众多记载他还曾有易学类著作《周易传疏》《周易上下经解残本》四卷等。同时，他也是卓有成就的老子《道德经》研究家，辑入《道藏》的刘惟永《道德真经集义大旨》三卷、《道德真经集义》十七卷，每一卷都特别注明："凝远大师常德路玄妙观提点观事刘惟永编集，前朝奉大夫太府寺簿兼枢密院编修丁易东校正。"而《道藏目录详注》卷之三，则直称"刘惟永、丁易东编集，各家解义"。

丁易东的生平事迹，《新元史》《常德府志》《龙阳县志》等都有记载，只是生卒年，一般都没有提到。《新元史》载："丁易东，字石潭，龙阳人。宋进士，官编修。入元，累征不起。……尝建石潭精舍，教生徒。事闻，赐额沅阳书院，授山长。"[①] 中间省略三百多字，内容为表现其著作与学术研究情况。明嘉靖《常德府志》卷十五的记载也与此差不多："丁易东，龙阳人，号石坛。登进士第，累官翰林院编修。入元耻事二姓，屡征不起，筑石坛精舍，教授生徒，捐己田以赡之。著《周易传疏》，咏《梅花诗》百余律。事闻于朝，授以山长，赐额沅阳书院。"

《道藏·洞神部·玉诀类》中，有《道德真经集义大旨》三卷。书后有两篇《跋》，一篇是刘惟永的自《跋》，一篇是喻清中的《跋》。

刘惟永和丁易东是学术上的朋友，是多部研究《道德经》著作的合作者。两人所住之地，今天看来相隔不足一千米远。刘惟永在《跋》中说道："今得石潭丁编修以其家藏名贤之注，与惟永所藏之书合而为一，乃总八十一章，为三十一卷。"[②] 此《跋》后面注明写作时间是："大德

---

① 柯劭忞等：《新元史·列传一三二·儒林二·丁易东传》，吉林人民出版社1995年版，第3398—3399页。

② （元）刘惟永编集，丁易东校正：《道德真经集义大旨》卷下，道藏洞神部玉诀类。

三年岁次己亥（1299）上元日（正月十五日），晚裼刘惟永谨跋。"《跋》中说这部《道德真经集义大旨》是"得石潭丁编修以其家藏名贤之注，与惟永所藏之书合而为一"。刘惟永作此《跋》时，丁易东如果不在人世了，他这里不可能不提到。也就是说，"大德三年岁次己亥（1299）上元日（正月十五日）"刘惟永作此《跋》时，丁易东尚在人世。

喻清中是丁易东的学生，其时担任宝庆府（古邵，即今邵阳）教授。喻清中的《跋》，作于元大德三年（1299）。其《跋》曰：

> 《道德经》五千言，注释百余家，真知太上之心者谁欤？岁在至元壬午（1282），道厄于时，经烬于火，惟五千言岿然鲁灵光之独存。……时与石潭老师音问往来无虚月，因索及之，遂录以寄老师，一见称奖。辛卯（1291），仆忝与岁贡，以《易》《老》二书进呈，得阙古邵。丙申（1296）之夏，常武寓公赵君贯道来正学纲，袖示老师月屋二书，垂谕新刊《道德经集注》，以俚说侪之诸说之后，复以化疏见委，仆为之惊愕，而继之以愧且病也。仆已锓梓，似难反汗。己亥（1299）夏，仆冒暑访月屋，则所刊板工力尚欠三分之二，而石潭老已为古人矣。……临行，月屋索跋语，因以是说赘于卷末。
>
> 是岁之秋七月长沙喻清中跋。①

这里，作者喻清中恭敬地称丁易东为"石潭老师"。他们原来一在长沙，一在武陵。至元壬午（至元十九年，1282），经过"道厄于时，经烬于火"之后，为了研究探讨《道德经》的有关问题，曾经"音问往来无虚月"，即每月都有书信来往。辛卯（至元二十八年，1291），喻清中因向朝廷进呈《易》《老》二书有功，成为岁贡生，并得到宝庆府教授的职位。丙申（元贞二年，1296）夏天，常武（常德）寓公赵君贯道来宝庆（古邵）考察教育工作，顺便带来了武陵刘惟永（月屋老师）的两本书，并告诉他新近刊印《道德经集注》的情况。让他很高兴的是，月屋老师把自己关于《道德经》的一些观点和看法也收进了书中，放在"诸说"

---

① （元）刘惟永编集，丁易东校正：《道德真经集义大旨》卷下，道藏洞神部玉诀类。

之后，同时月屋老师（刘惟永）还委托他进一步注疏书中的疑难之处。又过了三年，便是"己亥（大德三年，1299）"夏天，喻清中冒暑来到武陵探访月屋老师之时，让他惊异的是，"石潭老已为古人矣"，即丁易东已经去世了。

这样看来，元大德三年（1299），就是丁易东去世之年无疑。结合两篇《跋》文，喻清中叙述夏天到武陵，得闻丁易东已经过世；而先前，刘惟永自《跋》时"大德三年岁次己亥（1299）上元日（正月十五日）"丁易东尚在人世。那么，可以推定，丁易东去世的时间应是在己亥（大德三年，1299）春天，即正月十五日以后，四月立夏之前。

清《古今图书集成·理学汇编·经籍典》第五十八卷，收有署名"王元履"的《大易缉说序》，其中也提到了丁易东去世的情况，可供参考："及分教澧阳（今常德市澧县）时，丁石潭递至沅阳书院策题，以易图书数偕春秋王正月为问，所疑正与前合。余谓十图九书，本体也；九图十书，经纬也。拟书答之未果，而石潭已矣，至今抱此一恨！"[①] 此《序》的写作时间"时大德辛丑（大德五年，1301）日长至（夏至）"（此时丁易东去世刚2年）。这里回顾丁易东有关情况，遗憾地说道："拟书答之未果，石潭已矣，至今抱此一恨！（正准备写信回答这个问题没有来得及，石潭先生就去世了，到现在心中还留着这样一个遗憾！）"这正是对挚友的深切怀念才有的抱憾口吻。

总之，丁易东在《易》学研究方面很有成就。他的《易》学著作《周易象义》《大衍索隐》，被分别收入《四库全书》的经部和子部。丁易东论《易》，"专以因理明象为主，而参以变与数焉。……虽博采兼收，而要其大归，则一揆以理。"[②] 丁易东的《易》学思想主要包括以象言《易》、以变言《易》、以数言《易》三个部分。除此，他还对以佛老之言解《易》的方法进行了批判。

同时，丁易东还是著名的教育家、慈善家。他在南宋末年退出官场之后，随即在家乡石潭坪创办"石潭精舍"，教授生徒。后来随着影响的逐

---

① （清）陈梦雷：《古今图书集成·理学汇编·经籍典》第五十八卷。
② 见本书《易统论上》。

渐扩大，生源越来越多，他将"石潭精舍"迁到了交通便利的常德德山沅水对岸的黄龙陂。元初得到朝廷认可后，赐名为"沅阳书院"。他捐己田一千二百多亩，"取其租以赡生徒"。此外，在地方赈灾救灾方面，丁易东也是有所作为的乡贤之一。

四库全书提要

臣等谨案：《周易象义》十六卷，丁易宋东撰。易东，字汉臣，武陵人。仕至朝奉大夫、太府寺簿、兼枢密院编修官。入元不仕，教授乡里以终。是编因易象以名义，故曰象义。其取义之例凡十有二：曰本体，即乾天坤地之类。曰互体，即杂物撰德之旨。曰卦变，象所谓大往小来，传所谓柔来文刚、刚上文柔是也；曰正应，传所谓刚柔内外之应是也。曰动爻，阳老则变为阴、阴老则变为阳是也。曰变卦，《左传》所载古人占筮之法，曰乾之姤、乾之同人是也。曰伏卦，乾则伏坤，震则伏巽，说卦所谓天地定位、雷风相薄是也。曰互对，即汉儒之旁通，卦义与伏通，而有本体全体之异。曰反对，损之与益，五二之辞同，夬之与姤四三之辞同，可以类推者是也。曰比爻，初比二、二比三是也。曰原画，阳皆属乾，阴皆属坤是也。曰纳甲，蛊之先甲后甲、巽之先庚后庚是也。其于前人之旧说，大抵以李鼎祚《周易集解》、朱震《汉上易传》为宗，而又谓李失之泥，朱伤于巧，故不主一家。如卦变之说，则取邵子、朱子；变卦之说，则取沈该、都洁；筮占之说，则取朱子、蔡渊、冯椅。远绍旁搜，要归于变动不居之旨，亦言象者所当考也。诸家著录，多作十卷，惟朱睦㮮《授经图》作《易传》十一卷，焦竑《经籍志》作《易传》十四卷。考易东所著，别无"易传"之名，盖即此编。朱氏并其《论例》一卷数之，为十一卷；焦氏又并其《大衍索隐》三卷数之，遂为十四卷耳。朱彝尊《经义考》作十卷，注曰：存。然世仅存十之二三，又非彝尊之所见，惟散见《永乐大典》中者，排比其文，仅缺豫、随、无妄、大壮、睽、蹇、中孚七卦，及晋卦之后四爻，余皆完具。与残本互相参补，遂还旧观。以篇页颇繁，谨析为一十六卷，以便循览。原本附有大衍策数诸图，多已见《大衍索隐》中，今不复录。其《论例》一卷，自述撰著之旨颇备，今仍录以弁首焉。

乾隆四十六年（1781）九月，恭校上。
总纂官：臣纪昀、臣陆锡熊、臣孙士毅
总校官：臣陆费墀

《周易象义》原序

易者，未定之辞也。其杂物取象，尚可知也。故三百八十四爻者，其例有深有浅，间而出于人事焉。以明物象者，皆人事也。而实则主象也，象无数也。窃意其元吉、永贞、无咎者，其最下之占辞耳，未成象也。乃其象之云云，犹有物也，凡占道皆如此也。充类有出于其辞之外者，必可见之象也。谓三百八十四爻，为三百八十四事，而三百八十四事，为易止，此足以尽天下后世之变者，愚儒之论也。

又有拟易，而并拟其名，拟其辞，如重言重意者，尤愚儒之论也。后有知来者，其为物必非前世之所有，则其占其辞，亦未必今世之所有也。故易者，常易也。惟易为无穷，易故无穷也。自伊川谈理，而象之不可通者，通康节衍数，而物之不能言者，言不可通者，通经义也，不能言者，言声韵也。不言理，不言数，而壹出于占筮。占筮是已然，使执本义者。坐帘肆，日阅人而不知变其占必穷，何则？未得其所以易也。吾今日之易易昨日矣，奈何株而守之？

易者，神明之道也，随所感而生焉，有若启之者焉。而象外有其象，辞外有其辞矣，庶几哉！汉上为识其辞之所由，生象之所自出，易故至是始极矣。虽然，以互变飞伏，求之不得，于互必得于变，不得于互变，必得于飞伏，类多方迁就，以求其已成之辞使必通，而不知当日之可取象者尚多也。何以不为彼而为此？又何以变而又变，而各为其道？而或出于飞伏而复返乎？其初何其舞法？亡法而无定操，以至此也。岂作者意也？此则汉上之功，而汉上之过也。

武陵丁石潭君为《象义》，核汉上而博诸家。其洁静也不杂，得易之体；其互变也不泥，得易之通。疏而明，渐而近。其不可为典要也，未尝不出于典常，而可以为训。虽先儒复起，其辩不与易矣，而又未尝有意于辩也。自吾见近世成书若此者，少至《大衍索隐》，横竖离合，无不可考，则自得深矣。易肇于气，成于数，象与辞虽其子，而胎息远矣。君能得之于大衍之先，又能衍之于大衍之后，则声韵律吕将无不合，而经世之所以知来者，具是象与辞如响矣。

君成书如屋，年如加我，尚旦暮见之。甲午①春二十二日，庐陵刘辰翁②序。

---

① 至元三十一年，即 1294 年。
② 刘辰翁（1232—1297）：字会孟，号须溪。宋吉州庐陵人。少补太学生。理宗景定三年（1262）廷试，忤贾似道，置丙第，以亲老请濂溪书院山长。工词，多抒家国之恨，沉痛真率。有《须溪集》《班马异同评》《放翁诗选后集》等。

序

易之为道大，而天地风雷细，而鳖蟹蠃蚌之属，无不寓八卦之理，亦犹庄子言道在瓦砾稊稗，亦犹子思言鸢飞鱼跃，上下察也。圣人有以见天下之赜，而拟诸形容，象其物宜，故谓之象。然不特为鼎为颐，为飞鸟为虚舟之类而已，触类而通之，若以巽为绳直，遇坎为矫𫐓，又是一事。坎为盗，遇离为甲胄干戈，又是一事。坎为心病，为耳痛，遇兑为巫，又是一事也。易无尽用，即此可推。《庄子》曰："天地与我并生，万物与我为一。"自此以往，巧历不能得，而况其凡乎？知此语，则知易取象之物类同是一机，本无间隔，惟昧者莫之知也。噫！是易也，言理至于程伊川极矣，言象数至于朱汉上精矣。倪兼山有云："若二书为一，庶几理与象数兼得之。"诚笃论也！

石潭丁君汉臣，观象玩辞，探赜索隐，用功于易亦既有年。谓伊川既详于论理，则略于论象，自谓止说得七分正，以是也，真足以窥见伊川言外之旨。又谓朱汉上之说原于李鼎祚，然鼎祚或失于泥，汉上微伤于巧，不若博采兼收，而要其大归，此《象义》一书所由作也。观其《序》曰：错之以三体，综之以正变，则统之有宗，会之有元，就使诸老复生，不易斯言矣。试举其大略以明之：如坤纳乙故称帝乙，兑纳丁故取武丁；巽为白故曰素履，乾为衣故曰苞桑。燕为燕安之燕，爵为爵禄之爵。鸣谦以兑口而鸣，熏心以离火而熏。巽为发加震之竹，则有簪之象。乾为玉，用玉于东方，则有圭之象。巽为绳，则有系与维之象。兑为毁折，则有褫与漏之象。至于豚鱼，不宜析为二物，濡首不当泥诸饮酒，丘园实取义于艮山，弓轮盖取义于坎月。事事皆有祖述，而非傅会也；字字皆有据依，而非穿凿也。虽本之鼎祚、汉上，而兼撷虞翻、干宝诸子之所长，故能萃聚而成一家之书。伊川《易传》三分之未说者，至是补其阙而会其全，是可为智者道，难与俗人言也。惜不令兼山见之，予恐泄道之密，漏神之机，分张太和，磔裂元气，不能不为负苓者窃议于松下矣，而何言之敢赘？

抑余尚记往年初入馆，汤东涧为少蓬时，有以《易解》进者，不之秘省看详。东涧因谓余曰：曾茶山有《易释象》五卷，凿凿精实，发汉上所未发。余深以未见其书为恨！今于石潭《象义》而有得，虽不及见茶山之易，亦可无憾矣，于是乎书。

至元二十八年病月朔古甲，① 李珏稚圭②序。

易之道，其神乎！以象数则象数不可穷，以卜筮则占验不可违，以义理则义理之妙愈求而愈邃。《象义》之作，石潭之得于易者深矣。或曰：易穷理尽性，以至于命之书也。近代河南氏之易学者宗焉，以其根于理也。今专以象言，得无蹈诸儒一偏之失乎？噫！天下无理外之物。《河图》未出，此理在太极；六爻既画，此理在易象。以象观象，则易无非象，以理观象，则象无非理。舍象以求易，不可也，舍理以求象，可乎哉？善乎！石潭之言曰：不得于象，则不得于理；不得于理，则亦不得于象。是书也，当合河南氏之易互观之。

至元中秋朔，杭山寓叟章鉴③书。

---

① 至元二十八年病月朔古甲：1291年农历三月初一。病月，农历三月。朔古甲，初一。

② 李珏稚圭：李珏，字稚圭。信阳人。壬戌（景定三年，1262）进士，习《周礼》。三年十月以太学博士召试，是月除正字。

③ 章鉴（1214—1294）：字公秉。号杭山，别号万叟，南宋宰相。修水（今属江西九江）人。淳祐四年（1244）以别院省试及第，咸淳十年（1274）拜相，历枢密院御史、中书台人、左侍郎等。支持民族英雄文天祥抗元主张。后因韩震殿帅之死，与曾渊之子明震同遭奸党左丞相王轮迫害，被罢相归田。至元三十一年（1294）去世，著有《杭山集》。

自　　序

　　易有圣人之道四焉，象、辞、变、占而已矣。予少而学易，得王辅嗣之注焉，得子程子之传焉，得子朱子之本义焉。王氏、程子，明于辞者也；子朱子，明于变与占者也；独于象，无所适从焉。

　　逮壮游四方，旁搜传注，殆且百家。其间言理者，不可缕数。若以象言，则得李鼎祚所集汉魏诸儒之说焉，朱子发所集古今诸儒之说焉，冯仪之所集近世诸儒之说焉。间言象者，则有康节邵氏之说焉，观物张氏之说焉，少梅郑氏之说焉，吴兴沈氏之说焉，京口都氏之说焉，长乐林氏之说焉，恕斋赵氏之说焉，平庵项氏之说焉，节斋蔡氏之说焉，山斋易氏之说焉，朴卿吕氏之说焉，古为徐氏之说焉。是数家者，非不可观也，而邵氏、张氏，则明易之数，本自著书，非专为卦爻设也。沈氏、都氏，则明卦之变；赵氏、项氏、易氏、冯氏、徐氏，则明卦之情；蔡氏、徐氏，祖述本义，皆非专为观象设也。林氏之说，则反复八卦，既为朱子所排；郑氏之说，又别成一家，无所本祖。其专以说卦言象者，不过李氏鼎祚与朱氏子发耳。朱氏之说，原于李氏者也；李氏之说，原于汉儒者也。李氏所主者，康成之学于虞翻、荀爽，所取为多，其源流有自来矣。

　　然汉儒之说，于象虽详，不能不流于阴阳术数之陋。朱氏虽兼明乎义，而于象变纷然杂出。考之凡例，不知其几焉。良以统之无其宗，会之无其源也。予病此久矣！山林无事，即众说而折衷之。大抵易之取象虽多，不过三体，所谓本体、互体、伏体是也。然其为体也，有正有变，故有正中之本体，有正中之互体，有正中之伏体焉；有变中之本体，有变中之互体，有变中之伏体焉。（正，非中正之正，但谓其卦中未变之体耳。案：以上诸体，皆本汉儒及唐李氏、近世汉上朱氏，非子之臆说也。但其中卦爻，先儒取象有未尽者，亦以其例推而补之。）其余凡例，固非一途，要所从来，皆由此三体推之耳。

盖以正体取象者，不待变而其象本具者也。以变体取象者，必待变而其象始形者也。故自其以正体示人者，观之正而吉而无咎者，变则凶则悔吝也。正而凶而悔吝者，变则吉则无咎也。自其以变体示人者，观之变而吉而无咎者，不变则凶则悔吝也。变而凶而悔吝者，不变则吉则无咎也。兼正、变而取象者，可以变可以无变，惟时义所在也。是可但论其正，不论其变乎？

夫易，变易也。先儒言理者，皆知之矣。至于言象，乃止许以正体言，不许以变体言。凡以变言象，率疑其凿，是以易为不易之易，不知其为变易之易也。既不通之以变易之易，则毋怪以象为可忘之筌蹄也。既以象为可忘之筌蹄，毋怪以象变之说，率归于凿也。故善言易者，必错之以三体，而综之以正变，则统之有宗，会之有元，易之象，可得而观矣。

予于是窃有志焉。是编之述，因象以推义，即义以明象。固错之以三体，综之以正变，而必以正中之本体为先，而其余诸体则标子，其后又以示主宾之分也。至于言数，虽非专主，而间亦及之焉，盖将拾先儒之遗，补先儒之阙云耳。虽因辞明理不如程子之详，言变与占不如朱子之约，至尚论其象，自谓颇不失汉儒之旧，于李氏鼎祚、朱氏子发，未敢多逊焉。后之言象者，不易吾言矣。于是而玩索焉，上可以遡汉儒之传，亦可以免汉儒之凿，庶几君子居观之一助云。作《周易象义》。

柔兆阉茂①蕤宾②甲午，③武陵丁易东序。

---

① 柔兆阉茂：柔兆是丙，阉茂是戌，合起来即丙戌，即元代至元二十三年，1286 年。
② 蕤宾：五月。
③ 甲午：初一日。

又 序

《易》之为书，自王辅嗣以前，汉儒专以象变明辞，固失之泥。及辅嗣以后，又止以清谈解义，于象变绝无取焉。伊川纯以义理发明，固为百世不刊之书，然于象变，则亦引而不发。康节虽言象数，然不专于彖象发明，朱子归之卜筮，谓邵传羲经，程演周易得之矣。其于象数也，虽于易学启蒙述其大概，而本义一书，尚多阙疑。仆用功于此有年矣。窃谓泥象变而言易固不可，舍象变而论易亦不可。于是历览先儒之说，依本义体分《经》与《彖》《象》，各为一编，大率以理为之经，象变为之纬，使理与象变并行不悖，庶几不失前圣命辞之本旨，以示初学，使知其大意云。易东又序。

易统论上

《易》之为书，由汉以来，解者甚众，各是其是，为说纷然，以其所主不同故也。余尝类而别之，大抵其义例十有二：一曰以理论易，二曰以象论易，三曰以变论易，四曰以占论易，五曰以数论易，六曰以律论易，七曰以历论易，八曰以术论易，九曰以事论易，十曰以心论易，十一曰以老论易，十二曰以释论易。

以理论易者，若胡安定、程伊川、张横渠是也，然皆莫如程子之精且详，但既详于论理，则略于论象焉，故伊川自谓止说得七分，正以是也。

以象论易者，若李鼎祚（唐中后期四川资中人）、朱子发、郑少梅是也。然鼎祚《集解》则失于泥，子发《集传》则伤于巧，郑少梅则又别成一家而失之杂。以三家言之，子发为最胜，但于卦变止用三爻，既有未通，且牵合子云《太玄》并阴阳家之术数，不免失之冗焉。

以变论易者，若沈氏该、都氏洁是也。其说本于左氏筮易，如乾初爻变则为姤之类，沈氏既用变卦，又用变爻。若乾变卦为姤，则变爻为巽。都洁但论变卦则多以之卦取义，于本卦反略焉。夫变卦诚不可少，然爻爻以之卦言，则不通矣。

以占论易者，若朱子、蔡伯静、冯仪之是也。然朱子蔡氏专主于占，而于象之难明者尚多阙疑焉。虽《象》言变而有所未尽焉。

以数论易者，若邵康节、张文饶、刘志行是也。夫易之生数，止于加一倍法，其蓍数止于大衍五十。若康节之说则四四而变，归于《皇极经世》，别成一家。文饶虽本康节，而又取《太玄》，及司马氏《潜虚》、卫元嵩《元包》之数，而失之杂。志行则又祖述列子一变为七、七变为九、九变为一之说，至于太初、太始、太素，与太极列而为五，杂又甚焉。

以律论易者，若郑康成注《周礼》六律六吕是也。其说以黄钟为乾初九，以大吕为坤上六，以阳爻配六律，以阴爻配六吕可也。然而泰卦不得为寅月而为辰，否卦不得为申月而为卯，则又与辟卦不同焉。

以历论易者，若京房卦气，以乾初九为子月，辟卦，以坤初六为午月辟卦是也。夫十二月卦始复终坤，论其大体可也。至若始于中孚而终于颐，每以六日七分应一侯，仅合"七日来复"一语，而于他卦无所发明。至一行之说，则又以乾历二始、二中、二终之数附会大衍，不但于易义无所取，于易数亦未尝合焉。

以术论易者，若《易林》《轨革》是也。《易林》之繇既自别成一家，而合于易，至于《轨革》，则以直年直事归之一定之数，而人事无与，可乎？

以人事论易者，若干宝、晁子止、杨延秀是也。夫以人事言，若帝乙归妹、箕子明夷之类，易固有之，干宝专以三代事，爻爻证之，多失之凿。近世晁子止又以后世事证之，亦失之拘，至诚斋虽能融化史事为己用，又不免近于举子之程文，先儒谓三百八十四爻，岂止可用于三百八十四事哉？

以心论易者，若杨敬仲、钺子是、黄景元之说是也。其学本于象山，故以本心为主。凡易之爻象大率皆归于心。夫易固圣人所以洗心，若爻爻牵合，俱以心言，则非易之本旨矣。

以老庄论易者，若王辅嗣、韩康伯、程泰之之说是也。其于易不可谓无所得，但辅嗣以形为累，韩康伯以一为无，泰之以易为通于老，则非圣门之学矣。至若魏伯阳作《参同契》，又以是为内丹之火候，虽空同道士（宋朱熹化名空同道士邹欣）尝取之，盖假易以论丹，非易之有待于彼也。

以释氏论易者，若孔颖达所引《江左义疏》所谓住内住外之空，就能就所之说，斯乃义涉于释氏，非为教于孔门是也。若唐李通玄作《华严论》，至以文殊表艮少男，而近世《语录》亦有《华严》可当艮卦之论。盖借是以明各止其所之义，非真谓其无异旨也。借此以明彼可也，以彼即此不可也。易论人事，岂彼所谓出世法哉！

夫以诸家之说论之，莫先于理，然至微者理，至著者象，言理而遗象不可也，言象而遗理不可也。故予之说易，专以因理明象为主，而参以变与数焉。象本鼎祚而兼汉上卦变，本彖辞变卦，本左氏筮占，本朱子月卦，本京房数，本大衍，而不敢徇邵张焉。虽博采兼收，而要其大归，则一揆以理。至于以事论易，以心论易，则诸家之解详矣，不待更赘也。若夫用老释之义，论周孔之经，则非儒者之学，故有所不敢焉。

易统论中

易者，圣人穷理尽性以至命之书。然非若他经之言理也，每即象以明理焉。不得于象，则不得于理，不得于理，则亦不得于象，故尤不可不以象求也。

夫圣人立象所以尽意，先儒之求象，亦未尝以一例拘。大率论之，其义例亦十有二：一曰本体，二曰互体，三曰卦变，四曰应爻，五曰动爻，六曰变卦，七曰伏卦，八曰互对，九曰反对，十曰比爻，十一曰原画，十二曰纳甲。

何谓本体？如乾为天、坤为地。凡说卦所取之象，各以其本卦上下二体得之者是也。

何谓互体？《系辞》曰：若夫杂物撰德，辩是与非，则非其中爻不备。先儒于上下二体之外，以二至四为一卦，三至五又为一卦是也。然互体亦有二：有自本体而互者，有因爻变而互者，此又不可一例拘也。

何谓卦变？如随自否来、贲自泰来之类。然亦有二：有自一爻变者，如随、贲之类是也；有自两爻变者，如睽、升之类是也。朱子发止以一爻取义，故于小过、中孚有所不通。若知其或自一爻变，或自两爻变，各随其象辞而消息之，则无疑矣！

何谓正应？如初与四应、二与五应、三与上应之类是也。以阴应阳、以阳应阴谓之正应，以阴应阴、以阳应阳谓之无应，或亦谓之敌应。故各卦取象，或有自所应之爻而得之者。但求于本爻，则不见其象矣，此应爻不可不求也。至若晁氏以道但欲以世应论爻，而谓他爻不可以言应者，则是京房卜筮之学也。

何谓动爻？夫爻象动乎内，功业见乎外。又爻也者，效天下之动者也。故此爻本阳也，以老阳而变为阴。此爻本阴也，以老阴而变为阳，则又自其动者取象焉。然有以本爻之动取象者，有以与应爻相易取象者，此又不可以例拘也。

何谓变卦？如《左氏传》筮易，所谓乾之姤、乾之同人之类是也。然有以三画卦变取义者，如乾变为巽之类；有以六画卦变取义者，如乾变为姤之类是也。至若蒙之有困、需之有恒，则又以诸爻迭变而取焉。此又不可一例拘也。

何谓伏卦？如天地定位，山泽通气，雷风相薄，水火不相射，此伏卦例也。谓乾伏坤、坤伏乾、艮伏兑、兑伏艮、震伏巽、巽伏震、坎伏离、离伏坎是也。然有就本卦伏者，乾之伏坤是也。有就动爻伏者，若乾之初九，变巽而伏震之类是也。若晁氏以道每卦专以一爻飞伏，取纳甲者，则又惑于火珠林矣！

何谓互对？汉儒谓之旁通。易曰：六爻发挥，旁通情也。以旁通论象，即前所谓伏卦。但伏卦止以本爻论，旁通则以全体论。如复有姤、泰有否之类是也。此在先天图中互对是也。

何谓反对？即损与益、夬与姤、既济与未济之类。反而观之，则此之初即彼之上，此之二即彼之五，此之三即彼之四，卦中亦有其辞同者，故损之五、益之二，皆言十朋之龟；夬之四、姤之三，皆言臀无肤；既济之三、未济之四，皆言伐鬼方是也。然特间有之，不可拘泥。林黄中以一卦包八卦，正取反对正体互体兼言之，必欲卦卦如此推求，则泥矣。

何谓比爻？谓初与二比、二与三比、三与四比、四与五比、五与上比之类是也。故或此爻动，而连彼爻之动以取象，或彼爻动，而连此爻之动以取象焉。如乾之初九，连九二之动，而取诸通；离之上九与六五相易，而四为乾首是也。

何谓原画？谓推原此画、本属何卦也。若阳画属乾、阴画属坤，初九九四属震，初六六四属巽，九二九五属坎，六二六五属离，九三上九属艮，六三上六属兑，是皆推原卦画所自来也。如讼之六三，以坤取象，观之六二，以离取象，颐之初九，以乾取象之类是也。

何谓纳甲？如乾纳甲壬、坤纳乙癸之类。亦有两说：有本卦纳者，有因卦变伏卦而纳者。今卜筮家乾初爻纳甲子、坤初爻纳乙未之类是也。卦变伏卦纳者，如蛊之先甲后甲、巽之先庚后庚，又自卦变及伏卦而纳也。若用占筮家之说推之，则不通矣。

以上十有二例，取象不同，先儒或得其一，即以例凡，故不失之拘，则失之凿。若以诸例通，则无不合矣。或曰：同此一爻也，或取互体而遗本体，或取应爻而遗本爻，或取伏卦则遗本卦之类。又何也？曰：圣人作易，先因卦画而得其义，然后因义而求其象焉。当取本体则遗互体，当取互体则遗本体，当取卦变则取卦变，当取应爻则取应爻，当取动爻则取动爻，当取变卦则取变卦，当取伏卦则取伏卦，当取旁通则取旁通，当取反对则取反对，以至当取纳甲则取纳甲，初不可以一例拘也。

孔子所谓惟变所适，不可以为典。要欤！曰：若是则圣人所取，无定象矣，又何必以象求哉？曰：圣人之心，不出于一理。大易之象，不出于八卦。随时变易，将以从道而已。所谓如珠走盘而不出于盘者，其圣人作易之谓欤？故善观象者，兼此十有二例而推之，则无不通矣。或曰：子于序文，既以象为不过三体而分正变，今乃以十二例言之，何也？曰：十有二例，其目也；三体，其纲也。其纲举而后其目张，得其三体之正变，则十二例在其中矣。

易统论下

　　易，一太极而已矣。太极，一理之极至而已矣。易，变易也。以其变易而无穷，故谓之易。然其所以变易者，孰主张是有理焉？以其至极，无以复加，故尊之曰太极。双峰饶氏所谓太极者，天理之尊号是也。然周子则曰"无极而太极"，朱子则曰"万物体统一太极"，又曰"一物各具一太极"，何也？盖是理之至，无声无臭，不可以形迹求，故曰无极而太极。是理也，虽不可以形迹求，而上下四方之宇，古往今来之宙，万形之生化，万变之推移，莫不于焉而总摄，故曰万物体统一太极也。

　　然太极生两仪，有两仪，则太极便在两仪之中。而两仪，各一太极也。两仪生四象，有四象，则太极便在四象之中，而四象各一太极也。四象生八卦，有八卦，则太极便在八卦之中，而八卦各一太极也。八卦之上，复生八卦，为六十四卦；有六十四卦，则太极便在六十四卦之中，而六十四卦各一太极也。分为三百八十四爻，太极便在三百八十四爻之中，而三百八十四爻各一太极也。六十四卦变而各具，六十四卦为四千九十六，太极便在四千九十六卦之中，而四千九十六卦各一太极焉。故曰一物各具一太极也。

　　然而统体之一太极，全具于一物之中，而一物之太极，即统体之太极。故全易之太极，具于一卦之中，而一卦之太极，即全易之太极也。统体之太极，全具于物物之中，而物物之太极，即统体之太极，故全易之太极，具于六十四卦之中，而六十四卦各一太极，即全易之太极也。然而一物之理遍在万物之中，而万物之理具在一物之中，是故一物各具一太极，即物物各具一太极。故一卦遍在六十四卦之中，而一卦所具之太极，即六十四卦各具之太极也。物物各具之太极，即一物各具之太极，故六十四卦具在一卦之中，而六十四卦各具之太极，即一卦所具之太极也。

　　盖自其不变而言之，一卦止为一卦，六十四卦止为六十四卦。自其变通而言之，会万于一，则六十四卦具在一卦焉；散一于万，则一卦遍在六十四卦焉。夫惟六十四卦具于一卦，而一卦遍在六十四卦，则六十四卦各具六十四卦，而六十四卦各遍六十四卦，为四千九十六卦焉。四千九十六虽各一太极，而未尝不同一统体之太极也。所谓推之于前，不见其始之合，而引之于后，不见其终之离欤！曰：若然，则一卦之与六十四卦混融而无间矣。何必以某象属之某卦，某象属之某爻哉？

曰：前不云乎？自其变通而言之，则一卦有六十四卦，而六十四卦各有六十四卦。自其不变而言之，一卦止为一卦，而六十四卦亦各为六十四卦焉。故自其合者言之，则万象森然，而不必分；自其分者言之，则卦各有象而不可乱。自其分者言之，有正中之本体，正中之互体，正中之伏体；自其合者言之，有变中之本体，变中之互体，变中之伏体。随时变易以从道焉，非假借非牵合，而太极之理无不在也。六十四卦尚可旁通，况八体乎？此易道所以变易不穷，而夫子一言以蔽之曰：易有太极欤？或曰：易以变易言，曰有变中之本体，变中之互体，变中之伏体可也。今有所谓正中之本体，正中之互体，正中之伏体焉。是三者，皆不变之体也。然则先儒谓易有不易之义者然乎？曰：若以变言，则变固变也，不变亦变也。而易之一字，正以变易为言耳。盖能变而不能不变，未足以为变，惟能不变，益所以见其变也。

况夫太极流行，有动有静，不变其静，而变其动也。阴而变静中之动，阳而变动中之动也。阳而不变动中之静，阴而不变静中之静也。或动或静，或变或不变，一太极之流行耳。虽然，太极之理著着于事物者然耳。夫易，无思也，无为也。寂然不动，感而遂通，天下之故无思无为无极，而太极之本体也。寂然不动，太极之静，感而遂通，天下之故。太极之动也，冲漠无朕之中，万象森然，已具物物之太极，固已具于吾心一太极之中矣。夫是之谓易有太极，夫是之谓心为太极，是故圣人以此洗心，退藏于密，非天下之至神，其孰能与于此哉！吁，至矣！

凡　　例

一、取象之例虽多，然不过三体：一曰本体，二曰互体，三曰伏体。然皆有正有变，故有正中之本体，正中之互体，正中之伏体。有变中之本体，变中之互体，变中之伏体。其余诸体，皆自此三体来也。

一、文王《彖辞》固多取象。若夫子释《彖》，先论卦变，次明其义。虽间以象取，然非专泥于象。但先儒亦有以象言者，不敢全废，其或可以象取，而几于泥者，以"或曰"标之。

一、大象本以两体取，若有用互体、伏体之类取者，亦以"或曰"标之。

一、爻辞用象取者著之，若夫子小象《文言》释爻，本以义取，或可以象取者，以"或曰"标之。

一、凡卦爻之义有两三说者，以"或曰"标之。

一、凡卦象去取或本虞仲翔，或本荀慈明，或本九家，或本李鼎祚，或本朱子发，或本郑东卿，或本林黄中，或本项平甫，或本冯仪之，或本徐古为，或本吕朴卿，缘皆参错其中，难于尽标其名，非敢掠前人为己美。至于先儒所未发者，时亦以己见参之。

一、朱子发取象，但言其有某卦某卦，多不述其所自，故学者乍见，多以为疑。今此书则每爻或互或变或伏，必言其所以取象之因，则不难求矣。

一、取象有与朱子发相似而实不同者，如乾九五，《文言》前一段均以二五，取其同声相应，火就燥云从龙风从虎之类，固与汉上合若同气相求，水流湿。本乎天者亲上，本乎地者亲下之类，实与汉上异，缘汉上取象失之偏枯。而今则必求停当，盖是者从之，不是者则不苟从。如此之类，不一而足，今姑以此一例别之，观者能以汉上之书相参，方见其异。

一、朱子发卦变止于三爻，朱子则用五爻，今从朱子。但朱子卦变虽用五爻，其间多用变中之变，如泰自归妹来，无妄自讼来之类。今遡其源，一以复姤等十二卦为主。

一、按某卦自某卦来之类，皆以阴阳多寡为类相易，此卦变也。《彖辞》言其本体所自来也，如九六之变，此变卦也。一卦可变六十三卦也，占筮之事也。朱子发非不知之，及其论屯、临之变，而引《春秋》某卦之某卦为言，是以卦变为变卦也，今正之。

一、易中互体，谓二至四、三至五，又成两卦，指三画而言也。颐中有物曰噬嗑，此乃以六画之卦比并而论，非所论互体也。若以噬嗑互体言，则二以上又互艮，三以上则互坎，非互颐也。朱子发非不知之，乃以颐为互体，误矣，今正之。

一、伏卦谓乾坤相伏，震巽相伏，皆以其对待言。如乾初九伏震，乃因变巽而伏震。朱子发非不知之。至其释乾，乃曰初九变坤，下有伏震。误矣！若三画变，可为坤，又无伏震矣。九二之变则为离，于坤亦无与。子发乃云：九二坤变为离，三画变可为坤，又无离矣。坤变为离，乃是坤之初与三变也，于乾九二何与焉？今正之。

一、揲（shé）蓍之法，共有六家，惟河南杨氏为当今以为据，详见大衍之数。

按：晁子止曰，象数之学，用互体卦变之类，解易明辞之所生，可以见作易之本原；义理之学，用位应承乘之类，解易明辞之所施，可以见易之显效。两者不可偏废。然易之作既成矣，就不识其所从生，庸何伤？而易之致用，不可不察，故详于义理，而略于象数，其说当矣。及观张文饶之作变通，则曰学易而不学先天，知用不知体，譬如贵公子之论味，其贤者不过谓从席中来也。然则学易而不知象数，毋乃蹈张文饶之讥乎？今兹象义，详于象变，而略于义理，诚输先儒一着。然究象之所生，以求作易之初意，则于学者不为无补云。

目　　录

四库全书提要 …………………………………………… （1）

《周易象义》原序 ………………………………………… （3）

序 ………………………………………………………… （5）

自序 ……………………………………………………… （7）

又序 ……………………………………………………… （9）

易统论上 ………………………………………………… （10）

易统论中 ………………………………………………… （13）

易统论下 ………………………………………………… （16）

凡例 ……………………………………………………… （18）

周易象义卷一 ………………………………………… （1）
　上经（乾至蒙） ……………………………………… （1）
　　第一卦：乾卦䷀（乾下乾上） ……………………… （4）
　　第二卦：坤卦䷁（坤下坤上） ……………………… （9）
　　第三卦：屯䷂（震下坎上） ………………………… （12）
　　第四卦：蒙䷃（坎下艮上） ………………………… （16）

周易象义卷二 ………………………………………… （19）
　上经（需至否） ……………………………………… （19）
　　第五卦：需卦䷄（乾下坎上） ……………………… （19）
　　第六卦：讼卦䷅（坎下乾上） ……………………… （22）
　　第七卦：师卦䷆（坎下坤上） ……………………… （25）
　　第八卦：比卦䷇（坤下坎上） ……………………… （28）

第九卦：小畜卦䷈（乾下巽上） ………………………………………（31）
　　第十卦：履卦䷉（兑下乾上） ……………………………………………（34）
　　第十一卦：泰卦䷊（乾下坤上） …………………………………………（36）
　　第十二卦：否卦䷋（坤下乾上） …………………………………………（40）

周易象义卷三 ………………………………………………………………（42）
　　上经（同人至噬嗑） ……………………………………………………（42）
　　第十三卦：同人卦䷌（离下乾上） ………………………………………（42）
　　第十四卦：大有卦䷍（乾下离上） ………………………………………（45）
　　第十五卦：谦卦䷎（艮下坤上） …………………………………………（47）
　　第十六卦：豫卦䷏（坤下震上） …………………………………………（50）
　　第十七卦：随卦䷐（震下兑上） …………………………………………（51）
　　第十八卦：蛊卦䷑（巽下艮上） …………………………………………（52）
　　第十九卦：临卦䷒（兑下坤上） …………………………………………（55）
　　第二十卦：观卦䷓（坤下巽上） …………………………………………（57）
　　第二十一卦：噬嗑卦䷔（震下离上） ……………………………………（59）

周易象义卷四 ………………………………………………………………（62）
　　上经（贲至离） …………………………………………………………（62）
　　第二十二卦：贲卦䷕（离下艮上） ………………………………………（62）
　　第二十三卦：剥卦䷖（坤下艮上） ………………………………………（65）
　　第二十四卦：复卦䷗（震下坤上） ………………………………………（67）
　　第二十五卦：无妄卦䷘（震下乾上） ……………………………………（70）
　　第二十六卦：大畜卦䷙（乾下艮上） ……………………………………（71）
　　第二十七卦：颐卦䷚（震下艮上） ………………………………………（73）
　　第二十八卦：大过卦䷛（巽下兑上） ……………………………………（75）
　　第二十九卦：坎卦䷜（坎下坎上） ………………………………………（78）
　　第三十：离卦䷝（离下离上） ……………………………………………（81）

周易象义卷五 ………………………………………………………………（83）
　　下经（咸至蹇） …………………………………………………………（83）
　　第三十一卦：咸卦䷞（艮下兑上） ………………………………………（83）
　　第三十二卦：恒卦䷟（巽下震上） ………………………………………（86）

第三十三卦：遁卦䷠（艮下乾上）……………………………（88）

第三十四卦：大壮卦䷡（乾下震上）………………………（90）

第三十五卦：晋卦䷢（坤下离上）…………………………（92）

第三十六卦：明夷卦䷣（离下坤上）………………………（95）

第三十七卦：家人卦䷤（离下巽上）………………………（97）

第三十八卦：睽卦䷥（兑下离上）…………………………（99）

第三十九卦：蹇卦䷦（艮下坎上）…………………………（102）

周易象义卷六 …………………………………………………（104）

下经（解至井）……………………………………………（104）

第四十卦：解卦䷧（坎下震上）……………………………（104）

第四十一卦：损卦䷨（兑下艮上）…………………………（107）

第四十二卦：益卦䷩（震下巽上）…………………………（110）

第四十三卦：夬卦䷪（乾下兑上）…………………………（113）

第四十四卦：姤卦䷫（巽下乾上）…………………………（116）

第四十五卦：萃卦䷬（坤下兑上）…………………………（119）

第四十六卦：升卦䷭（巽下坤上）…………………………（121）

第四十七卦：困卦䷮（坎下兑上）…………………………（123）

第四十八卦：井卦䷯（巽下坎上）…………………………（126）

周易象义卷七 …………………………………………………（128）

下经（革至丰）……………………………………………（128）

第四十九卦：革卦䷰（离下兑上）…………………………（128）

第五十卦：鼎卦䷱（巽下离上）……………………………（131）

第五十一卦：震卦䷲（震下震上）…………………………（133）

第五十二卦：艮卦䷳（艮下艮上）…………………………（136）

第五十三卦：渐卦䷴（艮下巽上）…………………………（139）

第五十四卦：归妹卦䷵（兑下震上）………………………（142）

第五十五卦：丰卦䷶（离下震上）…………………………（145）

周易象义卷八 …………………………………………………（148）

下经（旅至未济）…………………………………………（148）

第五十六卦：旅卦䷷（艮下离上）…………………………（148）

第五十七卦：巽卦䷸（巽下巽上）……………………（151）
第五十八卦：兑卦䷹（兑下兑上）……………………（154）
第五十九卦：涣卦䷺（坎下巽上）……………………（156）
第六十卦：节卦䷻（兑下坎上）………………………（158）
第六十一卦：中孚卦䷼（兑下巽上）…………………（160）
第六十二卦：小过卦䷽（艮下震上）…………………（163）
第六十三卦：既济卦䷾（离下坎上）…………………（166）
第六十四卦：未济卦䷿（坎下离上）…………………（169）

周易象义卷九 ……………………………………………（172）
象上传 ……………………………………………………（172）

周易象义卷十 ……………………………………………（183）
象下传 ……………………………………………………（183）

周易象义卷十一 …………………………………………（195）
彖上传 ……………………………………………………（195）

周易象义卷十二 …………………………………………（218）
彖下传 ……………………………………………………（218）

周易象义卷十三 …………………………………………（241）
文言传 ……………………………………………………（241）

周易象义卷十四 …………………………………………（249）
系辞传上 …………………………………………………（249）

周易象义卷十五 …………………………………………（269）
系辞传下 …………………………………………………（269）

周易象义卷十六 …………………………………………（286）
说卦传 ……………………………………………………（286）
序卦传 ……………………………………………………（298）
右上篇 ……………………………………………………（300）
右下篇 ……………………………………………………（303）
杂卦传 ……………………………………………………（303）

后序 …………………………………………………………（306）

周易象义卷一

上经（乾至蒙）

易者，文王所系六十四卦之名，盖以变易取义。周，国名也。以其文王所系，故曰《周易》，所以别夏、殷也。上古伏羲始画八卦，因而重之。八各生八，故止于六十四卦。其卦以乾、兑、离、震、巽、坎、艮、坤为序，而重卦亦然。如今先天横图耳，未有易之名也。

夏曰《连山》，殷曰《归藏》，虽首艮坤之不同，然皆止以下卦为贞、上卦为悔。故箕子《洪范》但云"占用二"耳。至文王始以六十四卦，取大衍之数，所得七八、九六为阴阳老少之分。而一卦又可变六十三，并其不变之一，为六十四。而四千九十六卦，于此具矣。后世有谓伏羲八卦、文王六十四者，此也。

或谓先天图已六十四，遂以谓文王六十四者，为非不知伏羲八卦，虽重为六十四，止是八各生八，而文王又以六十四卦各变为六十四，而成四千九十六也。以九、六为变，故谓之易。然文王虽以九、六为变，止有《卦辞》，未有《爻辞》。盖不变，则用本卦之辞；变者，但以本卦为贞之卦为悔，如朱子启蒙三爻之变之占，而《卦辞》交错成四千九十六耳。至周公始于三百八十四爻，各系以辞。其间不变者，全变者，三爻变者，虽因文王之旧，而一爻二爻四爻五爻。变者，各用《爻辞》为占，大略如朱子启蒙之法焉。

若夫子《十翼》，特即伏羲两体，文王《卦辞》，周公《爻辞》，以义理发明之耳。至汉儒作《易林》，又以一卦之变六十四者，各立《繇辞》，遂有四千九十六繇，是又因周公《爻辞》推广之也。虽汉儒之作，不可与文王周公之易并论，然其由简而详，亦可以知古今之变也。若将

《易林》各以两繇交错四千九十六，上复加四千九十六，则启蒙所谓累至二十四画，成千六百七十七万七千二百一十六变者，亦可推焉。于以见易道之无穷矣！今此始乾坤终既济未济者，盖文王之序。但文王《彖辞》、周公《爻辞》一合，各自为书，而并为一者，盖周公不敢自为书，特补文王所未备耳。

古之书，载以竹简，以周公之《爻辞》合文王之《彖辞》，则简册重大，故分而为二，以上、下别。然其分上、下，亦有义焉，非苟然也。经者，贯简之绳之名。盖绳为经，简为纬也。古人或作上篇下篇者，盖篇以简言，经以其贯简之绳言也。易上、下经，古既为二卷，通孔子所传十篇为十二卷。至费直，分《彖》《象》二传，附于经辞之后，以便学者，今乾卦是也。后人又附爻象传文于当爻之下，今坤卦以下是也。近世吕微仲尝正之为十二篇，晁以道又正之为八篇，皆以《经》《彖》《象》《文言》《系辞》《说卦》《序卦》《杂卦》为次，吕氏伯恭又更着为《经》二卷、《传》十卷。其十卷之《序》《彖上传》一、《彖下传》二、《象上传》三、《象下传》四、《系辞》上传五、《系辞下传》六、《文言传》七、《说卦传》八、《序卦传》九、《杂卦传》十，合王肃本、朱子本义用之。

吴斗南又谓：《说卦》三篇，汉初出于河内女子，今存其一。而又有《系辞》上下二篇。夫《系辞》者，文王之经，而非传也。意后人以其间推明《系辞》之旨而目之欤！要之，即所谓《说卦》上中篇。而今所谓《说卦》者，其下篇耳。乃合夫子《彖》《大象》各为一卷，而以《小象》分上下为《系辞传》，以今《系辞》合《说卦》，为《说卦》三篇。南康冯氏谓其说近是而从之。

然《彖》《象》依本义而分为二，故上下二《经》外，《十翼》之序：《彖上》一、《彖下》二、《象上》三、《象下》四、《文言》五、《说卦上》六、《说卦中》七、《说卦下》八、《序卦》九、《杂卦》十。此说固似有理，但改《系辞》为《说卦》，尚有可疑。而寘《文言》于《系辞》之前，则不可易。故今从其序，而《系辞传》之名，则仍依本义云。

上下经虽以简册重大分而为二，然非无义也。先儒以为上经天道，下经人事，失于支离。独蔡伯静谓：乾坤者，对待之醇；坎离者，对待之交；咸恒者，对待之行；既未者，对待之杂。又曰：气化者，有生之始，而初生也，故上经始乾坤；形化者，运行之终，而复生也；故下经始咸恒，坎离发于中者也，震巽艮兑动而运行者也。然皆终于坎离者，运行常止于对待，乃能复生也。既济未济，虽非坎离，坎离之交也。此说为当今附见之。

第一卦：乾卦☰（乾下乾上）

乾：元亨利贞。

乾，六阳纯体之卦也。三画卦本为乾，重为六画，亦不离乾之名也。乾有健义，重而有六画之乾，则健而又健，所谓健而无息者也，非谓乾之一字即有无息之义也；以健而又健，始为无息耳。乾之取象非一，天其一象也。旧谓天为乾之体，乾为天之性，固不易之论，然非专主天而言之也。凡物之健皆乾也，观《说卦》之取象，则知之矣。以一物一太极言之，则物物皆有乾。以乾名天，特举其得乾象之大者言耳。盖太极生两仪，两仪生四象，四象生八卦。两仪也，四象也，乾坤八卦之名耳。故天地特以乾坤之大者言，非正指乾坤为天地也。若径以乾坤为天地，岂天地反生于四象之后乎？元，大也；亨，通也；利，宜也；贞，正也。元、亨、利、贞，本取大通而宜于正之象，此穆姜释随，以元、亨、利、贞分为四德，故夫子因之，而世以四德言乾矣。以四德言乾，当于《文言》详之。

按诸卦《卦辞》，乃筮得六爻不变者。若每爻皆得少阳之七，各二十八策六爻，通得一百六十八策，则为乾体不变之卦。用《卦辞》占，诸卦放此。

此卦元、亨、利、贞，六十四卦所自出也。

初九：潜龙，勿用。

下爻为初，老阳称九，少阳称七。四揲之策，得三十六，为老阳九也，得二十八，为少阳七也。七不变而九变，九为动爻，易变易也。故阳爻取九言之，潜龙象也，勿用占也。后皆仿此。龙象九潜，以象初，盖阳气阴伏地下之象。乾阳在下，当静以养之，未可用也。勿用，非终不用，待时而后用耳。

以变象言之，龙虽象阳，然与《说卦》未合。盖初九动则成巽，巽有伏震；震为龙，巽为隐，又为伏，潜龙也。巽又为不果，则勿用矣。乾为马，而称龙者，取其变也；称马，则止于乾，是用七也。然不取巽象而取震象，不使变而从阴也。又初与四应，四动兑泽为渊，亦潜之象。问：坎为隐，伏巽何以亦为隐伏？曰：《系辞》巽称而隐，《杂卦》巽伏，故巽亦为隐伏也。此爻以静养动之象。

凡卦爻之象。有两说：前说乃取象之近者，后说则取象之远者。取象之近者，止于上下两体，虽无碍，然往往于立象命辞，有所未密；取象之远者，则兼互伏及变体取之，虽若迂回，然于立象命辞无所渗漏，故并列于下，学者详之。

或曰：至当归一，精义无二。今二说并陈，何其见之不一耶？曰：易以变易为义，故《文言》之释《彖辞》，则三申其说，释《爻辞》，则四申其说。而义不尽同，互发挥焉。况今前说后说，取象虽殊，而义则无二。特前说专言两体，后说兼论变体。前略而后详，前疏而后密耳。至于其间有一二异说者，则以"或曰"申之。此亦朱子语孟集注例也。

或曰：前说固以两体言，而后说则有云以象变言之者，有云以象言之者，何以别之？曰：以变象言之者，专论变象也。以象变言之者，兼正象变象而论也。其止云以象言之者，再申前正体之象。专以卦变言之者特标之，其杂于变象者，并附变象之下，后皆放此。（正《经》如此辨别，《彖》《象》以下，统以象言。）

九二：见龙在田，利见大人。

凡六爻，初、二为地，三、四为人，五、上为天。二居地上，田也。龙以象九，阳气出于地上，见龙在田也。不言地而言田者，嫌于坤也。利见大人，言利见大德之人。大人谓二也。

以变象言之，九二动则成离。离，文明也，有见之象，互体有伏震，龙也。利见大人，则离为见之象耳。又二应五，亦为利见九五之大人。此爻由微渐著之象。

九三：君子终日乾乾，夕惕若，厉无咎。

三为人位，故以君子言之。君子亦以象九。乾乾，谓下体为乾，而上体又为乾。又乾乾不息之象。九三重刚而不中居，下体则当退近，上体则当进，故终日乾乾，进德而夕且惕焉。进德乾乾，有进上之象。夕惕，有退惧之象。刚不得中，在下体之上，故厉。然如此处三，则虽危无咎矣。咎字从人从各，相违也。违则相尤，《说文》灾也。二说从其爻义所取。

以变象言之，三动成互离，离日也。居下乾之终，终日也。又成兑，兑为西，日之西，则夕也。离有伏坎，坎为加忧惕之象，又三应上，为亢龙，亦宜惧也。

此爻重，刚不中而危惧之象。

九四：或跃在渊，无咎。

九四，近君应初之爻，或者不定之辞。跃者，无所缘，而绝于地之谓。盖言龙也，已近上体，然与初俱为下爻。跃，则近于五，而有出渊之象。在则应于初，而有在渊之象也。九四刚而不中，本宜有咎，以其能审进退，故无咎也。又爻阳故，或跃位阴，故在渊。

以变象言之，九四变则成巽，亦有伏震龙之象。又互兑，兑为泽，渊之象，震为足跃之象，巽为进退不果，故或进而跃，或退而渊也。

此爻进退不果之象。

九五：飞龙在天，利见大人。

五为天位，在渊而天，非跃可至，飞之象也。龙以象九，天以象五。飞龙在天，天下见之，故利见大人。大人，五也。九为刚，居五得正，又在上体之中。卦本纯乾，为健刚，健中正，故其象如此。

以变象言之，九五变则成离。离为飞，又与二为应，二动互巽伏震，故取龙象。离为见，故曰利见大人。又五与二应，亦为利见在下之大人。

此爻天下见圣人之象。

上九：亢龙，有悔。

第六爻，不称六而称上，对初则上，当称终；对上则初，当称下。下言初，则上为终矣；终言上，则初为下矣，互举之也。亢以象上，龙以象九。龙而飞天，极矣！而又上至于天之上，则进极而不知反，亢矣！宜止而不止，则有悔也。悔者，过而追悔之名也。

以变象言之，上九变则成兑。兑者，有伏艮。艮，止也。故不欲其亢。兑，又为毁折，有悔之象。虽非伏震，然与三应，三动互巽伏震，故取龙象。

此爻亢阳，故为之戒。

按：六画之卦，初、二为地；三、四为人，五、上为天。而三画之卦，则下画为地，中画为人，上画为天。故初与四为地，二与五为人，三与上为天。今乾之六爻，虽以初、二为地，三、四为人，五、上为天。而初曰潜，四曰渊，皆主地。言二、五大人，皆主人言。三言终日，上言亢，皆主天言。盖相为错综取义也。

用九：见群龙无首，吉。

用九者，六爻皆得老阳之策，合而二百一十有六者也。前六爻，皆指各爻变者，此则举全卦变者言之也。《卦辞》元、亨、利、贞，六爻不变者也。用九，见群龙无首吉。六爻全变者也。全变，则成坤矣。然自乾而坤，与坤之本体不尽同也。坤言牝马，此言群龙，自乾而坤也。群龙者，乾之六龙也。不变则隐，变则动，而群龙皆见矣。无首者，乾为首，变为坤，故为无首。然六爻皆得老阳，故吉。君子观此卦体全变之象，则以柔用刚，不可为天下先也。或谓无首即坤，所谓先迷吉，即所谓安贞吉也。

此卦六体俱变，则变为柔，以柔用刚之象。或曰：圣人作易，仰以观天文。乾，天也。天秉阳垂日，星二十八宿，起于苍龙之角，斗枢所携，常先于斗，故以象阳。冬至一阳始生，自冬至至大寒前，皆一阳之候，而小寒者，一阳之中也。自大寒至雨水前，皆二阳之候，而立春者，二阳之中也。自雨水至春分前，皆三阳之候，而惊蛰者，三阳之中也。自春分至谷雨前，皆四阳之候，而清明者，四阳之中也。自谷雨至小满前，皆五阳之候，而立夏者，五阳之中也。自小满至夏至前，皆六阳之候，而芒种者，六阳之中也。

开元推周历，立夏日在觜觿二度昏角一度中，苍龙毕见，正五阳之中也。以是推之，小寒当一阳之中，昏胃星中，龙角潜乎地下，潜龙之象。雨水之前，当二阳之末，昏东井中，而龙角之直于天田者，虽未出地上，已与地齐矣，见龙在田之象也。三阳之时，角出地稍高，人得而见，故以君子取象，以其在昏初而见，故以终日与夕言之。四阳之时，角亢氐房皆已出地，而心尾箕犹在咸池之涘，自渊而跃之象也。五阳之时，昏巳角中，则苍龙七宿毕见，飞龙在天之象也。六阳之时亢之，金龙已过乎中，而火将正矣。亢之一字，虽与角亢之亢异音，义实相通，故以亢龙为象也。

至于用九皆变则为坤，然坤月则苍龙不见久矣。乃以见群龙为象者，盖苍龙七宿虽不见于昏，而将旦之时，苍龙七宿毕见焉。见群龙之象也。所以为无首者，昏为星出之初，旦为星没之候，故以昏为首、旦为尾，昏不见而旦见，无首之象。此卦六爻并用九，虽以爻变、互伏取象，然验之天象，亦无不合如此。今故详之，以广异闻。

或问：此所指中星，何以与《尧典·月令》不同？曰：岁差之论，明历者皆知之矣。尧时冬至日在虚一度，自秦日在斗，今日在斗初。己丑年冬至日，当在箕末矣。周历康王时日在牵牛六度，备见《唐书·历志》。周公系《爻辞》当在成王时，则亦当在牵牛矣，故中星不同也。或谓以星论爻，若新安罗氏，以乾初九至用九配七宿，故箕为潜尾，为见亢，为上角为首。何如曰以氐为九五，则不见飞龙，以角为首，则不见无首，故今不取也。或又谓长乐林氏以孟春为一阳季，夏为角没，则何如曰以孟春为一阳，则不合剥复，以季夏为角没，则角未尝没，亦有所未通也。

（古历：惊蛰正月中，雨水二月节，谷雨三月节，清明三月中，姑从今历。）

又按：浑天北极出地，南极入地，天顶去赤道各三十六度。夏至黄道入赤道内，冬至黄道出赤道外，各二十四度，其黄道十二分野，多者三十二度而有余，少者二十八度而不足，故大衍取三十六为老阳之策，二十四为老阴之策，三十二与二十八为少阴少阳之策。盖易与天象无所不合如此，学者详之。

第二卦：坤卦☷☷（坤下坤上）

坤：元亨，利牝马之贞。君子有攸往，先迷后得主，利；西南得朋，东北丧朋。安贞吉。

坤者，六阴纯体之卦。然自乾来，乾六爻俱易则为坤。用九是也。用九，则成坤矣。元、亨、利、贞与乾同，然乾不言所利，坤则言利牝马之贞。或以坤元亨利绝句，牝马之贞自为一句，亦通。然以《文言》观之，乾为不言所利，则坤以利牝马之贞为句矣，然亦不妨作四德解。如乾之元、亨、利、贞，本言大亨，而宜于正，以四德解亦无不可也。卦下坤字，三画之坤也；本文坤字，六画之坤也。坤，顺也。上下皆坤，顺而又顺，顺而有常也。坤非元、亨、利、贞，何以配乾哉？

元者，下体之变，从乾三阳，为泰春也。亨者，上体之变，从乾六阳，为乾夏也。利者，下坤之还，本体三阴为否，秋也。贞者，上坤之还，本体六阴为坤，冬也。其言牝马，何也？乾为良马，坤乾之配，故为牝马。若自乾用九来，本乾马也。若自坤用六变，又复为乾，亦乾马也。君子有攸往，先迷，后得，主利，阴从阳故也。君子体坤，凡有所往，先于乾则迷而失道，后于乾则得所主而利也。

臣待君唱，女须男行也。西南得朋，坤，西南之卦也。又西有兑，而南有离巽，皆阴卦，故得朋。东北丧朋，艮，东北之卦也。又东有震，而北有坎乾，皆阳卦，故丧朋。以夫子所释而观之，则得朋，虽与类行，而丧朋反为有庆，即先迷而后得主之象，以安为贞，以顺为正。以顺为正，则吉也。

元亨，止二字而言；利贞，极其详。既曰利牝马之贞，君子有攸往，先迷后得，主利。西南得朋，东北丧朋，安贞吉。再言贞，上文坤，象君子，以下体坤者也。此坤，《象辞》乃六爻各筮，得少阴之八，各三十二策，六爻通一百九十二策者也。

又以象言之，坤伏乾，为牝马。

或问：兑为朋，以其说也，坤何以言朋？曰：阳奇阴耦，坤纯耦，故有朋义；兑为朋，坤亦为朋，犹震为龙，而乾亦为龙也。

此卦专取柔顺，而从阳之义。

初六：履霜，坚冰至。

老阴称六，少阴称八。四揲之策，得二十四，为老阴六也。得三十二，为少阴八也。八不变而六变，六为动爻，易变易也。故阴爻取六言之六，乃阴数之极。霜，阴气始凝也；冰，阴气大凝也。履者，初爻在下象霜者阴，象坚冰至，戒辞也。一阴始生，虽为盛夏，而圣人已取履霜坚冰之象，甚忧阴柔之渐进也。

以变象言之，初六动则变震，为足履也。与四相应，六四观也。建西之月，白露为霜之象。初六变，则卦体成复。建子之月，冰益壮之候也。震者，乾之初爻，亦为寒冰，故有坚冰至之象。

此爻防阴于初生，恐其由微至著。

六二：直方大，不习无不利。

六二，柔顺中正。中，故直；正，故方。合直与方，其德大矣。不习者，坤顺自然之象，无不利者。利，亦阴象。盖元亨为阳，利贞为阴也。又以地势言之，东西为纬，南北为经。直也，而会于中。由东而南，由南而西，由西而北，由北而东方也，而环其外。舟车所至，人迹所通，皆地所载，大也。天圆如丸，虽大而不可以直方，言地之大，则以直方而大也。

以变象言之，二动成坎，应五亦坎，重坎，习也。以本体言之，无重坎之阻，故不习，无不利，此爻为坤之主柔顺，中正而利者也。

六三：含章可贞，或从王事，无成有终。

六三，阴居阳，阴含阳也，故为含章。先儒谓乾之气皆从地中透过，含章之义。六三，不正，故以可贞，戒之。或从王事，近上卦有从王事之象。坤作成物上六，则成全体之坤三，则未成也。居下体之上，内卦之终，故曰有终。乾九四坤六三，皆阴阳之杂者，故皆以或言之，以变象言之，三动互坎伏离，为文明章也。

又伏兑。兑，为口，章也。又动，则上体互震。震自乾来。乾，王也。震伏巽，巽，行事也。又变艮为成，为终无成，有终成与终，皆以艮，取艮未变，则无成。艮终万物，则有终也。伏巽，则有进而有退，行而不果，故以或言。

此爻谓三有含章之德，或从王事，则不当以成功自居，终其事也。

六四：括囊，无咎无誉。

囊者，虚而有容之物，故坤为囊。六四，以阴居阴，有括囊谨言之象。居正，故无咎。非二，故无誉。阴在二，则多誉故也。既无咎，又无誉，宠辱俱无也。盖有誉，则有咎矣。

以变象言之，坤本为囊动，则互艮伏兑，又有伏巽；以艮手巽，绳掩兑之口，括结囊口也。故取此象，此爻重阴，正而不中，惟缄口不言，则无咎无誉。

六五：黄裳，元吉。

天玄地黄，坤为黄黄。中色五，亦中也。裳，下服。坤为裳，黄裳也。六阴柔，五尊位，以阴居阳，百官总已以听冢宰之象。处此危疑之地，虽美在其中而能下，所以元吉也。元吉，大善之吉也。

此爻以柔中应下，元吉之象。

上六：龙战于野，其血玄黄。

六居上阴，穷矣。阴变为阳，则疑于阳。野者，空阔旷荡之地。坤为地，故以野言。阴极，则阳生坤，疑于阳，真阳又至，所以战也。本坤体，故称血。玄黄，天地之杂，言俱伤也。

以象变言之，上六建亥之月。亥乃乾，故称龙。又极阴于上，则反复于下，复体。下震，震为龙，为玄黄。此爻以阴盛将穷，与阳为敌而俱伤之象。

用六：利永贞。

用六，谓六爻俱六合，而得一百四十有四策者也。六爻俱六，则全体变矣。全体变，则坤为乾。先儒谓利永贞，即乾之元、亨、利、贞也。然自坤而来，故但言利永贞尔。利永贞，言当永守其正固也。

按：乾坤用九、用六，发六十四卦之凡例。六十二卦全体变者，可推而知也。

或问：乾之六爻，与夫用九，皆合乎在天之象。坤何以不然？曰：乾天也，故仰取诸天；坤地也，故俯取诸地。如六二直方，以地之体势言；六五之黄，以地之中央正色言。至《象辞》所谓东北，所谓西南，又以地之方位言也。学者详之。

或问：乾坤六爻，多用变象，而取互体，何也？曰：他卦皆有互体，乾坤无之。若不用变象而取之，则无以见其旁通之情也。曰：乾坤虽无互体，亦有伏体，何必因变象而取伏体耶？曰：乾坤虽有伏体，但乾伏坤，坤伏乾，无以异于用九用六之变占，故因变象而取伏体也。

第三卦：屯䷂（震下坎上）

屯：元亨，利贞，勿用有攸往。利建侯。

屯者，二阳之卦，从临来。二、五相易者，则为屯。又为四阴之卦，从观来。初、上相易，亦为屯。二卦皆以一爻相易者，当兼二卦取义。屯，震下坎上者也。屯，于文象中穿地，未申为物，始生未通畅之义。

以观言之，震之一阳自上而来，动于二阴之下；以临言之，坎之一阳自下而上，陷于四阴之中，屯之象也。然继乾坤而有屯，人道之始也。故以元、亨、利、贞言之，乾之元、亨、利、贞，天之元、亨、利、贞也。坤之元、亨、利、贞，地之元、亨、利、贞也。屯之元、亨、利、贞，人之元、亨、利、贞也。

分而言之，九而居初元也，二与五相应亨也。二、五得位，利贞也。合而言之，以从众卦之义，则元亨大通以震言也；利贞宜正，以坎言也。刚柔始交方成震，而坎难已（以）生五，陷于险屯也。初动于下，治屯者也。能动虽可以大通，在险则宜守正，故曰勿用有攸往。震为往，震欲往而坎险在前故也。利建侯，初爻也，万物屯盈，宜立主以统之，故利建侯。虞翻云：震，诸侯象也。

此卦谓解屯难之道，宜得人为助，不宜轻进也。

按：此屯卦，《卦辞》乃筮得初爻、五爻，各得少阳二十八策，而二、三、四、上等爻，各得少阴三十二策者也。少阳少阴不变，故用此辞，诸卦皆放此。

或问：卦当以一画之易取义，而或以两画之易取义，当以一卦之变取义。而或以两卦之变取义，何也？曰：此考于《象传》而知之也。以一画相易取义，诸卦例也。睽之柔进，上行升之，柔以时升，则以两画之易取义。以一卦之变取义，诸卦例也。蛊之先甲三日，则以自泰取义，后甲三日，则又兼否取义，颐之观其所养。既以自观而来取义，自求口实。又以临之下兑取义，不特是也。自否而泰，自泰而否。又以三画之变取义，自乾而坤，自坤而乾，又以六画之变取义。故今于诸卦，随其义例各见焉，不敢以一说拘也。以一爻相易取义者，变之正也。以二爻相易取义者，变之变也。以一卦之变取义者，变之正也。以两卦之变取义者，变之变也。以一爻之同兼取两卦之义者，变之正也。以一爻二爻变易之不同，而取两卦之义者，变之变也。此易之为书，所以惟变所适，不可为典要欤！

初九：磐桓，利居贞，利建侯。

以九居初，震有动意，四坎险为应，进则犯难；盘桓不进，待时也，居不往也。九居初，乃得正，故利居贞。震为侯，屯难之时，一阳为众阴所归，故利建侯也。

以象变言之，临之九二已动，而之五、初则未行，故有盘桓之象。观之上九，今来居初，处三阴之下，且居地位，以贵下贱。为能下乎民而有土者，侯之象。或曰盘，谓如石之盘。桓谓如木之桓，柱石也。四互艮，石初震体木也。盘桓，象又初之四，互巽为不果，亦盘桓象震体，与四皆为侯。又动则为坤，坤为地为民，亦有土有民，诸侯之象。或问：《说卦》巽为木，震何以为木？曰：震，东方卦也。

此爻一卦之主，故与《象辞》意同。

六二：屯如，邅如，乘马班如。匪寇，婚媾。女子贞不字，十年乃字。

以卦变言之，自临来者，九自二而之五成坎，体动而陷，故卦为屯。九五处屯之君，六二其正应也。下乘初刚，正应未合，故屯如也。邅，《说文》作驙，马不进也。邅回而不能从五，故邅如也。下体本震，有马，象下马，为班人马，异处也。皆不能进之象。坎为盗，四坎应初而近五，遏吾之进，助初为寇耳。然不能寇也，何者？有九五为正应，则是相与为婚媾者也。旧以初为寇，然震无寇象。六四间我于五，使之就初，乃吾之寇耳。贞，谓居正而能固守也。字者，字育也。虽不上进于五，然能守正而不从初。迟之十年，屯难解矣。贞不字，不为初阳所侵陵。十年乃字，为五而字也。

以象变言之，互体有坤。坤为母，字育也。六二变，则成兑，兑为少女，不字育矣，十年乃字。六二不变，则兑女，复为坤母，故乃字也。十年者，坤数十也。先儒谓坤为十，乾为百。盖十乃坤土之成数，故坤为十百者，八卦之中，惟乾三画之策得一百八，举其成数，故乾为百也。

或问：易中或称年，或称岁，何也？曰：岁字从步，从戌，盖指中星之一周也。年字从禾，盖取五谷之一熟也。《尧典》期三百有六旬有六日，而成岁，举其一周也。《丧礼》二十七月为三年，举其所涉也。故凡言岁者，皆自本爻之外数之也。凡言年者，皆通本爻数之也。如屯之十年乃字，虽以坤数十取象，然亦谓未可便求正，应有所经隔。自二至上，凡五爻，又自初至五，凡五爻，而得应爻，通为十年也。三岁者，自本爻径至应爻也。或以乾为岁，坤为年，然例之坎困，有所不通，故不敢从。

此爻谓屯难之时，但当守正以待时，之通不可失身也。

六三：即鹿无虞，惟入于林中；君子几，不如舍。往吝。

六三，以柔居刚，位既不正矣。又处危动之地，上无正应，有即鹿无虞，人之象。陷二阴中，入于林中之象。君子见几而作，不如舍去，往则有羞吝矣，上六终非正应故也。

以象变言之，互体艮。艮为黔喙，鹿之象。震为木上坎，为多心之木。艮又为山，则林之象也。又六三变，则下体成离网罟也。上六坎体伏离，离伏则上无导者，无虞人矣，故不如舍艮，有止义也。震有往象，故有欲往之志。或曰：互坤为吝，故往则吝。按：坤为吝，乃吝啬之吝，非悔吝之吝，恐失之泥。

此爻专谓屯难之时，无人相导，则不可进。

六四：乘马班如，求婚媾；往吉，无不利。

下震为马。坎，亦美脊。马班如者，正应在初，隔于二阴故也。六四，自有正应。六四不能寇六二，六二岂肯争初九哉！初九，阳，我之正应也，可以求之。震为往，若得震之正应，则可以往矣。往者，往上也。求震之初，以辅坎之五也。如此，则吉，无不利矣。

此爻居大臣之位，能守正求贤，以辅君也。

九五：屯其膏，小贞吉，大贞凶。

坎雨称膏，当屯难之时，膏泽宜下于民。今一刚虽居尊位，而陷四、上二阴之中。且六二为应，亦阴柔也，故屯其膏。六二，阴柔小者也，固守其正则可。九五阳刚，大者也。亦但守六二之正应，不求初九以济屯则凶矣。屯其膏，小贞吉，大贞凶。犹言**恒其德贞**，妇。

或曰：《周礼》：大卜，凡国大贞，卜立君，卜大封，则视高作龟，凡小事莅卜。盖宜小事，不宜大事之象。

以象变言之，九五之二，成兑。兑，泽，亦膏也。下震体而互坤。坤有民，下有震主之威，而得民者，上互体有艮，艮止于上，故泽不下流，而屯其膏。

此爻当屯难之时，宜以阳刚拯济。屯难，不可不求贤自辅也。

上六：乘马班如，泣血涟如。

坎、震皆有马象。上与三为应，而皆阴柔，故班如。坎为血，故言血坎为水，故涟如。上六，居屯之极而又无应，则屯难不可解也，故有此象。

以变象言之，上动成巽。巽为多白眼，故有泣象。

此爻屯极，无所用吾力矣。盍亦早为屯亨计乎！

第四卦：蒙䷃（坎下艮上）

蒙：亨。匪我求童蒙，童蒙求我。初筮告，再三渎，渎则不告。利贞。

蒙者，二阳之卦。自临来。初、上相易则为蒙。又为四阴之卦，自观来，二、五相易，亦为蒙。二卦皆以一爻相易，故兼二卦取义。蒙，坎下艮上者也。蒙者，为物所蔽之名；艮为少男童也。而陷于坎险，为其所蔽蒙也，二、五相应，有亨义。二刚居中，能发五蒙，故相与成亨。未发则蒙，发其蒙，则亨矣。我二也，童蒙五也。六五以柔居上，下求九二。九二非求于六五。匪我求童蒙，童蒙求我也。

初筮，则诚意专；再三，则诚意散。筮者，渎而告者，亦渎矣。利贞，戒二五也。五当以正求二，二当以正发五。今以九居二，以六居五，虽得中而非正，故以利贞戒之。苟于童蒙之始，所从得师，不失其正，则蒙且入圣矣。

以象变言之，乾，凿度云，艮为鬼门，质诸鬼神，筮也。互震，为草麻衣，谓艮为手揲蓍之象，亦筮也。然坎自有筮象，蒙与比皆坎体两耦，分为上下，分二也。一奇居中，挂一也。两耦四小画，四揲之象。若以全卦言之，互有坤，六爻之象。初三、四、五皆耦，八卦之象。初爻变，则成兑。兑为口，故告也。自三以上至五，再三也至五，则虽变而不成兑矣，故不告也。渎，混淆也。兑为泽，故有渎蒙之象。告之再三，反以混淆也。

此卦取蒙童求发蒙之义，所谓礼闻来学，不闻往教者。

初六：发蒙，利用刑人，用说桎梏；以往吝。

初为蒙，始而失其正。阴柔失正于初，发蒙者当先治之。故利用刑人用刑，正所以说其桎梏。刑，期于无刑也。蒙而不治于早，则有吝矣。初六无应，不宜往也，故以往吝。

以变象言之，变则成兑。兑为刑上，艮为手承，二互震为足，而坎为多心之木以贯之，故称桎梏。自临来者，初本兑体，初六变，亦成兑。坎象毁坏，故用说桎梏。震为往，或以初应四，四互坤为吝者，恐失之泥。

此爻发蒙于初，所以用法正之者，期于无刑也。

九二：包蒙，吉。纳妇，吉；子克家。

三阴丽于二阳之间，有包象。六五童蒙，二能包之，则吉。包蒙，吉也。六五阴爻，有妇象。二能纳之则吉，纳妇吉也。坎为中男子也，二刚承五，子之能干家事者，子克家也。

或曰：子克家，谓其可以有刑家之道。言九二之才，足以发六五之蒙耳，上言纳妇吉是也。《象传》谓：刚，柔接也，为可见矣。若但以克家为能干家，岂所谓刚柔接者乎？能有家，则能干家，但不当直以为干家耳。

以变象言之，九二变则为坤。先儒谓坤为包，包者，含宏之象。六五变则为巽，巽为妇。又以卦自观来者言之，初六发蒙，以观之童。观取象，此之纳妇以观之。窥观利女，贞取象。坎体伏离，互震伏巽，风自火出，家人也。

此爻专以九二刚中，能发六五柔中之蒙为义。

六三：勿用取女，见金夫，不有躬，无攸利。

以六居三，不正之女，正应在上，不知从之，顾乃见利，而动失身于九二，此所谓不有躬也。如此之女，其可取乎？取之，则无攸利也。

以象变言之，九二互震为夫，自临来者，下本兑体。又六三，变则九二，互兑为金，故曰金。夫坎伏离为见艮，为躬谓上也。此躬乃上九之躬，妇人之身，夫之身也。又以变象言之，是爻变，则为蛊，故有不有躬之事。

此爻不正之女，为人欲所蔽，昏蒙之甚，故不可取也。

六四：困蒙，吝。

六四，以阴居阴，又在三阴之中，去阳最远，蒙蔽之甚者，曰困蒙吝，困而不学者也。变而从阳，则不至于困且吝矣，所谓或困而知之者也。

以变象言之，四体艮有伏兑，兑下坎为泽，无水困，故以困言。或以互体，有坤为吝，恐失之泥。

此爻无师友可亲，乃蒙蔽而至于困者，校之六三，但无失身之过耳。

六五：童蒙，吉。

六五艮体。艮，少男也。故为童蒙，以柔居刚。下应九二，有虚心求道之象，所以吉也。

此爻言六五童蒙之君，能求九二刚中之臣而师之，则吉也。

上九：击蒙；不利为寇，利御寇。

上九本以六三为应，然六三失身于九二，故以御寇言，九二为六三之寇者也。九二刚中，非为寇者，自六三上九言之也。易之取义，大抵各据其位而言，随时变易故也。坎为盗寇者，指九二也。艮手为击，击蒙，击六三之蒙也。然上九迫近于六五，九二固能为六三之寇，则上九岂不能为六五之寇哉？上九但当以御下体之寇为利，不当自已。复为六五之寇如此，则上下顺矣。下坎为寇者也，上体为艮，止寇者也。故曰不利为寇，利御寇。

以变象言之，此爻变则为师，故有御寇之象。

此爻言但当击六三之蒙，不当为六五之寇也。为六五之寇，则其蒙终不解，击六三之蒙，则蒙必能开矣。

周易象义卷二

上经（需至否）

第五卦：需卦䷄（乾下坎上）

需：有孚，光亨，贞吉，利涉大川。

需者，四阳之卦，自大壮来。四、五相易，则为需。又为二阴之卦，自遁来。初、二易四、上，则为需，然以自大壮取义。盖卦义多取一爻之相易者，后皆放此。需，乾下坎上也。需者，待也。以乾遇坎，不敢遽进，故少需之。坎亦待乾之来，盖两相需也。而坎为需，主坎中实，乾亦中实，故有孚。刚健而不陷于坎，其道所以光、亨也。贞者，正也。固守其正，而不妄动，需道之吉，所以为利。坎刚，得正位也。坎水在前，乾将涉之，有利涉大川之象。有孚，得正待时而进，利涉大川矣。

以象言之，坎为心，故有孚象；坎为月，故有光象；坎为通，故有亨象。

此卦待时而进之象。

初九：需于郊，利用恒，无咎。

初九，与六四为应，去坎水尚远，故需于郊，恒常也。阳刚得正，有守常而不妄动之象，可以有利，而无咎矣。

以象变言之，三乾天际，四在内外之交，故曰郊。

初四五变则为恒，谓初固变矣。四，未变也。四变而五未变，皆可需之时，以见其需之久也。恒言需之久也。不可以恒久，而不能需也。

或曰：初动则成巽，而伏震雷风，恒也。故以恒言需之用，恒所以发变卦之例，凡一卦皆可通六十四卦也。

此爻涉川尚远，而久需之义。

九二：需于沙，小有言，终吉。

沙近水矣，渐进近险，故小有言。然才刚位柔，居得其中，能需者也。五不应二，故二需之。终与五同，德相应，所以终吉。

以象变言之，应五为坎，二变互坎，水也。本体互兑，刚卤也。近水刚卤，有沙象兑，为口舌，小有言。

此爻无应而能俟时，不以人言改厥守者也。

九三：需于泥，致寇至。

与坎水切近。坎，陷也。泥最易陷者，故曰需于泥也。九三，重刚不中，又近坎盗，有致寇之象，戒之使敬，慎也。

以象变言之，九三近乎坎水，可以需矣。然变又互艮。艮土坎水，水土相杂，故为泥。艮有止义，故为需于泥。

此爻言临险而能需，则不犯难也。

六四：需于血，出自穴。

血与穴，皆坎象。但此指地言，盖有血之地也。六四，已入坎险，故有需于血之象。穴，阴所居。然以阴居阴，得其正者。又上从九五，故有出自穴之象。

以象变言之，坎为窨，互兑为口，亦穴也。卦自大壮来，上体为震，四本阳也。震动而往，亦有出义。

此爻身在险中，而能正顺，可以出险矣。

九五：需于酒食，贞吉。

酒食坎象，饮食宴乐，以需于上者也。其需也，所以待三阳之至也。以九居五，居中得正，故言贞。又与下三阳，同德相孚，故吉。

以象变言之，坎体水也。卦自大壮来，上体本震，九五变，则互体亦震。震为稼，以水入稼，酒食也。重坎亦曰酒樽。

此爻言人君待贤而养之之意。

上六：入于穴，有不速之客三人来，敬之，终吉。

上与三应，自上而入三，有入穴之象。不速之客三人，下三阳也。速，如诗所谓以速诸舅之速。客在外，主人以辞速之。曰：吾子入矣，主人须矣。不速客者，不速而自至也。九五，需于酒食，速客者也。上六，则不速之矣。上六入穴者，以有不速之客三人来，所以避位也。传以位不当言，盖六自上而之三，则不当位矣。然知待宾之礼，故无大失也。不然三阳方进，而上六为之碍，则适所以自伤矣。上六处九五之上，乃九五所尊敬，亦九五之客，能以阴避阳，故吉。入穴，所以为敬也。上者，卦之终也。故曰：终吉。

以变象言之，上六之三，则下体为兑，坎而之兑穴也。故曰：入于穴。三阳乾体，西北之卦，宾位也。上六动，则变巽。巽，东南主人位也，故以客言。

此爻以能自卑下以成九五待宾之敬，故吉。

第六卦：讼卦䷅（坎下乾上）

第讼：有孚窒惕，中吉。终凶，利见大人，不利涉大川。

讼，二阴之卦，自遁来。二、三相易，则为讼。又为四阳之卦，自大壮来。初、三易五、上，亦为讼。然以自遁取义。讼，坎下乾上者也。坎险乾健，险而遇健，所以成讼。讼字从言从公，有所争而言之，于公也。坎中实乾，亦中实，故有孚中皆实，则不能虚心，故窒也。坎为心病，为加忧惕之象。窒惕者，光亨之反也。不窒不讼不惕，非处讼之道也。二以刚而来，中有吉之道。上居终而褫带，终凶也。然凡讼之道，中止则吉，恬终则凶，其理亦寓乎其中矣。利见大人，大人五也。九五，大人听讼之主，故利见之。坎，为水川也。以刚乘险，不利涉大川。需之，反对也。

以象变言之，讼必有言。卦虽无兑，而乾为言，坎为隐伏，情伪微曖，其变千状，讼之象也。互体，有离，离目为见，故曰利见大人。本自遁来，下体为艮。艮，止也。当止而变为险，不利涉大川之象。

此卦谓讼虽利见大人，然终凶，而不可成者也。

初六：不永所事，小有言，终吉。

阴柔居下，本不能讼，然初与四应，九二间之，所以有讼。虽入讼境，特小有言。初六不永所事，则不至于恬终不悛矣，所以终吉。

以象变言之，初六应四，四有互巽，巽为行事。又卦以九二为主，二变则下体成坤，亦事也。初六变，则下体成兑，兑为口舌，小有言也。以反对言讼之初，即需之上也。需之终吉，即讼之终吉也。需之小有言，终吉。在二讼之小有言，终吉，在初卦，各有义也。

或问：荀九家乾为言，虞翻震为言，朱子发兑为言，何也？曰：乾为言，以庸言之，信而知也。震为言，以笑言，哑哑而知之也。兑为言，以兑口舌而知之也。要之，乾为庸言，震为笑言，兑为口舌之言。亦犹乾为马，而震坎亦为马耳。然乾震之言，亦以兑取，则兑为口舌，正言之所自出也。

此爻在讼之初，以不终讼为心，所以为吉。

九二：不克讼，归而逋，其邑人三百户。无眚。

九二，以刚为险之主，好讼者也。五健难竞，二柔不克，从而自窜，故得无眚。眚，从目从生，为目生翳之名，所见不明而过失也。邑内地，人三百户，小邑也。

以象变言之，卦自遁来，九自三而二，变艮为坎，欲与乾敌，自下讼上者也。虽得中而无应，故不克讼。自二而归三，复为遁矣。故曰：归而逋。又坎为隐伏，亦归逋之象。先儒谓乾为百，为辟户三爻，故以三百户言。坎为眚，坎变则无眚。《爻辞》以遁明自遁来，所以发凡例，使人知六十四卦皆复，姤等十二卦之变也。

冯仪之曰：易有累卦起义者，乾坤之后为《坎卦》。凡四坎三画之策，老阳者一，少阴者二，凡得八十有四。以四坎计之，得三百三十六言。三百户者，除九二而言也。今按：卦自遁来，遁策一百九十有二，并此卦一百九十二，共三百八十四，除去下坎三画，八十四策亦三百户。然所以言三百户者，诸侯卿之食邑二百八十有八人，言三百，举成数也。又象以九二刚来，得中为吉。爻以不克讼归逋为象，盖卦爻取义，各不同也。惟变所适，不可为典要如此。

此爻为以下讼上者之戒。

六三，食旧德，贞厉，终吉；或从王事，无成。

禄随德赋，食旧禄也。柔非能讼，守旧居正，虽危终吉。三危地，以柔处之，故吉。无成，戒辞。成，则有讼矣。

以变象言之，卦自遁来，六自二而三者也。食旧德，谓退反于二也。反于二，则以阴居阴正矣，贞也。六在三，则在下卦之上，不正而危厉，退居于二，则其终吉也。二应五，或从王事也。既不成讼，又能从上，故吉也。六反于二，则以艮伏兑，口食也。从乾王也。互巽为行事之二成坤，亦事也，地道无成而有终也。下卦已成，故以无成为戒。巽为不果，故言或。或曰：坎自坤来，六三之旧德，则坤也。食旧德，谓二动则坎，复为坤，故有或从王事无成之象，与坤同义者，所以发凡例，使人知三百八十四爻皆乾坤之变也。

此爻勉讼者，变坎而从乾也。

九四：不克讼，复即命。渝，安贞吉。

四本阴位，而九居之，故讼复即命者，复其本心，而安于命义也。变其欲讼之，心安守正理，乃吉之。道乾体之下，有复，即天命之象。

以变象言之，健体宜讼四，既变则成互艮。艮，止也，不克讼矣。又四互巽为命，变亦互震，乾体伏坤。坤，震、复也。渝，变也。变而之复，则九四坤体，安贞之吉矣。此爻言复言安贞言渝，所以发逐卦，互变为四千九十六卦之凡例也。

此爻专欲化刚为柔，而不欲其讼。

九五：讼，元吉。

九五乾体，刚健中正，听讼之主讼之。诸爻皆欲讼者，惟九五，则听讼之主，然不应九二，则有使无讼之义，故元吉也。元吉者，大善之吉，取乾之义也。

此爻为听讼之主而发听讼。吾犹人也，必也使无讼乎！

上九：或锡之鞶带，终朝三褫之。

鞶带，命服之饰。褫之，为言夺也。或者疑辞，过刚讼极，或有胜而得服者，然其胜实不足贵，是以屡为人所褫夺也。

以象变言之，上九乾体，既成乾，为衣为圜，为金为玉，此爻系之鞶带之象也。然上九变，则成兑矣。兑为毁折，故有褫之之象。三褫者，乾三阳，若变为兑，则乾不成矣。一爻变，则三爻俱不成乾，此所以三褫之也。互离为日，上爻为终，故曰终朝。

此爻言讼虽得胜，亦不可保，所以甚戒乎人，而欲使无讼也。

第七卦：师卦䷆（坎下坤上）

师：贞，丈人吉，无咎。

师者，一阳之卦，自复来。初、二相易，则为师。又为五阴之卦，自剥来。二、上相易，亦为师。二卦皆以一爻相易，然但以自复取义。师，坎下坤上者也。下体由震而变坎，动而入险。坤为众为顺，有顺人心而用众以入险之象。师，众也，用兵以众，故谓士卒为师。九二在下，为卦之主，亦帅师之象。丈人，即大人也。在五位，则曰大人。今在二，则人臣耳。故曰丈人刚中，故吉而无咎。吉者，师之克捷；无咎者，人皆顺从，无所怨咎也。盖有行师虽胜，而失人心者，故为之戒。

以象言之，律因子起，数自中出。黄钟之律起，而为度北方之坎，黄钟之本也。故繇言丈，而爻言律。丈与律，法度所自出，非有德者乎？

或曰：师之前四耦，画八阵图象。九二，主帅也。初六，耦画游骑也。风后握机，文有之，亦通。

此卦乃文人以正行师，民从之象。

初六：师出以律，否臧凶。

律，法也。否者，不以律行师也。出不以律，虽幸而胜，亦凶也。坎为律，臧善也。初六不当位，有师出失律之象，故戒之。师出以律有两说：司马法坐作进退皆有常节，此纪律之律也；周以同律听其军声，以诏吉凶，同律之律也。然师之吹同律者，正恐师之失纪律之故。此爻之象，两者兼之。盖纪律既失，则金鼓亦失节故也。取象同律，取义纪律。

以卦变言之，自复来者，初爻震变为坎震出也。又坎自震出，故曰出。

此爻专欲以用律行师，不取幸胜。

九二：在师中吉，无咎；王三锡命。

九二，以刚居柔，上应六五，主将之象。二居下卦之中，又在五阴之中，在师中也。固以刚中言，又有将在师中，而督人以战之象，故吉。王，五也。五柔中下应二，有锡命象。自二而上至五，凡三爻为三锡命。

以象言之，互体伏巽为命。

按：此卦《象辞》所谓能以众正，可以王者，指专征者言之。谓刚中之德，为众所归也。此爻则上承天宠，膺王锡命，不敢自专焉。《卦辞》乃汤武之事，《爻辞》乃尚父、周公之事也。

六三，师或舆尸，凶。

六三，以柔居刚，不中不正，位高而近众，才弱而志刚，或使之主师必凶。舆尸者，谓兵败舆尸而归也。然谓之或，则不必其如是，特为之戒耳。坤为尸，坎为舆，多眚。以九二承四阴爻，亦舆尸之象，九二舆六三尸也。或以舆尸为众主，亦通。但六三以耦画尸，下卦之上亦有权不一之义，非必以舆尸为众主也。

以变象言之，六三变互巽。巽为不果，故曰或。

此爻以不正无应而败师者也。

六四，师左次，无咎。

六四虽柔而得正，量敌而进，虑胜而后会者也，故无咎。行师之法，欲右背山陵，前应水泽，故为左次之象。

以象变言之，六四互震，本爻动，则上体亦为震。震为左，六四坤动则互体成离。离居坤下，则日入地中，暮夜之时，师过宿为次也。一宿为宿，再宿为信，过宿为次。已过三爻，亦有次象。

此爻言出师不轻敌之义。

六五：田有禽，利执言，无咎；长子帅师，弟子舆尸，贞凶。

兴师用众，将以除害，有去田禽之象。执言者，奉辞伐罪也。然六五应二，比上者也。二为长子，上为弟子，苟所用不一，虽得正，亦凶也。

以象变言之，二为田，互体震为稼，坎为豕，田豕害稼者也。又四时田猎，皆为去害稼者。六五变，则互体成艮，为手为执，伏兑为言，执言之象。长子谓二，互震是也。上六变，则为艮。艮，少男弟子也。上六之三，则舆尸矣。上六虽云得正，亦终凶也。以其动为少男也。又自夬来者，上体本艮。

此爻言人君行师，当审所任之人也。

上六：大君有命，开国承家，小人勿用。

上六，当行师之终，有赏功象。开国，谓诸侯承家，谓大夫之受邑者也。小人勿用，上六、六三皆阴象也。然上六得正，而六三不正，小人之象，不可用也。用师之终，赏功之时也。而戒小人勿用，所以为全师保胜者之戒也。

以象变言之，上与三应，有伏巽，巽命也。古者，用命赏于祖。上六变艮，宗庙也。三有互震，坤为土，震为侯，开国也。震又为长男，承家也。

此爻明行师赏功之象。

第八卦：比卦䷇（坤下坎上）

比：吉。原筮，元永贞，无咎；不宁方来，后夫凶。

比为一阳之卦，自复来。初、五相易，则为比。又为五阴之卦，自剥来，五、上相易，亦为比。二卦皆以一爻相易，当兼二卦取义。比，坤下坎上者也。坎险坤顺，为不宁之方顺从乎上之象。比，亲附也。阳居九五，而众阴从之，所以吉也。比，以众所比言也。然以众爻言，以己附人，不可轻也。必原筮焉。原，再也。《仪礼》曰：末有原，谓勿再也。则此原筮为再筮，审之至也。九五，刚中正元也，亦贞也。以臣比君，以阴从阳，长久之道永也。不宁之方，皆来上比于五也。比，贵乎先九五，爻阳夫也。上六爻阴，居终妻也。处九五之前，妻之后。其夫者，所以凶也。

以象变言之，自复来者，下体本震，互体有艮；自剥来者，上体本艮，互体有震。艮，手也。艮手震，草筮之象也。又艮为鬼门，质诸鬼神也。或谓坎有筮，象说见《蒙卦》，以蒙言之，卦主在二，居下卦之中，故曰初比。主在五，居重卦之中，故言原也。盖此卦自初至四，凡四耦，八卦之象，故取筮焉。阳居九五，而众阴从之，所以吉也。上坎劳卦，不宁也。坤为方，又自剥来者，上之一阳，来五而成六，上反而后夫，此其所以凶也。

此卦言阴之比阳，宜先而不宜后之之意。

初六：有孚比之，无咎。有孚盈缶，终来有他，吉。

爻当比初，求比之初，宜有孚信，则可无咎。缶，质素之器也。盈缶，取质素充实之义。初与四非正应，五亦非正应，能与四同德比五，虽非正，应而比上则同，故吉也。非正应，故曰有它。

以象变言之，坎为心有孚象。动则成震，震主器者也。上有互艮，土也。土为器，有缶象。又重坎，亦有缶象，说见习坎。或曰初坤，坤为腹变，而之四为兑，兑为口，巽为绳，有口有腹之器，以巽绳引之，缶也。坎又为水，爻变成屯者，盈也。有水盈乎缶之象。

此爻言同心比上，虽非正应，而亦吉也。

六二：比之自内，贞吉。

二应五，比也。内谓内卦，举三爻而言也。六二同初六，六三而比五也。六二居正，而其正应在五，为比之主，不失所比，故贞吉。

此爻以阴比阳，虽牵其类，亦不自失其所比也。

六三：比之匪人。

三与上应，上六位不当，而后夫非六三之正应也。此卦诸爻，以同心比五为义。苟自已虽能比五，而不知上六之为后。其夫者，则为上六所系，而失之矣。比之匪人，不能原筮者也。六三人位，而位不当，故曰匪人。匪人，非谓上六诸六，三失所比，所以自失其身。乃比中之匪人，亦小人之朋比者也。

此爻言当同心比五，不可苟同于后夫也。

六四：外比之，贞吉。

四以五为外，故曰外比。六四得正，上比九五，亦得正比之诸爻。惟四切近于五，比之至善者也，故贞吉。此爻言六四切近于君，而得比之正也。

九五：显比。王用三驱，失前禽，邑人不诫，吉。

显，扬明之象，刚中居尊。显其比道，来者不拒，去者不追。盖虽私属之人，亦不警备，以求必得吉道也。显，谓明于比道者也。九五，正中，王之象也。自二至四，历三爻三驱也。故以三驱言，二为正应，不待告诫而吉也。三驱有两说：《周礼》田有三杀，自左膘达于右髃，为上杀，射右耳，本为中杀，射左髀，达于右髃，为下杀。面伤不献，剪毛不献，盖逆而向我，则舍之；顺而背我，则取之。以下爻为逆，上爻为顺，而取顺为治，上六也。以成汤祝网言，则舍其三面，前开一路，使之可去，不忍尽物，止取其用命者。不问其去者，以下爻为顺，上爻为逆，而舍逆为不治，上六也。若以象之后夫凶，与上六无首凶观之，则用《周礼》之说为是。但失前禽之说难通，况以三杀为三驱，恐杀与驱，亦自不同也。若用汤网之说，则失前禽，乃正指上六言，似不可易。虽于后夫无首之凶未合，不妨各爻自取义也。邑者，坤在下为邑，谓六二也。二为正应，不待告诫而吉也。

以象变言之，互艮为黔喙，而登坤舆上坎，弓轮田猎之象。九五坎，体坎为月光显之象。爻又互艮，有伏兑，兑为口，艮见而兑，不见不诫之象。

此爻为比之主，以来者不拒，去者不追取义。盖欲二至四，三爻之比我而不恤，上六之去我也。

上六：比之无首，凶。

无首，不先也。居比之后，迟迟不至，此交已固，彼来已晚，所谓后夫也，其凶可知。

或曰：九五刚中正本，得乾之中爻者也。今舍而不比之下从于三，是无乾也。无乾即无首也。然乾用九，无首吉，而比上六无首为凶，何也？乾以过刚而变柔，则吉；比以柔而背刚，则凶也。

以象变言之，乾为首，下坤伏乾，六动之三，则下体成艮，而无伏乾矣，故无首也。

此爻深以后末为戒。

第九卦：小畜卦䷈（乾下巽上）

小畜：亨。密云不雨，自我西郊。

小畜，一阴之卦也。自姤来，初、四相易，则为小畜。又为五阳之卦，自夬来，四、上相易，亦为小畜。二卦皆以一爻相易，而姤为近。盖姤乾上巽下，而小畜者，《乾下巽》上也。畜者，止而聚之之名。乾，健。欲前而顺以畜之，小阴也。以一阴而畜五阳，以小畜大，故为小畜。以阴求阳，虽有吉道，而施则未行也，以其阴先倡也。密云，畜聚之象。西郊，阴方也。阳倡阴和，则雨阴先倡，而阳不和则不雨，以阴畜阳，畜之道至难，故虽密云，而不能致雨。自，我，语辞也。一曰自我者文王，指西周而言。以象变言之，巽风行于乾天之上，互兑之泽，又且上行，宜其雨矣。然上爻为九成巽，而不成坎，互体之离，虽有伏坎，亦隐而未见，乃见离日，故为密云不雨之象。四互，兑为西，乾天际四，在内外之交，郊也。故曰：自我西郊，又自夬来者。本体本兑，自兑而来，有自我西郊之象。

或曰：自子至巳，乾之阳也。自子至寅，三画之乾，入于艮方，为艮所畜也。自卯至巳，重画三乾，入于巽方，为巽所畜也。此大畜小畜之象。

此卦大率虽以柔得位而成卦，然亦以阴先倡，不足与有为也。

初九：复自道，何其咎？吉。

健体在下乾，远于阴。初九，正应在四，虽为四之所畜阳，不能从阴也。自道者，初刚，九亦刚，自有之道也。虽与四应，何其咎哉！何其咎，甚言其无咎也。所以为吉，咎者，人咎。吉者，天休也。

以卦变言之，卦自姤来，复其对也。今姤之初六，易上为六四，则初九阳爻复矣。此爻以刚得正，故吉，非阴所能畜也。

九二：牵复，吉。

二阳上进，渐近于阴，下比初九，德又刚中，相牵而复，亦吉道也。

以象变言之，阳在初为复，复刚动而朋来，一阳复而众阳来矣。牵者，牵连而复也。五巽为绳，动则成艮，手引巽绳，有牵义。但牵复主阳，不为阴所畜，而言非为阴所牵也。

此爻明阳爻相牵，不为阴所畜也。

九三：舆说辐，夫妻反目。

三阳上进，以迫近于阴，为所畜矣。辐车之所以行者，前阻于阴，不得上进，有舆说辐之象。乾阳为夫道，巽阴为妇道，三四相比如夫妻。然九三虽刚而不中，乃反为六四之正，所胜受制于阴，故有反目之象。辐陆氏《释文》曰本，亦作輹。子夏、虞翻同项氏曰：辐无说理，必辐破毂裂而后说。舆下之輹，乃有说时。九三，但为六四所畜，止非破裂也。

以象变言之，乾有伏坤，坤为舆离，有伏坎，坎亦为舆。多眚又坎伏，则舆不见，故舆有所说也。又互体有兑，为毁折，亦说之象。九三逼近于四，互离为目，三四非正应，又非同体。巽为多白眼，故反目也。

此爻虽凶，然不言凶，亦恶阳为阴所畜也，但为之戒耳。戒其道不行于妻子也。

六四：有孚，血去惕出，无咎。

以阴畜阳，阳未易畜，本有惕惧。然柔正巽顺，上承九五，有孚之道，故血去惕出，四处大臣之位。上得乎君而能畜，君下得乎民而能畜，民虽一阴，处乎五阳之之中，不伤不危，可以无咎，以其得正而合志故也。

以象变言之，六四有互离则有伏坎，坎为孚，又为血，又为加，忧惕也。坎伏，故为血去惕出。此六四所以无咎也。又有孚者，卦本姤六自初来，故不系乎初，而诚意以合乎君也。

此爻大臣之位，能自信于上下者也。

九五：有孚挛如，富以其邻。

五与二，孚者也。二非正应，今以四近之，而与之孚，挛拘。挛也，言其相孚之甚固也。富，谓下三阳也。以其邻，邻谓四也，以用也。九五用四畜下三阳，君用臣邻以畜乎民者也。

以象变言之，巽为股，五变则上体为艮手也。先儒谓手足相就，有拘挛之象。又九五变则互体有震所孚。六四互体有兑，兑西震东邻之谓也。此爻言五居阴之上，能用大臣以聚民之象。

上九：既雨既处，尚德载妇，贞厉。月几望，君子征凶。

上九畜道既成，故既雨。既雨而止，处者止也。上九畜极而成阳，为阴制矣。其施已行，可以止矣。然崇尚阴德，故妇贞。厉上，有崇尚之象。巽妇象贞，厉谓阴方盛，虽正亦厉。况位阴爻，阳而不正乎！月阴象月，几望阴，将敌阳矣。阴既敌阳，则疑于阳，往则凶也。

以象变言之，上九变则成坎，故雨也。与三应，三动互艮，艮为止处也。坎为轮，故尚德，载巽妇也。坎成巽，坏妇贞，厉象坎，为月下有乾，而互兑，乾纳甲，兑纳丁，兑象见丁，而未能盈，甲几望也。

此爻言阴之不可长。既雨，则阴阳和而可止矣。若崇尚乎阴，使之敌己，则不可也。

第十卦：履卦䷉（兑下乾上）

履：履虎尾，不咥人，亨。

履者，一阴之卦，自姤来，初、三相易，则为履。又为五阳之卦，自夬来，三、上相易，则为履。二卦皆以一爻相易，而夬为近。盖夬兑上乾下，履兑下乾上也。履者，足有所躐之象。兑乾皆虎象，卦后为尾，四居乾之后，是四为尾，而三履之也。则虎乃乾象，咥人者口，三为兑之口，则能咥人，是四为人而三咥之者也。则虎乃兑象，盖自姤来，则以内踵外。为履自夬来，则以上践下为履。两义俱通。九五以夬言，则自夬来之说为近。大抵卦以一柔行乎五刚之中，承乘皆刚，以柔履刚，实蹈危机。然兑说，以应乎乾，故不咥人。三四皆人位故也，三固履四之虎尾，而四亦不为三之虎口所咥也。或问：乾兑皆为虎象，何也？曰：西方七宿为白虎，乾位，直奎娄胃兑位，直昴毕觜参，皆虎之象也。伏艮为尾，详见《遁卦》。

此卦柔而不为刚所害之象。

初九：素履，往无咎。

履，不处也。初九，阳刚在下，素其位而行者也。安其素而行，其素何其咎哉！故往亦无咎。

以象变言之，初与四应。四互巽，巽为白，故曰素履。又卦自姤来，下体本巽，初往之三，故成兑。而卦为履，然兑西方卦，西方色，亦白也。白者，本然固有之质，故安其固有者，亦谓之素。既受采，则非本然矣。

此爻专谓行其固有之志。

九二：履道坦坦，幽人贞吉。

刚中在下，无应于上，有履道平坦之象。九二居兑泽之中，而无正应，幽人之象也。三为兑口，正咥人之虎。二近三，恐为虎口所咥，必行坦坦之大涂，则免难。必为幽人之自悔，则免难也。六三之阴，近而在上，易至于失正，故不失其正，则吉。二三皆不当位，兑说体恐，阳为阴说而蹈危机，故以守正则吉。告之。

以象变言之，九二变则成震，震为大涂，履道坦坦也。互体为离而伏坎，坎为隐伏。伏幽也。三画卦二为人位，幽人也。此爻近三避咥之象。

六三，眇能视，跛能履，履虎尾咥人，凶；武人为于大君。

眇跛爻，柔也。能视履位，刚也。卦本履而以视言者，知之明而后行之力也。书曰：若跣弗视地，厥足用伤。兑乾，皆虎尾。以乾言咥，以兑言三履，乾之后履，虎尾也。兑为口六开口之象。三人位，以六咥三，故咥人，咥则凶矣。以六居三，非正变而得正，成乾乾君。兑西方金，武人之象，为于大君居下体之上，亦有临民之象也。武人为于大君咥人，可知矣。卦言不咥人，而爻言咥人，盖爻言三而卦言四也。

以象变言之，六三互巽，为多白眼。然自二观之，则互离为见，故眇能视也。巽为股兑折之跛也。伏震为足，则能行，故跛能履也。此爻甚言六三之凶也，武人为于大君，天下受其害矣，凶莫甚焉！

九四：履虎尾，愬愬，终吉。

六三之履虎尾。履，乾之尾，以六履九也。九四之履虎尾，居乾之尾，又在六三兑虎之上也。四多惧，故愬愬。暴虎冯河，吾不与也。必也临事而惧，此九四之所以终吉也。吉则虽履三，而不为三兑口所咥矣。

以象变言之，四五巽伏震而动，又互震。愬愬者，震惧之象。此爻言履危而惧，则终于安吉也。

九五：夬履，贞厉。

卦有五阳，自夬来也。三上相易，则夬也。履上天下泽，夬泽上于天也。以九居五，与夬又同。但夬以五阳决一阴，阳方得志也。履之一阴适当虎口，有咥人之惧焉。非如夬之决，不可也。固守其贞，则厉矣。

此爻言阳刚当位，宜夬决其阴，不可蹈危也。

上九：视履考祥，其旋元吉。

上九与六三为应，六三跛履，眇视者也。六三阴柔，所以跛眇。上九阳刚应之，则其视必不如六三之眇，其履必不如六三之跛矣。考六三之视履，以勉吾之视履，则善矣。其旋元吉。旋，犹回也。视乎彼而致知力行焉，则元吉矣。乾为圜，取旋义。又登高至顶必下，故取回视六三之象。

此爻以刚履柔，以六三之视履为戒，所以吉而有余庆也。

第十一卦：泰卦䷊（乾下坤上）

泰：小往大来，吉，亨。

泰，三阳三阴之卦。以三阳言之，泰三阳，诸卦之主也。三阳之卦，皆自此来。以三阴言之，则此卦又自否来。否之内卦易外卦则为泰。泰者，大通之谓，亦曰安而舒也。阳为大，阴为小。内卦之三阴，往之外卦，小往也。外卦之三阳，来入内卦，大来也。小者往，而大者来也。内乾健也，外坤顺也。内健而外顺，阳为主于内阴，听命于外，此其所以吉也。六爻相应，上下交而志同，此其所以亨也。

冯氏曰：以三阳自下而上言之，则为正月之卦。以阴阳适停，则为春分之卦。今按：自雨水正月中，至春分二月中，皆泰主事，非有二也。雨水，三阳之初；春分，三阳之成也。

又以象言之，互有震为长男，兑为少女。以男下女，归妹之象，故能交通而生物，所以亨也。

此卦有两义：以内外言之，欲其别内三阳君子，而外三阴小人也。阳长阴消之象。以上下言之，则欲其亨，六五下交，九二上交，而六五，君也。九二，臣也。阴阳交通之象，随时变易，而取义不同如此。

初九：拔茅茹，以其汇，征吉。

茹，根也。汇之为言类也。君子进而其类连之，有拔茅连茹之象。拔其一根，则连茹而起也。茅之为物，用之则荐于郊庙，不用则槁于山林，君子似之。以犹《春秋》以某师之以茅，上二阳也。茹，初也。征，行也。阳道方亨，引类而进，得行其志，故吉。

以象变言之，初九动则成巽而伏，震巽为白，震为萑苇。萑苇之类，而洁白者，茅是也。上比九二，互兑伏艮。艮，为手拔也。

此爻言君子引类而进之义。

九二：包荒，用冯河，不遐遗；朋亡，得尚于中行。

刚居柔，在下卦之中。上应六五为泰之主，得乾中爻，上包三阴，有包荒象。荒，犹言八荒也。天居地下，天包地也。天包乎地，介其中者，有水焉。三处天地之间，冯河者也。二用三，有用冯河象。初最远，五二不遗初，有不遗遐远。象朋者，阳之朋类。合三阳言之，二动位阴，朋亡之象。二之五得尚于中行，尚犹尚主之尚中行指五，《象传》所谓中以行愿也。尚五之妹，谓六四也。

以象变言之，六五坤体而互震，坤为地，震为萑苇，故以荒言下。乾有伏坤，坤为包，而又包乎坤，故以包言，二互兑为泽、河之象也。徒涉为冯，三互震为足，冯河象。又二动互坎之五，则成既济，今未行，亦冯河象。乾为天际，远也。故不遐遗九二，互兑为朋，故以朋言。

或问：二五正应，今谓二与四配，何也？曰：归妹之妹，指兑而言。此卦之四，即彼之三耳。盖五君也，不容为二之偶。所配者，五之妹耳。四互兑为少女，五之妹也。二伏艮，为少男，兑之配也。故有此象。《象传》曰：中行而五，曰中以行愿。四曰中心，愿也。中心愿者，妹愿有所归也。中以行愿者，九五兄而行四之愿也。而二则尚于中，以行愿之君，而得中心愿者，为之偶也。曰：四与三比，互震与互兑、比，归妹之四即此之三，何不归四于三，而归二。曰：三互震，长兄。岂容与兑妹为配？九二与六五正应，故但以五命，而归二也。

此爻言九二用三，而不遗初。亡其私昵，而同应五且得四也。

九三：无平不陂，无往不复；艰贞无咎，勿恤其孚，于食有福。

陂，险也。泰极否将来矣。阳无常平而不陂，阴无常往而不复，戒辞也。三居危地，以刚居正，有艰难守正之义。恤，忧也。勿恤其孚，不以阴之孚我而动其心，则于禄食有福。不然泰转为否，则不可以禄矣。

以象变言之，平谓三，天地分，故平也。九三之上，则上卦为山，下卦为泽。平者，陂矣。往谓三阴，《卦辞》所谓小往者也。三阴在外，往也。往者，复则三阴在下，为否矣。九二变，则下体已变矣。然九三位未离乾体，虽居危地，能念其艰，而守其正，则无咎矣。勿恤其孚，三与上孚者，恤之。则以三易上反，成失位，但以九居三正，固其守，则于食有福。或曰：九三互兑为口，故以食言。

此爻言阴阳界限之交，不可轻动，惟当念其艰而固守也。

六四：翩翩，不富，以其邻不戒以孚。

六四近阳，志欲下复，翩翩之象。不富，阴之象。志在从阳，故不待戒而相孚也。

以象变言之，六四之二为离。离，飞鸟自上飞下翩翩之象。不富，以其邻者，阳为富。六阴，不富也。然四本互兑，三本互震。震东兑西，邻也。初既远矣，若以三为富，下比三而从之，是富以其邻也。不富以其邻，不从三也。兑，口戒也，不待戒而孚也。从三之邻，是以兑配震，以说而动，二爻相易，皆不当位，失其实矣。今以五之命下，适乎九二，阴之所愿，故《象传》曰：中心愿也。它卦取初四相应，此乃之二，何也？曰：九二得尚六五，五君位，而四有互兑，则互震之妹，故因五而为二之偶。易随时变易如此。

此爻但以阴下阳取义，更不计阴之来内也。

六五：帝乙归妹，以祉元吉。

阴阳相交，所以成泰。位阳爻阴下，交乎二九。二之阳，又能下阴而上交乎五。帝乙归妹之象。帝乙，汤也。祉，福泽也。以此福泽，下锡乎二，所以交通乎上下之情，故得元吉，取乾元坤元之义。乾坤交，为大善之吉也。以象变言之，归妹之卦，上震下兑，此卦六四互体，有兑。兑，少女也，故为妹。六五互震。震，长男也。以少女对长男言之，亦为妹。虞翻谓：震为帝坤纳乙，故以帝乙当之。虽曰引古其实，亦以爻义取之也。不然，何以不曰汤乎？《象传》谓中以行愿，行四之愿也。四为五妹，愿有所归。五从其所愿，而归之二也。

按：此卦以二配五，旧说皆然。六五为帝乙，则妹何所指？是有夫而无妇也。归妹，亦以二配五，然下妹上帝乙，则有妇而无夫也。盖兑体皆为妹，九三皆为夫，而六五皆为兄也。归妹之九四为震，泰之九三互震，皆为诸侯，则主帝妹之归者也。如此方通！或问：《象传》以震兑相交，为上下交，今以九二非四之夫，可乎？曰：易随时变易，从道卦爻，取义不同多矣。又按：《左传》以帝乙为微子父，又与京房不同。恐《左传》误。

此爻与二，皆以天地相交取义。

上六：城复于隍，勿用师；自邑告命，贞吝。

隍者，取土为城之陷地，阴上而复下。城复于隍，象勿用师，言不可用众也。自邑告命，自治内邑而已。贞吝虽正，亦吝也。

以象变言之，坤为土城也。上六变艮，亦为土，三变兑为泽。土降而泽，城复于隍也。坤为众师也。邑，亦坤也。以全卦言，二之五有坎，象地中有水。师也，今上与三交，则非用师之时，故师不可用也。三之上，则下体成兑。兑，为口告也。四之初，成巽命也。五之二，自邑告命也。上六虽得正，然泰极否生，则亦吝矣。或曰：坤为吝，恐失之泥。

此爻言泰转为否，虽欲自治，亦吝矣。然则盍图于九三无平不陂之时乎？

第十二卦：否卦䷋（坤下乾上）

否：否之匪人，不利，君子贞；大往小来。

否三阴三阳之卦。以三阴言之，否三阴卦之主也。三阴之卦，皆自此来。以三阳言之，此卦又自泰来，下体三阳往上，上体三阴来下，故为否。否者，闭塞不通之谓。乾向上，坤向下，两不相交，故否塞而不通也。匪人，谓三四为人位，两人位皆不得其正也。天在上，地在下，所赖人经纬其中，故人为天地之心。今三四不得其正，则人道亡矣。天地何赖焉？不利君子贞，当三阴小人用事之时，所以不利乎守正之君子也。五得正贞之象也。二虽得正而为阴，不可言君子，五则阳刚之得其正者也。大往小来，阳为大，阴为小，即谓三阳往而居外，三阴来而居内故也。

以象变言之，泰有互兑互震，男又下女，长男少女交，故有亨之象。否有互艮互巽，男不下女，又少男与长女无交，故否塞而不通也。

此卦深以上下不交内阴，而外阳为戒。

初六：拔茅，以其汇；贞吉，亨。

三阴之进，肇于初六。君子知几，则相牵连，以其同类正固待时，故身虽否而道则通，此其所以吉也。拔茅茹，以其汇与泰同。

以六居初位，不当也，恐其失正，故以贞训之。问：此爻拔茅茹，亦安知非小人乎？曰：易为君子谋，不为小人谋也。

以象变言之，初六动则成震而伏巽。震为萑苇，巽为白萑苇之类。而洁白者，茅也。承互体之艮，艮，为手拔也。

此爻言君子同类，正固以处否之义。

六二：包承，小人吉，大人否，亨。

以五包二，以二承五，故曰包承。小人而承大人，小人之福也，故吉。大人而包小人，当否之时，亦可以亨。

以象变言之，坤虽为包，亦有天包地之义。否之六二，为五所包，而乾有伏坤，又复包于乾也。

此爻言当否之时，小人承大人则吉，大人包小人则亨也。

六三：包羞。

六三，位不当，乃阴柔不正之人，为上九所包，小人之幸也。然六遍近于阳，自不止，故有羞恶之心。所谓珠玉在侧，觉我形秽者也。羞恶之心生，则小人可化为君子。六三变，则为君子矣。

以象变言之，六三互巽之上成兑。巽，顺；兑，悦。可羞之态也。坤为包。

此爻言小人为君子所包，而有羞恶之心也。

九四：有命无咎，畴离祉。

否已过中，君子有亨泰之渐，故有上奉九五之命，而福其同类之象。以九居四，位不当疑于有咎，以近君承命，得无咎也。畴，类也。离，丽也。祉，福也。问：二五相交，何与四？曰：九四近君，宣君命而达之下者也。

以象变言之，九四互巽变，亦成巽。巽，为命。九四上比六五，二五交则九四互离，奉六五之祉，以锡其类，则下三爻，皆得承福泽矣，不但与初相应也。或曰：乾体为天命，盖道之将行命也，亦通。

此爻言亨否之道，在近臣宣君命，而锡祉于下也。

九五：休否，大人吉。其亡，其亡，系于苞桑。

大人，乾也。休，息也。休否，犹言息否也。大人之吉也。大人当休否之际，虑小人之复生，致危亡之戒，系之维之，使其根深，固以防否之复来也。

以象变言之，乾有伏坤，又与坤应。若乾变为坤，则坤为丧。重言其亡者，甚之也。上体变则为重坤也。二本体坤而互艮，五本体乾而互巽，坤地而艮山也。巽为木，上体为乾，衣也，木而能产衣焉。桑也，桑根于坤，土而生于艮山者也。巽，绳有系象，故曰系于苞桑。

此爻虽言大人休否，而亦致危亡之戒。

上九：倾否，先否后喜。

上九，否之终也。否极则泰，此其时矣。否终则倾，故曰先否后喜也。

以变象言之，上之三则三，为艮山，上为兑泽，山在泽下，倾也。故有倾否之象。兑，为说，故有喜象也。

此爻否极必泰之象。

周易象义卷三

上经（同人至噬嗑）

第十三卦：同人卦䷌（离下乾上）

同人： 同人于野，亨，利涉大川，利君子贞。

同人，一阴之卦。自姤来，初、二相易也。又为五阳之卦，自夬来，二、上相易也。二卦皆以一爻相易，然但以自夬取义。同人，离下乾上者也。天在上，火炎上，故曰同。三画之卦，初为地，二为人，三为天，四即初也，五即二也，上即三也。柔爻，在二与五相应，以三画言之，二、五皆人位也，故曰同人。六画之卦，初、二为地，三、四为人，五、上为天。二亦地也，故以野言卦。惟一阴，诸阳所同，欲得也。而适在三画之人位，六画之地位，所谓同人于野也。野者，空阔之地，言同人于野，则极同人之大言之。柔得位得中，上应乎乾，故亨。亨，则何事不济？故可涉川，中正而应君子之道，故利君子贞。

以象变言之，乾天际，为野火，非在野之物。野烧之火，人力也。乃与天同，故同人于野，亨，利涉大川。谓二互巽，有乘木之象。离有伏坎，大川也。又自夬来，夬上体本兑泽也。上自二而往，遂成乾卦。乾行而兑，隐矣。但见天而不见泽，非利涉大川而何？

此卦言善与同人，则何事不济！

初九： 同人于门，无咎。

乾为辟户，初同于四。四，乾也。初九与四，虽非正应，以同德为同耳。出门而与人同，未见远近广狭之情，故无咎。

以象变言之，初九变为艮。艮，门也。出门而同，上应乎乾，同乎天矣，谁能咎哉？

此爻言出门初与人同之义。

六二：同人于宗，吝。

同宗，谓同体也。六二当与五同，而九三同体，与二相近，二往同之，则吝矣。或曰：二之五则上体成离，下体成乾，不离此二卦，反其本宗，故曰同人于宗。所同者，狭此吝道也。

以象言之，乾有伏坤，而六二本坤。坤为吝啬，同人于宗，所同有限，有啬吝之象，与悔吝不同。

此爻言同人于宗，所同不广，故为吝道。

九三：伏戎于莽，升其高陵，三岁不兴。

莽，阴翳之地也。三居高位，高陵也。伏戎于莽，侵二也。升于高陵，惧五也。三岁不兴，邪不胜正也。三离体也。离，为甲胄，为戈兵，有戎象。六二应九五，三争之，故伏戎于莽然。五为正应，三岂能夺哉？故升于高陵，三岁不兴。三岁者，历三爻至上九也。上体三阳，据其上九，三之阳终，不能兴也。

以象变言之，三本互巽，动亦互巽，艮而体震为萑苇。巽，为蒺藜，莽也。巽，又为伏，伏戎于莽也。艮，山也。巽，又为高，高陵也。在下之上，亦高陵也。故曰：伏戎于莽。九三动则成无妄，无妄与升为互对，故以升言。

此爻刚而不中，上承三刚，不能下同于二也。

九四：乘其墉，弗克攻，吉。

墉，高处，谓三也。四乘之卦，惟一阴。众阳同欲，下隔于三。欲以攻之，然以位柔，故又弗克。困而自反，吉道也。以象变言之，三动则互艮土。又本体互巽为高，在内外之间。墉也，九四乘之，故为乘其墉。九四动则居互离之中，离为甲兵，亦有攻争之象。乾在上，则弗克攻矣。

此爻言动当以义，不容力争。

九五：同人，先号咷，而后笑；大师克相遇。

二、五正应，下隔三、四，先号咷之象。同心中正物，莫能间，后笑之象。九五下应二离，离，甲胄戈兵，有出师之象。二、五相应，遇也。六二本同于九五者也。九三、九四间于其中，六二柔，三、四刚强，故必用大师克去两爻,则与六二相遇也。

以象变言之,六二互巽为号,伏震为声,号咷也。九五动则互兑,兑为说,故后笑。巽先兑后也。九五变离,自有兵象。上伏坤,下伏坎,亦师象也。相遇卦自姤来,故以遇言。

此爻言正应虽隔,理在必胜,则终合也。

上九：同人于郊,无悔。

三互乾为天际,又在内外之交,故曰郊。既远于二,与三应,不能同于二,而同于三,故同人于郊。上九不当位,宜有悔。以其能与三同德相与,不专求同于一阴,故无悔。

此爻虽同于三,而未同于二,故志虽未得,而无所悔也。

第十四卦：大有卦䷍（乾下离上）

大有：元亨。

大有，一阴之卦，自姤来，初、五相易者也。又为五阳之卦，自夬来，五、上相易者也。二卦皆以一爻相易，然但以自姤取义。大有者，所有者大也，大阳也。五阳为六五所有也。六五柔中之君，得乎尊位，上下众阳，为六五柔中之君所有，故曰大有。二五相应，故元亨。元亨者，九二乾元刚健，六五以文明应之而亨通也。

以象变言之，自姤来者，六自初而往五，九自五而来初。初，元也。亨，应也。六自五而应二，九自二而应五，为亨也。

此卦以一柔而统众刚，居于君位，盖不自有其有，故能有众有也，是为大有。

初九：无交害，匪咎，艰则无咎。 初当交四，而四非正应，故无交。无交则无害矣。无交虽有害，非我之咎也。九居初得正，九居四为不正，故非我咎。两刚相遇，戛乎难合。知其艰，则吉而无咎矣。此爻以正自守，不强求上交者也。

九二：大车以载，有攸往，无咎。

九二，以刚居柔，五为正应，能应乎君者也。六五下交于二，九二应之阳，大也。有大车以载之象。载车以往阴阳，相与能胜其任也，故无咎。九二位，不当疑其有咎，故以无咎言。

以象变言之，下体乾有伏坤。坤为大舆，又为载物，彼坎为舆，则多眚。坤之舆无眚，所以无咎。离明在上，乾以坤舆载之，可以任重之象。

此爻以刚居柔之臣事，柔中之君，其能任重如此。

九三：公用亨于天子，小人弗克。

亨，古与享字同，燕享也。九三上公之位，享于天子，谓五也。小人弗克，九三变则为六三。六者，阴柔，故圣人致戒。小人处之，则恃恩而骄亢，反所以为害。以三处下体之上，易至于骄亢也。

以象变言之，九三互兑为口，上卦有离为腹，故有亨象。

此爻言公获享于上，而不自满之义。

九四：匪其彭，无咎。

彭，读为旁，盛满貌。诗"四牡彭彭"是也。离为大腹旁也。九四四阳，壮矣。阳如此盛，而上承六五之君，满盈甚矣。今乃以刚居柔，不自有其有，推以与君，故得无咎。所以无咎者，四以刚居柔，以离明之体而能知几也。

又以象言之，自初至四，有大壮象，故以彭言。

此爻言近君之臣，不当满盈，以失承君之义。

六五：厥孚交如，威如，吉。

五与二应，则上乾而下离，故曰交如。以中而孚，故曰厥孚。以六居五，本柔也。易至无威，何以有众阳乎？故威如，则吉。居五，刚也。交下九二，亦刚也，此威如也。或曰：威如与家人同，反身之谓，非用威严也。

此爻言柔中之君，能以刚济，则能有众刚也。

上九：自天佑之，吉无不利。

上九，天位，居五之上，故有天佑而吉之象。按《系辞传》曰：天之所助者，顺也。人之所助者，信也。履信思乎顺，又以尚贤也。是以自天佑之，吉无不利也。夫子释此爻如此，盖上与三相对，初非正应，然三乾体也，天助之也。三人位也，人助之也。九阳为贤，居五之上，尚贤也。是以自天佑之吉，无不利也。或以《系辞传》而伸其象曰三。体乾而伏坤，坤顺而乾信也。三至五卦，有互兑，兑为右佑助之象也。乘六五之互兑，而应六三之乾天、泽履也，故取履信之义。离体伏，坎为心亨，故取思顺之义。又他卦上九，多不吉，而此卦一爻变为大壮。六爻变，则为比。序卦变，则为谦，所以吉也。

此爻当大有之时，为天人所助，人君所尚，故无往不利也。

第十五卦：谦卦䷎（艮下坤上）

谦：亨，君子有终。

谦者，一阳之卦。自复来，初、三相易者也。又为五阴之卦，自剥来，三、上相易者也。二卦皆以一爻相易，然但以剥取义。盖《剥卦》坤下艮上，此卦艮下坤上者也。故以九三为成卦之主。谦者，有而不居，慊然不自满之意。艮阳止于坤阴之下，谦之义也。九三有应，故为亨，惟能谦以自处，故始屈终伸而有克终之象。谦为君子之德，故以君子言。盖天道地道人道，皆尚乎谦，非君子不能体之也。详见《彖传》。

又以象言之，乾九三称君子，而谦主之，故言君子艮者，万物之所以成终也。又主在三三者，下卦之终，故以有终言。

此卦乃谦尊不居，能保其终之象。

初六：谦谦君子，用涉大川，吉。

谦，以下为极，初最居下，迭二阴，而上承一阳，谦而又谦也。以此涉难，何往不济？故曰：用涉大川，盖用此谦，以涉难也。用涉与利涉，不同用者，自我用之也。

又以象言之，自二而上，互体有坎，大川之象。

此爻为谦下之最甚者也。

六二：鸣谦，贞吉。

上有艮刚，为卦之主，而二承之，近接乎刚，而能下乎？刚有谦之义，有诸中而形诸外，喜而自鸣其谦者也。以六居二，居中守正，所以为吉。或曰：二与五为应，居贞者，欲其同德，以应五，不可以承三，而失其正也。以象变言之，六二动，则互体成兑为口，又上承九三。九三互震，为善鸣，又自复来者。下体本震为善鸣，故曰鸣谦。

此爻近成谦之主，故吉。

九三：劳谦，君子有终，吉。

劳，谓功也。《系辞传》谓劳而不伐是也。刚居下体之上，有从王事，而有功劳之象，劳而能谦者也，有终必矣。君子有终，吉。与《卦辞》同，盖成谦之主爻也。详见《卦辞》。

以象言之，九三居互坎之中，坎劳卦，故为劳谦居。

艮之上，万物终乎艮，故曰有终。

又按：《系辞传》释此爻曰：劳而不伐，有功而不德，厚之至也，语以其功下人者也。德言盛礼，言恭谦也者，致恭以存其位者也。或以卦变言之，曰：自剥来者，艮本在坤上，今在坤之下，是能下人者也。厚以坤言，下人以艮言。艮为躬屈，已为躬恭也。存其位，以九居三，得位言。

此爻成谦之主，有功而不伐者也。或曰：又以象变言之，六十四卦中，本体互体伏体，备八卦之象者惟四卦：小畜、履、谦、豫是也。小畜本体乾、巽，而互离、兑伏坤、艮、坎、震者也；履本体坤、兑，而互巽、离伏坤、震、坎、艮者也；谦本体坤、艮，而互坎、震伏乾、兑、离、巽者也；豫本体坤、震，而互坎、艮伏乾、巽、离、兑者也。然小畜、履五阳之卦，则一阴为主。惟谦、豫五阴之卦，则一阳为主。豫九四阳不得位，而谦九三则阳得位。一阳得位，备六子之体，而上应伏乾之坤。此谦九三卦与爻无异辞欤！盖六十四卦三百八十四爻，未有如谦之九三，备道全美者，此谦之所以为吉无不利欤！

六四：无不利，撝谦。

九三谦而居六四之下，六四谦而不敢当，故**撝**之。六四坤体柔顺，上以奉六五柔中之君，下以下九三劳谦之臣，本无不利矣。又能**撝**谦，所以顺天下之正理也。

以象变言之，艮为手为止。六四互震，动又为震，手止而复起，**撝**也。

此爻处上下之间，能谦者也。

六五：不富，以其邻利用侵伐，无不利。

六五，阴也。阴贫而阳富，阴则不富矣。邻谓上下阴也，柔中居尊，上下顺之，则利用侵伐矣。六五谦虚，二非正应。而六二比三，故须侵伐，若禹之征苗是也。益赞禹曰：满招损，谦受益。七旬而苗格，无不利矣。

以变象言之，邻多以震、兑取，盖五本互震，二动互兑故也。二又互坎，五动互离。坎为弓轮，离为戈兵，侵伐之象也。

此爻明虽谦德之君在其上，而下不可以谦慢之也。

上六：鸣谦，利用行师，征邑国。

鸣谦应三，故也。二之鸣谦于内，则贞吉上之鸣谦于外，则利用行师征邑国。坤为邑，又为众，外顺之象也。五言侵伐，非大举也。上言征邑国，亦惟自治己邑，而己非求胜于人也。

以象变言之，上六应三，三有互震。震为善鸣，鸣谦也。又变则成艮，艮有伏兑，兑为口，亦鸣也。谦，坤德也。此卦之上体为坤，下有互坎，地中有水，行师之象。故上六爻曰行师，五爻亦利侵伐也。又《师卦》之二进而三也。

此爻鸣谦而复自治，盖亦恐事外而忘内也。

第十六卦：豫卦䷏（坤下震上）

豫：利建侯行师。

初六：鸣豫，凶。

六二：介于石，不终日，贞吉。

六三：盱豫悔，迟有悔。

九四：由豫，大有得；勿疑，朋盍簪。

六五：贞疾，恒不死。

上六：冥豫成，有渝无咎。

第十七卦：随卦䷐（震下兑上）

随：元亨，利贞，无咎。

初九：官有渝，贞吉；出门交有功。

六二：系小子，失丈夫。

六三：系丈夫，失小子；随有求得，利居贞。

九四：随有获，贞凶；有孚在道，以明，何咎。

九五：孚于嘉，吉。

上六：拘系之，乃从，维之；王用享于西山。

第十八卦：蛊卦䷑（巽下艮上）

蛊：元亨，利涉大川；先甲三日，后甲三日。

蛊，三阳之卦，自泰来，初、上相易者也。又为三阴之卦，自否来，二、三与四、五相易也。虽当以自泰取义，亦兼否焉。蛊，巽下艮上之卦。蛊，坏也。传谓巽风也，而落艮山。巽女也，而惑艮男，为蛊坏之象。蛊极必饬，故大亨，往而有事，故利涉大川。涉川，巽乘木之象，甲事之始也。先甲三日，所以开始事之先。后甲三日，所以继始事之后。谨饬其事，则事之坏者，尚可为也。故曰：先甲三日，后甲三日。

以象变言之，蛊字从虫、从皿，以虫入皿为蛊。巽为风，互震为器皿也。风，亦从虫风化。虫者也，又为入，又为木，以风化虫而入木者也。艮为果蓏，尤多虫者也。以虫入皿，事之坏也。坤为事，巽亦为行事，自否来，则下体之坤变矣；自泰来，则上体之坤变矣。坤之事坏也。若以巽言，巽为事而艮止之，巽之事，亦坏也。故蛊为事，又为坏也。互体有兑，兑为泽，故为大川。互体有震，震为足，故利涉也。蛊自泰来，乾体在下。下三爻纳甲子甲寅甲辰，先甲三日也。又自否来，乾体在上，上三爻纳甲午甲申甲戌，后甲三日也。上乾虽纳壬，而包甲于其中也。或曰先甲三日辛也，后甲三日丁也。下巽纳辛，互兑纳丁，亦通。

此卦明乾事之蛊，固当勇往，亦当先后审思，则无跋前疐后之忧也。

初六：干父之蛊，有子考，无咎，厉终吉。

初在下，柔巽自居，有子能巽顺以干父，事之象。子能干，则父之过补矣，考无咎也。初六本不免危厉，惟能变而从阳，则始虽厉而其终吉也。子能干蛊者，其吉在于承考也。

以象变言之，下乾为泰，初九之父往矣。故为考卦成蛊，不无过也。初六变，则下体复为乾。乾为干事，故称干父之蛊。四有互震，长男也，故称有子。

此爻明子能补父之过。

九二：干母之蛊，不可贞。

九二，上承六五，以五柔，中母也。九居柔而应，有能干母之蛊之象。然九二，才刚者也。干母之蛊，岂宜刚哉？以九居二，失位者也。故不可贞变而得，正斯得其处中之道也。

以变象言之，九二变则有互坎，坎中男也。自泰来，六五本坤，坤体为母。

此爻明干母之蛊，在刚柔得中。

九三：干父之蛊，小有悔，无大咎。

九三刚正，能干父蛊。然过于刚，不可也。刚而不中，故小有悔，以其居正，故无大咎。盖小有悔者，刚之过也。无大咎，刚之正也。

以象变言之，九三互震，长子也。三阳爻，故亦为干父之蛊者，刚而不中，故小有悔。然变则互坤，坤顺也。又下体巽，是能巽顺者，故终无大咎也。

此爻明干父之蛊，虽以重刚而有悔，亦以巽顺而无咎。

六四：裕父之蛊，往见吝。

六四，爻位俱柔，又非初爻柔位刚之比，优游处蛊者也。故为裕父之蛊，无所能为，往则见吝矣。

以象变言之，六四在互震之中，亦子之象。又处大臣之位，爻位俱柔，故有此象。又互震，亦有往义。动成离，有见义，然艮体少男，无乾之才，宜止者也。往，则吝，故欲往而未得也。艮止，故也。

此爻当大臣之位，正望其能干，今裕而不干，所以吝也。

六五：干父之蛊，用誉。

六五，居处君位，父道也。而曰：干父之蛊者，人君继体干前王之事者也。与二相应，故用誉二，多誉也。盖六五之所以用誉者，以二能有刚中之德，为之正应故也。

以象变言之，五体艮互震，亦有子道，故虽君位，亦曰干父之蛊。二互兑，兑为口，故以誉言。

此爻以人主干前人之蛊而言，所谓肯堂肯构者也。

上九：不事王侯，高尚其事。

上九，居蛊之终。既有九五能干矣，故有不事其事之象。盖居卦之外，不与蛊事者也。以上九居事之终，已出乎蛊体。艮为止，故有此象。六五，以裕而吝。上九，以高尚为言，则位不同也。位在巽上，巽为高，故以高尚取义。

以象变言之，卦自泰来。乾为王，坤为事，应在三。三互震，为侯，坤象，不见在五之上，而不应九三。故不事王侯，又下巽为事。穷上反下，则巽变，亦不事也。此爻以高尚为义者，大有为之君，必有所不召之臣也。

第十九卦：临卦䷒（兑下坤上）

临：元亨，利贞；至于八月有凶。

临者，二阳四阴之卦。以二阳言之，则临为之主，二阳之卦皆自此来。若以四阴言之，则自观来。观之初、二与五、上相易故也。临下兑上坤，以二阳临四阴，临也。以地临泽，亦临也。临，逼也、覆也。自下临上为逼，自上临下为覆。今按：犹《曲礼》临财、临难之临。兑说而坤顺，有大通象。二未当位，所欠者正，故以利贞戒之。分而言之，初九，元也。二五，相应亨也。二五相易，然后为正。利贞者，欲二之五也。八月谓四阴之月，指观而言也。二阳之月，丑也；四阴之月，酉也。历寅至酉，八月也，所以凶也。

又以象言之，兑为少阳。少阳数八，亦八月之象。

此卦以阳方进为义，亦以观之二阳将消为戒。

初九：咸临，贞吉。

临，取二阳临四阴，九二最近，固为临矣。然无初阳，岂成临哉？与二相比为临，故曰咸临。咸，皆也。九居初得正，故贞有四正应，故吉。咸有感义，又有皆义。感者，与四相应；皆者，与二为朋也。又以卦义言之，以大临小。初九、九二临四阴者也。以爻位言之，以上临下，六四、六五临初九、九二者也。惟其正应，而阴阳相感，故交相为应，而谓之感也。

以象变言之，初九兑泽伏艮为山，《泽山咸》象。二阳方进，下成兑体，故主下体。飞伏取义，而曰咸临。或曰：初因二以从六五，则六五变而为刚，成互艮，故取《泽山咸》之义，亦通。但牵强耳。

此爻言初比二以应上卦，而不失其正者也。

九二：咸临，吉无不利。

初之与二，皆以阳临阴，故曰咸临。上得正应，故吉无不利。

以象变言之，二亦称咸。临与初同，俱兑体焉，有伏艮也。或曰：二从六五变而为刚，故成兑艮，于此爻亦通。但于初则似牵强耳。

此爻言二能比初，以应六五，故吉无不利。初二两爻咸临，以二阳临四阴取义。

六三：甘临，无攸利；既忧之，无咎。

六三兑体，以口说人，又近坤为土，土爱稼穑作甘者，**兑口衔坤**，故为甘临也。以口说人，失其正矣。又三失位，无应，故忧之忧之，则六三动而泰矣，故无咎也。

以象变言之，兑伏艮亦为土，有土爱稼穑作甘之象。亦兑体伏艮，而不言咸者，阴柔故也。

此爻以上下相临取义，戒其说人而欲其变刚也。

六四：至临，无咎。

四虽阴柔，然得正而与五同德，以此临九，又为初九，所应临之至也，所以无咎。上有六五，何以此为临之至哉？初九、六四各当位得正故也。

此爻以得位有应，为至临。

六五：知临，大君之宜，吉。

以六居五，虚中而临九二者也。聪明睿知，知足以有临者也。大君临天下之道，如此斯宜民矣，宜谓坤也。泰，坤在上，亦曰宜。《系辞》曰：地之宜坤为地，故有宜民之象。

以变象言之，六五变则为坎。坎为光明，又为水，清明之象也，故为知临。

此爻言六五以知临二，所以吉也。

上六：敦临，吉，无咎。

敦者，坤厚之象，顺体之极，故以厚临人。阳虽非应而能亲，五志在。因五以应阳，吉而无咎矣。

以变象言之，上六变则成艮。艮山敦厚者也。坤本为厚，艮山尤厚于地，故曰敦临。

此爻当四阴爻之终，去阳虽远，而志欲得阳，所以无咎。

第二十卦：观卦䷓（坤下巽上）

观：盥而不荐，有孚颙若。

观，二阳四阴之卦。以四阴言之，则观为之主。四阴之卦，自此而来。以二阳言之，则自临来。以初、二易五、上，则为观。观，坤下巽上者也。坤为众，巽为多白眼，所以谓之观，观示也。观示之观，去声。观，视之。观，平声。下之四阴上观二阳。上之二阳，亦为四阴之所仰观也。或曰：阙谓之观，所以垂象魏者。卦迭艮之画，有门阙重复之。象盥而不荐，世谓荐，则诚意散；不荐，则诚意未散。非也！盥手于东洗，众所见也。荐于坛上，背坛下之人，众目不能见矣。此以观取义，但见其盥，不见其荐，故曰观。盥而不荐，有孚颙若。有孚孚，其诚敬也。二五相应也。颙若，倾仰之义。

以象变言之，临之二阳，上矣。切近于阴者，五也。五为成卦之主，观自临来。临体有兑，兑为泽水也。兑伏艮变，又有互艮焉。艮为手，手出水中，故为盥。上为宗庙，艮为鬼门，巽为入。入宗庙鬼门而盥手，将荐之象。坤为牛，兑为杀，杀牛荐也，兑体隐矣。不杀，则未荐也。

此卦以观，盥而不荐，诚意示人取义。

初六：童观，小人无咎，君子吝。

初去阳最下最远，远而下，所观不审者也。坤为冥昧爻，又不正小人之观，君子岂足以知？君子哉，然小人之观君子，则由暗入明，故无咎。君子如此，则吝矣。

以象变言之，初六应四，有互艮。艮，为少男童也。或曰坤为吝啬，故曰吝，恐失之泥。

此爻如童子之观大人，乃小人之道也。

六二：窥观，利女贞。

坤为阖户，爻位居阴，有女窥观之象。然窥观者，女子之，之贞，非丈夫之大观也，故利女贞。以六居二，正也。女而非贞，则钻穴隙相窥者，非利矣。

以象言之，五互艮为门阙，六二本离，坤之中女也。六二应五，而五为巽体。巽，长女也。又为目离伏，则有阖户而窥观之象。

此爻为女子之观，非君子之观也。

六三：观我生，进退。

我谓九五，五阳为生，生谓五之所动作也。五巽体为进退三，不当位，在上下之际。近上欲进，在下欲退。又三阳欲进，六阴欲退，故亦有进退之象。六三之进，退在九五，不在六三。观九五，而知可进可退之义焉。

此爻言观五所行，而自为进退也。

六四：观国之光，利用宾于王。

将近于五，观之审矣。已入上体，故有观国之光之象。近君，故有利用宾王之象。《周礼·大行人》以九仪辨诸侯之命等，诸臣之爵，以同邦国之礼，而待其宾客，所以宾于王也。

以象变言之，坤为国，四五相易六四，上宾于五五，下接之则六四有坎，而九五有离矣。光也，六四巽也。动则为乾，乾，王也。乾，西北之卦，宾位。古者，坐宾于西北，宾于王也。巽，东南，主人之位也。巽为本爻之主，变而之乾，则为乾之宾矣。

此爻近君，故有宾于王义。

九五：观我生，君子无咎。

九五之君，为下四阴之所观，故必自观，然后能为民所观也。观我生，九五自观也。阳为生，下应坤。坤资生，亦有生义。君子，则有刚，中正之德者，观我生，君子也。斯无咎矣。

以象变言之，生动作也。变而之二，即我之动作也。之二成互震。震，亦生也。

此爻乃人君为民所观，先反观诸己之象。

上九：观其生，君子无咎。

上观其生，观九五也。九五得位，君道也。上九，处九之上，师道也。故观九五之动，作为何如也，果君子也，无咎矣。

此爻在五位之上，非民观君，乃师臣观人主之动作者也。

第二十一卦：噬嗑卦䷔（震下离上）

噬嗑：亨，利用狱。

噬嗑，三阴之卦，自否来，初、五相易也。又为三阳之卦，自泰来，二、三易四、上也。然卦以自否取义。噬嗑，震下离上者也。噬嗑，啮也，嗑，合也。物在颐中，为颐之间，必噬而后能合也。如上下之问，本自无间，以不中不正之小人梗乎其间，必去之而后能合也。故利用狱。狱者，所以治小人也。震动而离明，震动则用其威。离明则察其情，将用吾威。而能察彼情，有利用狱之象。

以象变言之，成卦之主，在九四一爻耳。四互坎为丛棘，为桎梏，用狱之象。四以不中不正，而系于狱，上当之三，蔽四成丰，折狱致刑，故利用狱也。

此卦当上下有间之时，必去之而后可合也。

初九：屦校灭趾，无咎。

震为足、为草屦，以草贯足者也。校，械也。屦校灭趾，所以使之不能行也。止而不复行，则善补过矣。补过，所以无咎也。

以象言之，四互坎为桎梏，校也。震没坎下，故屦校灭趾，震为行，应四。四又互艮，艮，止也，有止其行之象。

此爻止恶于初萌，小惩大诫之义。

六二：噬肤，灭鼻，无咎。

二，肤也。乘初刚而又动焉，所以为噬。遭噬者，二而噬之者，六也。二动，则肤，虽遭噬嗑，而噬之者，鼻亦灭矣，然得无咎者。六二处中，得正如此，则用刑，亦不过也，故无咎。或曰：六二用刑者也，九四受刑者也。

以象言之，先儒谓艮阴为肤，又为鼻；六二互艮阴，故有肤之象。

此爻乘刚，故有噬灭之象。

六三：噬腊肉，遇毒；小吝，无咎。

腊肉，盖禽兽之全体。肉中藏骨，必能为梗，故有毒。六三，以柔居刚。盖奸民外示柔，而内实为刚。梗者，如腊肉然。以六噬三，故遇毒。

虽云遇毒，然腊亦遭噬，故虽小吝，而亦无咎也。噬而遇毒者，位不当也。以六居三，不得中正故也。

以象变言之，以六居三，不当位而吝。若三之上，则成丰，可以折狱致刑。互坎为豕，三动离为乾卦。腊，肉也。互艮为毒。

此爻虽不当位，然志噬四动，亦无咎也。

九四：噬乾肺，得金矢，利艰贞，吉。

以一卦论，则四为颐中之物。以颐论，则四亦齿位，故取噬象。噬，为我当位之梗者也。肺，附骨之肉，正当位，为梗之物，故以象之。九四就治，为梗者也。又不得位，故知艰而守正，则利矣，为之戒也。然四动而得正，则成颐矣，此其所以利也。《周官·大司寇》入束矢于朝，不直入其矢，所以惩不直也。入钧金三日，乃致于朝，不信则入其金，所以惩不信也。既得其金，又得其矢，则难折之狱，得其情矣。于已有金矢之得于人，得金矢之情也。

以象变言之，外离为乾，卦为乾肺。坎为弓，离为兵，艮为指，兵以弓行而指发之矢也。互有坎险，故言艰贞。

此爻以九四自治，其为我之梗者，当知艰而守正也。

六五：噬乾肉，得黄金；贞厉，无咎。

乾肉，比腊肉无骨者也。乾以五言，肉以六言，黄中色，离体之明，可以用狱。以柔居中，本不当位，不免危厉。然终无咎者，于用狱为得其当也。以用狱言之，患其过于刚。尔位刚才柔，所以无咎也。古者疑而赎之，赎以黄金者，取其刚而不过也。得黄金，用赎刑也。金作赎刑，吕刑五刑之赎，皆有罚，以百锾千锾为差。黄锾，黄铁也。九四以刚噬，而六五以柔噬。以刚噬者，有司执法之公；以柔噬者，人君不忍之仁也。與其殺，不辜宁失不经之义也。先儒或以贞厉为不可守柔，必动而刚乃得当者，恐非古人哀矜恻怛之心也。

以象言之，六五互坎为豕。离为乾卦，故为乾肉。按《杂卦》，噬嗑，食也。九四乾肺，六五乾肉，皆可食者。

此爻言柔虽非所以用狱，然柔而得中，亦可以无咎也。

上九：何校灭耳，凶。

耳在上人，所用以闻之者。处噬之终，又最居上，故有何校灭耳之象。上九，有耳不明乎善，罪大恶积，而不自知也。所伤者大，故凶。止恶于噬嗑之初，故无咎。治恶于噬嗑之终，所以凶也。

以象变言之，三有互坎。坎为耳，又为桎梏。校与耳也，上九之三，三体成互巽。巽为木，但见木而不见耳矣。何校，灭耳也。

此爻言上九其聪不明，所以自贻伊戚。

周易象义卷四

上经（贲至离）

第二十二卦：贲卦䷕（离下艮上）

贲：亨，小利有攸往。

贲，三阳之卦，自泰来，二、上相易也。又为三阴之卦，自否来，初、三易四、五也。然以自泰取义。贲，离下艮上之卦也。贲，文饰也。柔自上而来，二文乾，以为离刚。自二而往上文，坤以为艮，上下相文，故成贲。离明而艮止，明有文明之象。止，则各止其所有，截然不紊之象。柔来文刚，居中得正，可以亨矣。然刚上文柔，文上而不文五。五，仍柔也。柔，则小矣，故虽有往，所利者小也。或谓艮。

为少，故言小利。有攸往，亦通。

或曰：当以小字绝句，利有攸往一句。但以《象传》质之，亦通。

此卦以柔文刚，有以文治化天下之象。

初九：贲其趾，舍车而徒。

初在下为足，故为贲其趾，车所乘者也。徒，步行也。下无所乘，故为舍车，用足徒行之象。乘车所以贲其趾，徒行则劳其趾矣。

以象言之，初九应四。而四互震，震为足，故为贲其趾。二互坎，坎为舆，舍车而徒。舍二之车，而从四正应也。问：四亦互坎，何以知车之为二？曰：二互坎，不互震，故二专为车也。故释象言义，弗乘于义，当从正应，不当非义，而从二耳。

此爻刚而得正，介然自守素贫贱行乎？贫贱，不为时之贲饰所动也。

六二：贲其须。

须，贱妾之称，天文须女是也。六二在下，无应妾之象。当贲之时，受贲于上，为贲其须。

以变象言之，二变互兑，兑为妾，须女之象。卦自泰来，二本互兑。兑，亦妾也。得六自上而来，遂成离，是妾之受贲于上者也。上苟不动二，岂受贲哉？故释象曰：与上兴也。然二既成离，守中居下，虽受上贲，然不过为绿衣黄裳之饰，则能不失其分，而文在其中矣。先儒多因贲其趾，而谓贲其须，为颐下之须，与趾为类，何以不取？曰：贲于丘园，亦与趾类乎！

此爻取自上而来贲下之义。

九三：贲如，濡如，永贞吉。

处二阴之中，故濡如。爻位得正，故永贞吉，与二同体。上九既非正应，终不能陵之也。

以象言之，九三本体为离。离为文，故贲如。互坎之中，坎为水，故濡如，文而光泽者也。

此爻刚正而能自饰者也。

六四：贲如，皤如，白马翰如；匪寇，婚媾。

四应初，初体离，贲如也。皤，白也。无饰之义。翰如，疾飞貌。位正而有正应，欲下从初，隔于三刚三寇也。匪隔于三，则可以之婚媾之初矣。盖六四纯白之质，非九三所能间也。

以象变言之，四变则互巽。巽为白，皤如也。本体互震。震为马，马而变白，白马也。离为飞翰，如也。近乘九三，三互坎，为寇。

此爻当位有应，虽乘刚而无尤也。

六五：贲于丘园，束帛戋戋；吝，终吉。

艮为山，为果蓏。丘园之象，谓上九也。戋戋，委积貌。艮又为宫室，当贲之时，以柔居刚，不贲于宫室，而贲于丘园。束帛戋戋，盖不事乎果蓏之末，而以蚕桑之事为先也。务本而不事其末，似乎吝矣。要其终，而束帛委积，百礼可行，是谓终吉，亦可喜也。

以象变言之，自泰来，上爻本坤，变又为坤。坤为帛。艮，手束之。束，帛也。坤为吝啬，又为有终，故吝。终吉，或以互震，为玄黄筐篚。玄黄，币帛也。故以束帛言，亦通。

此爻言贲于丘园，而终致束帛之积，始吝而终吉也。

上九：白贲，无咎。

上九处贲之极，反文归质者也。体艮所以止其文，白贲则无事于文矣。故《杂卦》曰：贲，无色也。色且尚无，何咎之有？

以象言之，伏兑西方之色白，贲也。

此爻反文归质之象。

第二十三卦：剥卦䷖（坤下艮上）

剥：不利有攸往。

剥为五阴一阳之卦。以五阴言之，剥为之主，凡五阴之卦皆自此来。以一阳言之，则自复来，初、上相易，则为剥。剥，坤下艮上者也。剥，落也。以五阴而剥一阳，坤顺艮止，柔顺而长。上止乎刚，刚消落矣，有小人盛而剥君子，人欲盛而剥天理之象。当此之时，不利有攸往。以画言之，阳往而上，何之矣，无所往也。故不利有攸往，内顺外止，亦不利有攸往之象。

此卦五阴剥一阳之象。

初六：剥床以足，蔑，贞凶。

床上实下虚，有剥之象。坤载于下，而艮背止于上。剥，床也。初在下为足，当剥之时而居下，剥床以足也。蔑贞，谓小人欲绝君子之正也。不特君子凶，小人亦受其凶矣。

以变象言之，坤西南方也，初动成震，震为竹箦也。又震属木，设箦于西南之奥，而木藉之床也。震，又为足剥床以足也。

此爻居初无应，而受剥。

六二：剥床以辨，蔑，贞凶。

郑康成曰：足上称辨，谓近膝之下，屈则近伸，则相远，故谓之辨。辨，分也。六二与初六皆在下，故蔑贞凶与初同，特辨与足异耳。二在初上，辨亦在足上，故以辨言，所以剥者，无正应相与故也。一说足乃床之足，辨乃床之箦，非指人身言也。

以象变言之，六二动则震，居坤下。坤，西南。震，为足为竹木，亦有床象，如初六也。详见前文。

此爻以居中无应，而受剥者也。

六三：剥之，无咎。

六三，不正当剥之时，处四阴之中，疑于有咎。然能与上下四阴相失，独与上九一阳相应，所从得正，故无咎也。

或谓《爻辞》之字衍，因《象传》而误。

此爻以有应，故善补过也。

六四：剥床以肤，凶。

六四渐近上九矣，四应初者也，亦有剥床之象。坤，床也。艮，则身矣。故剥床以肤剥，而及肤剥之甚矣，所以为凶。

以象变言之，初变震为竹木，与四相应，故亦以床言，先儒谓艮为肤，六四艮体，故曰剥床以肤，以爻与阳渐近，而剥其肤者也。

六五：贯鱼以宫人宠，无不利。

鱼，阴物。鱼贯者，众阴相连之象。艮，为门阙宫也。三画卦，五为人位，有宫人之象。六五君位嫌于众阴，故取宫人鱼贯次第而进之义。然以宫人宠，非君宠之也。六五，以阴居尊，女后之象也。女后不妒忌，故众妾得进御于君耳。众妾得进御于君，则五与群阴皆利矣。初六，御妻也。六二，世妇也。六三，九嫔也。六四，夫人也。六五，后也。午未申酉戌亥之月，犹午未申酉戌亥之时也。六五直戌，时至乾位，后与君同处之时也。故取象如此，六四剥床以肤矣。六五，宫人宠，剥元气者，然而无不利者，宫人虽剥乎阳，亦有愿承阳之象。阴听命于阳，所以利也。众阴虽进，而六五统之，终无尤也。一阳居上，虽非君位，意欲扶阳，故尊之也，此所以别起义也。

以象变言之，六五动则上体为巽。先儒谓巽为鱼、为绳，本体艮手持绳贯巽，故贯鱼也。巽，为多白眼，故为鱼。又，鱼乃阴类之在下者也。或曰：艮为背床者，所以藉背者也。故剥卦，取床为象宫人，则侍床笫衽席者也。

此爻六五统群阴，故别发义。

上九：硕果不食，君子得舆，小人剥庐。

艮为果蓏。上、九阳爻，硕果也。又为门阙庐也，坤舆也。颐上、初皆阳，故为口食。今上刚下柔，故不食也。君子之一阳独存，如硕果之不见食也。硕果不食，则生生不息，又根于是矣。自上而观之，下群阴载阳，如君子之得舆也。自下而观之，众阴在下，而阳之一画在上，盖覆之庐之象也。若小人必欲蔑贞，而并剥之，则是自剥其庐，无所容其身矣，故终不可用也。

此爻为君子谋，为小人戒。

第二十四卦：复卦䷗（震下坤上）

复：亨。出入无疾，朋来无咎；反复其道，七日来复。利有攸往。

复者，一阳五阴之卦。以一阳言之，复为之主。凡一阳之卦，皆自此来。以五阴言之，则自剥来。初、上相易，则为复。剥，穷于上，复反于下也。复者，去而还其所也。阴柔极而阳刚复，人欲尽而天理复也。复，震下坤上。震有亨义。阳自此生，有出义。阳在内，有入义。无疾，谓阳气渐生，无为阻难者也。朋来无咎，自此一阳进而临，进而泰，进而大壮，进而夬以至于乾。故以朋言，朋来无咎也。反复其道，剥穷而复反也。七日来复，或谓自姤一阴生。至复凡历七卦而来复。以阳言之为七日，此一说也。卦气以六日八日分日之七，当复一卦。冬至卦气直中孚，凡六日八日分日之七，而为复举成数言。七日也，又一说也。郑少梅曰：少阳称七，故曰七日。少阴称八，故曰八月。震少阳，兑少阴也。大明生于东，故震。以日言，月生于西，故兑以月言，亦一说也。或曰临下体兑，九十六策，月一周天历，十二辰为一月，九十六策为十二者，八月之八，周天也。复下体震八十四策，日绕平地十二时为一日。八十四策，为十二者，七七日之时数也。故临言八月，复言七日，八月七日，固以观姤取义。然以策数取，无不通也。利有攸往，往，震象，自此以往，无不利也。

以象言之，震为出伏。巽，入也。卦当坎冬，而不见坎象，坎为疾，无疾也。兑为朋，复虽无朋，由复以往自临至夬，皆有兑体，故以朋言反复其道，剥与复为反对，震与艮为反对也。

此卦以一阳来复，而将引类以进，故亨所以利有攸往也。

初九：不远复，无祗悔，元吉。

从坤变震，而成此爻，不远复也，不至于悔矣。此所以大善，元吉。颜子有不善，未尝不知。知之，未尝复行也。不善萌于心，不待远而复也。几者，动之微。吉之，先见者也。颜氏之子，其殆庶几乎！

此爻以阳刚未远，而复为吉。

六二：休复，吉。

二近初阳，阳与阴比。阴下亲之，其心休休。其如有容，人之有技。

若已有之，所以吉也。

以变象言之，六二动亦互震，亦有阳复之象。又成兑体，兑说，则有休复之象，故吉。

此爻动则自吉，况近初阳而能下从乎？

六三，频复，厉无咎。

六三与初，已隔两爻，故有频复之象。频复，则不止一失矣，故危。厉然能复，则善补过，故无咎。

以象变言之，六三动亦互震，复也。初震复也，二动互震，再复也。三动又互震，三复也。频复，则屡失而屡复也。初刚复矣，而二柔则又失；二变复矣，三柔则又失。今三又变而刚，屡失屡复也。三变而刚，则互坎，在坎险中，危厉之道也。

或曰：频即濒水涯也。爻变坎为水，又在下卦之上，濒乎上卦，故曰濒复。盖至水涯而复，遇险而反之象，亦通。

此爻虽以频而厉，亦以复而无咎。

六四：中行独复。

六四行乎五阴之中，故曰中行。能应乎初九之震，不比于群阴，而独从阳者也，故曰独复。

此爻以从初九为义。

六五：敦复，无悔。

敦，厚也。坤为厚，敦复之象。复于天理，以其敦厚故也。位刚才柔，既不当位，疑其有悔。以其居中而能复，所以无悔。

以象变言之，六五坤体，故曰敦。六五动则互艮，艮有笃实义，亦敦也。坤本厚，变艮，尤敦厚也。动则成阳爻矣，故此以复言。

此爻以居中而能复取义。

上六：迷复，凶，有灾眚。用行师，终有大败；以其国，君凶，至于十年不克征。

坤有迷象，上六阴之极。迷而不能复，故凶。而天灾人眚兼有之，师与国皆坤，象行师，终有大败。以其国君凶，以其迷而不复，丧师误国也。十年不克征，十年数穷，犹不克征，凶之甚也。详见下文。

以象变言之，初九在剥，本居上者。九自上而下，故易而为六。上六不能复者。坤有迷象，故曰迷复。凶动则降三成互坎，坎多眚也。地中有水为师，上坤矣。变而之三互坎，地中有水之象，故曰：行师坎，为舆多眚，终有大败也。以其国君凶，下体本震诸侯也。上体之三而凶，以其国君凶也。十年不克征，坤数十，谓径隔也。自上至初凡六爻，又再自上之三凡四爻，通成十爻，然后再遇三也。动而之三，下震成离，为戈兵有征象矣。震，为行征也。离见则震隐，故不克，征凶之甚也。卦以坎象，不见为无疾；爻以之三，互坎而有灾眚。易随时变易如此。

此爻甚言迷复之凶也。

第二十五卦：无妄卦䷘（震下乾上）

无妄：元亨，利贞。其匪正有眚，不利有攸往。

初九：无妄，往吉。

六二：不耕获，不菑畬，则利有攸往。

六三：无妄之灾；或系之牛，行人之得，邑人之灾。

九四：可贞，无咎。

九五：无妄之疾，勿药有喜。

上九：无妄，行有眚，无攸利。

第二十六卦：大畜卦䷙（乾下艮上）

大畜：利贞，不家食吉，利涉大川。

大畜，四阳之卦，自大壮来。四、上相易也。又为二阴之卦，自遁来，初、二易四、五也。然以自大壮取义。按：以一爻取义，则当取大壮；以二体言，则遁艮下乾上。而此卦乾下艮上者也，当取遁。然《释象》以刚上言，则是但以诸卦一爻相易取义也。大畜，艮在乾上，艮山乾天，以山畜天者也。畜，止也。畜以止聚为义，乾为艮所畜也。阳为大三阳，上进艮乃止之。小畜以阴畜阳，故曰小畜；大畜以阳畜阳，故曰大畜。二、五相应而未得位，利在于正，故利贞。乾为贤人，艮为门阙，今贤人居于阙下，不家食之象也。无妄震，故为元亨。大畜艮，故为利贞。

以象变言之，**兑为口**，食也。二、五易位为家人，家人易位，则不家食矣。利涉大川，互震足，兑泽也。又二之五互坎为大川。

此卦以艮畜乾，以阳畜阳者也。

初九：有厉，利已。

初九欲从四，而四乃止之，有厉矣。所利者，不若止。已，即止也。此爻当止之时可止，则止不可以健而轻动也。

九二：舆说輹。

九二得中，上应于五，本无尤也。特五欲畜止，不容我舆之进，故且说輹待之耳。

以变象言之，九二变则互体为坎。坎为舆多眚，多眚之舆，故说輹也。

此爻言当止之时，虽有正应，亦不容轻动也。

九三：良马逐，利艰贞；曰闲舆卫，利有攸往。

乾为良马，逐四之后，三阳并进。良马相逐而前，九三重刚不中，恐有颠蹶之患，故利艰贞。九三当位，故有贞象。曰闲舆，卫马所以行舆卫者，能闲舆卫，则可往矣。

以象变言之，乾固良马，互震亦为作足马，作足逐之象。互**兑为口**，曰也。三变，则互坤为舆。艮，止在上舆，有闲也。

此爻应上九，以同德相畜，故有此象，与他卦不同也。

六四：童牛之牿，元吉。

童牛，小牛也。牿角也，牛阴物。艮初阴爻，有童牛，象童牛之牿，则无抵触之患矣。六四，畜止乎刚者也。爻位俱柔，以柔道畜止之，故能元吉。元吉，大善之吉也。

以象变言之，六四之初，初乾体伏坤，坤为牛。又六四变则成离，亦为牛。本艮，童蒙也，故为童牛。童牛，始角者也。或曰：牿，横角，木初之四，则成巽。巽为木牿也。

此爻以柔制刚，所以元吉。

六五：豮豕之牙，吉。

豮豕，去其势之豕也。豕，阴物。当艮二阴，已壮矣。位刚宜有牙，爻柔则有，去其势之象。豮，割也。割豕于方牙之时，则其势消而易畜，故吉。旧谓牙能害物，未通。盖豕牙非能害物也。

以变象言之，六五之二，则二互坎。坎为豕，九二之五，则五成巽，为白。自三至上体颐。象颐中有刚且白者，牙也。一说牙系豕之杙，见《埤雅》。

此爻以柔止刚，而位犹刚，故止于吉。

上九：何天之衢，亨。

何，去声，与何校之。何，同何天之衢。徐曰：即庄子所谓负青冥也。九三，乾体之上，天衢也。

以象言之，乾固为天，艮径路也。互震大涂，天衢也。由径路而达，大涂者也。

此爻以止极而通取义。

第二十七卦：颐卦䷚（震下艮上）

颐：贞吉；观颐，自求口实。

颐，二阳之卦，自临来，二、上相易也。又为四阴之卦，自观来，初、五相易也。二卦皆以一爻相易，故兼以二卦取义。颐，震下艮上者也。颐者，口车之名，震动于下。艮止于上，口车动于下，而上则因辅，嚼物以养人，故曰颐。中四阴画，口之齿也。初九，以刚得正，故言贞吉也。观颐，观养道也，察诸人也。自求口实，自养也，求诸己也。以爻言之，初、上二刚四阴，之所以求养者，观颐，观四阴也。自求口实，初、上之自养也。

以卦变言之，颐自观来，观颐也。口谓兑，自临来二未往，本兑口，而中位实，故云口实也，本所自有自也。以往而失口中之实，能求其所自有，则口中之实固在也。

此卦因自养，推之而养人者也。

初九：舍尔灵龟，观我朵颐，凶。

初九，震为动朵者，颐之动也。灵龟不食之物，且人贵之。饮食之人，人所贱矣。尔谓六四也，初九谓六四。曰：舍尔自己之灵龟，观我初九之朵颐，从欲而动，凶之道也。此其所以不足贵也。《周礼》六龟，天龟，曰灵属。或曰：朵颐，言语之象。不自信其心，而听人之言语者也。

以象变言之，初九之四有离象，离为龟中虚，为灵灵龟也。又龟背两傍有八段，其腹中亦八段，如《颐卦》四阴爻也。灵龟不食之物，龟伏于互坤两土之下，亦不食之象也。离为目，故能观。

此爻为颐下动之象，故致戒也。

六二：颠颐；拂经，于丘颐，征凶。

卦止两阳爻，所以养人。乾索于坤而为震，初九本乾。乾为首，在下颠颐也。上九艮为山为丘颐。拂经谓拂于常经也。二当受养于五，六五阴柔非正应，不能养者也。欲从初，则为颠矣。若就上，则为拂经，亦不可行，故征凶。

此爻就下为颠，就上亦非其类，所以为凶。

六三：拂颐，贞凶，十年勿用，无攸利。

六三与上为应，当受养于上九者也。而六三以柔居刚，不中不正，上九以刚居柔，亦不中不正。岂可以不正而相从哉？是拂于颐养之道者也。贞，静也。虽静，亦凶，况不静而动乎？十年勿用，无攸利，言凶之甚也。十年，经历久也。自六三至上九，凡四爻，又自初九再至上九，凡六爻，通得十爻，为十年之象。

又以象言之，互体有坤。坤数十。

此爻虽有应，而两皆不正，失其所养之道，故凶。

六四：颠颐，吉。虎视眈眈，其欲逐逐，无咎。

六四与初九为正应，求养于下，颠颐也。然求贤自助，刚柔得正，故吉。艮体寅位为虎，六四之欲在于初九，欲仁斯至者也。震为作，足为逐。逐然而无咎者，以正应故也。四能下贤以养德，则亦足养人矣。

以象变言之，乾索于坤而为震，乾首在下，颠也。艮寅位为虎，又艮伏兑，亦为虎。动则成离，故为视。

按虎之象不一，或取诸兑，或取诸乾，或取诸艮。兑与乾，以西方白虎言也。艮以位乎寅尾，星虎也。此以艮之上九言之，尾星之象也。

此爻正应在初而得，应得其所养者也，故吉。

六五：拂经；居贞吉，不可涉大川。

六五不能自养，资上九之贤以为养。以上养五，拂经也，以阳养阴正也。与上相易，则得其正，故吉。不可涉大川，阴柔不能济人之象。盖六五虽得所养，而不能养人，故不可涉大川也。

以象变言之，五上相易成坎，为大川。艮为止，不可涉矣。

此爻以柔居中而近上，虽得所养而不能养人之象。

上九：由颐；厉吉，利涉大川。

五由上而得养，上不免危。然刚柔相济，故吉。得君得民，故利涉大川也。

以象变言之，九之五成坎，下之三，亦成坎，大川也，有震足涉也。

此爻近君有应而吉。

或曰：口容止，此卦三下爻以动而凶，上三爻以静止而吉。

第二十八卦：大过卦䷛（巽下兑上）

大过：栋桡，利有攸往，亨。

大过，二阴之卦，自遁来，二、上相易者也。又为四阳之卦，自大壮来，初、五相易者也。二卦皆一爻相易，故兼二卦取义。大过，巽下兑上者也。过者，过越之过。大，谓阳也。四阳居中，而上下二阴。大者，过也。栋，屋极也。桡，折也。中刚栋象首，末柔桡象。巽，为木、为长木之长，可为栋者也。兑以泽灭木，故至于桡。又四阳为栋，而巽居其下。巽为风，桡万物者，莫疾乎风，亦栋桡之象。刚虽过而得中，故利有攸往。内巽而外说，故亨。

此卦以大过人之才，任大有为之事。虽当栋桡之时，而利有攸往者也。

初六：藉用白茅，无咎。

位在下称藉。巽为白，白茅之象。以柔处下位，非其正咎也。承二过四而之五，则不咎矣。以阴柔居阳下，如以茅藉物之象，慎重之谓也。《系辞》曰：慎斯术也。以往，其无所失矣。

又以象言之，巽固为白，而未见茅。伏震为蕃，鲜茅之象也。

此爻执柔处下以承刚，故无咎。

九二：枯杨生稊，老夫得其女妻，无不利。

九二当与五为应，然皆为刚，故过。五而求上六，上六女妻之象。老夫而得女妻，则能生育，故无不利。

以象言之，兑泽巽木也，近泽之木杨也。兑，正秋枯杨也。柳质，望秋先零故也。互乾，老阳为老夫，九二与五为应，兑为少女，过五而求。上六之阴，老夫得其女妻也。巽，木而得兑泽，生稊也。稊，稚也，叶之未舒者也。故曰：无不利。《象传》谓，过以相与，谓过五求上也，虞翻之说亦然。或以初阴为女妻，初阴长女，非女妻，又不可言过也。

此爻以老阳与少阴相与取义。

九三：栋桡，凶。

九三巽，木正应兑。

泽，故为所灭，此栋桡之象。栋桡，则大厦有覆压之忧，宜其凶也。此爻以阳为阴所桡，故为凶象。

九四：栋隆，吉；有它，吝。

九四，近君之臣，栋梁之任也。应初巽之木，故有栋象。四刚相承，有隆象。隆，故吉也。问：既应初而不桡乎下，何也？曰：取巽木而居四，以为栋，非以四而下之初也。以公道而用巽顺之人才耳，非系于阴柔也。若系于阴柔，则有它。有它，则吝也。一说三栋在下，而为上所压，故桡四栋在上，而为下所承，故隆。

以象言之，互体为乾体，乾健为乾之辅，故不桡而隆也。

此爻得大臣之体，可以任重，故吉。

九五：枯杨生华，老妇得其士夫；无咎，无誉。

九五，本与二应。今二亦刚，故过二而求初。初，老妇也。老妇得士夫，非其配，华落色衰，而反生华者也。虽曰生华，五无所昵，故无咎。不能生育，故无誉。

以象言之，泽木为杨，兑秋枯矣。得泽，故生华。老妇，谓初也。巽为妇女中之长，故为老，老妇也，士夫谓五。五兑伏艮，为少男士夫也。五与二为应中也，今乃过二而应初，是老妇得其士夫矣。五阳在位，故无咎。二多誉，失二，故无誉。自五至初，有姤体，淫妇也，故过以相与。故《象传》曰，亦可丑也。

或曰：九二二阳之月，杨生稊之时。九五五阳之月，杨生华之时。稊者，叶未舒。舒则渐向荣，有发生之象。华则飞絮也，飞则不复有发生之功，故《传》曰：何可久也？老夫得女妻，则有生育，故取生稊。老妇得士夫，无生育也，故取生华。又三、四在中，故以栋言。二、五近柔弱者也，故以杨言。盖上下画停者，以中分反对为象，故三、四皆言栋，二、五皆言杨。

此爻过而应老妇取义。

上六：过涉灭顶，凶，无咎。

兑泽，处大过之终，上六本遁，自二而来，过涉也。六在五之上，灭顶也。上六柔而大过之极，下乘四刚，所以凶也。上六居正志，在拯溺，无咎也。其所以凶者，时过故耳，义则不可咎也。兑为刑杀，故凶此杀身成仁者，故虽凶而不可咎。

或曰：上六阴柔，处过之极，过涉至溺，乃自为之，不可归咎，不如前义为长。

以象言之，五互乾为首，故过五为灭顶。

此爻以过涉而凶，以得正而无咎。

第二十九卦：坎卦䷜（坎下坎上）

习坎：有孚，维心亨，行有尚。

坎者，二阳之卦，自临来，初、五相易者也。又为四阴之卦，自观来，二、上相易者也。二卦皆以二爻相易，故当兼二卦取义。坎，陷也。习，重也。一阳陷于二阴之中，则为坎。临之初九往五观之，上九来二，上下俱坎，故为习坎。二、五刚中，同德相应，故有孚。孚，谓中实也。坎中阳之卦，故为心以孚而亨。维心亨也，皆指中爻言也。行有尚，谓二有所尚，谓五也。二动而行，则能应五，二、五同德，可以济险矣。

以象言之，二互震，故以行言。

此卦当重险而能济险者也。

初六：习坎，入于坎窞，凶。

初六，处坎之下，入于坎窞者也。又自临来者，自上而下，故曰入六。自五而下，历两坎，故曰习也。习坎，而出坎可也。习坎而入坎，故凶。临以六居，五已不正矣。下而之初，又不正，所以凶也。

以象变言之，坎本为窞动，变兑为穴，亦窞也。

此爻入坎之底，溺死之象。

九二：坎有险，求小得。

刚陷阴中，应又为坎，坎而又有险也。爻阳位阴，阴为小，故求小得。二动求五，五必应之，可以得矣。未出险中，所得者小也。或曰五亦阳也，同气相求，故以求言。

此爻以阳居阴，未得出险之象。

六三：来之坎坎，险且枕，入于坎窞，勿用。

之，往也。来之，犹言来往也。三与上为应，彼欲来坎也。此欲往，亦坎也。坎固险矣，不若且枕之为愈。六三以九二为枕，上六以九五为枕，枕且安矣，谓不必动也。若进而动，则有颠跻之患。三将入于初之坎窞，上将入于四之坎窞矣。

此爻言与上虽欲相应，以有坎险，不如勿用也。

六四：樽酒，簋贰，用缶，纳约自牖，终无咎。

酒坎象簋，方器，贰副也。缶，瓦器，樽，酒贰簋，简也。用缶，素也。自牖，非所由之，正而室之，所以受光者。四出下坎，而进五，非其正，应可用简素，以相结约。五居坎中，未免有蔽。然以刚处中，必有通明可纳之处，宜自其明处，而纳结约焉。始虽艰难，终得无咎。

以象言之，六四互震，又互艮。震稼入坎水，酒也。坎为坚多心之木，震为器，以木为器，樽也。震器，盛稼簋也。互艮为土，以艮土为震器缶也。或谓《尔雅》小罍，谓之坎罍，即缶也。艮为门，坎为窨，动变兑为穴，穴以通明，牖也。

或曰：樽酒簋而用缶，以贰之焉，舅姑醴妇之礼。姚小彭谓：冠之醴，子与问名之醴。宾舅姑之醴，妇二者，皆用特尊与甒是，故用尊甒。而在牖者，惟醴妇为然，此所以象刚柔之相际也。酒止于特尊，故称樽酒。醴以瓦甒盛之，故称用缶樽以盛酒，簋以盛食，缶以盛醴，席于户牖之间，以纳其结约之好。古之人制为醴妇之仪，若是者，所以重刚柔之交，而虑夫妇之终也。易而合者，终必有敝。不如是不足以永终而无咎。六四变则成巽，巽为妇，故以醴妇之礼取象焉。自下坎而入上坎，坎而又坎，陷溺之甚者也。最易陷溺，莫甚于男女之大欲，以礼治之可也。

此爻刚柔相际，以礼相结，而不为坎所陷也。

九五：坎不盈，祇既平，无咎。

坎，水也。上有六以覆之，不盈之象，中正既平之象。水溢水流，或至有咎，平则无咎矣。坎不盈，即象所谓水流而不盈也。水性最平，虽激而行之，可使在山，然水祇平而已，未至于盈，故平也。故曰：祇既平，故能无咎。

以象言之，互艮为止，故不盈。

此爻以坎流而未至于盈取义。

上六：系用徽纆，置于丛棘，三岁不得，凶。

徽纆、丛棘，皆坎象。上六阴柔，不能出险，为绳所系，为棘所碍。何以出哉？三岁不得，谓穷上反下，历三爻至六三，亦非正应，故三岁不得也。《周官·司圜》能改上罪三年，而舍中罪二年，而舍下罪一年。而舍三岁，不得上罪之不能改者也，其凶必矣。

以象变言之，徽纆，黑绳也。坎上动成巽卦，自观来，亦为巽。巽为绳，坎北方之卦，又为黑徽绳也。坎为坚多心之木，巽又为木丛棘也。又坎为狱，狱外种九棘，亦丛棘也。

此爻以阴柔居坎之终，不能出坎之象。

第三十：离卦䷝（离下离上）

离：利贞，亨；畜牝牛吉。

离，为二阴之卦，自遁来，五与初相易也。又为四阳之卦，自大壮来，二与上相易也。二卦皆以一爻相易，故当兼二卦取义。离，罹，附丽之丽。一阴丽于二阳之中，故为离。本三画。卦之名因而重之，亦以离名。六二，柔丽乎中正，故利贞阴，丽阳中，故亨。离本坤体，故有牛象。离为大腹，故有牝象。二纯柔得中，为牝牛。六五虽柔，然以柔居刚，非纯乎柔者，以刚畜柔，以五畜二，故吉也。

以卦变言之，自遁来者，大畜之二易四，故以畜言。此卦以六二柔丽中正为卦，主取义。

初九：履错然，敬之，无咎。

居下履象，错然成文，离之象也，居下有文者也。不当位，故有咎。止于敬，则无咎矣。

以象变言之，初动则艮，又自遁来者，下体本艮也。艮为指，指在下为趾，故有履象。交四互巽，为进退错然之象。又自遁来者，上体本乾，九来居初，初上往五，遂成互兑。乾兑履也。

此爻居下而无所附丽，明于出处之义者也。

六二：黄离，元吉。

坤，二索而得离。离得坤之中爻而下体，又以中居正者也。与坤黄裳元吉，同彼在上体为五戒，此在下体以中居，正者也。黄中色也，所谓得中道也。柔丽乎中正，而文明大善之吉也，故曰元吉。

此爻为成卦之主，盖有文明之德者。

九三：日昃之离，不鼓缶而歌，则大耋之嗟，凶。

二日中也，三则日之昃矣。日中则昃，日昃之光，不可以久，下卦已终明将终矣。达者，以顺理为乐，不达者，以怛化为忧。鼓缶而歌当，乐而乐，顺理者也。大耋之嗟，当哀而哀，怛化之也。不歌则嗟，皆非中道所以凶也。君子顺常，岂可以哀乐动其心哉？

以象变言之，三互体兑，日西矣。前离体尽也。九三变，则上互艮，而下互震。震，器，艮土缶也。震为鸣，艮为手击之，则鸣鼓缶也。以耋言者，先儒谓初九三十六策，六二二十四策，九三三十六策，通得九十六。九十曰耋，大耋之嗟也。互兑为口，以歌嗟言一说，动互坎为缶。

此爻以前离之终取象。

九四：突如其来如，焚如，死如，弃如。

突如其来，如四也。焚如，死如，弃如，亦四也。九四近三，见前明之终，不当继而争继者。上陵六五，然刚而不正，据乎三上。三离体也，火性炎上。，四当其间，故焚如。死如，弃如也。突者，火之然焚者，火之燎死者，火之灭弃者，火之灰也。

以象言之，互巽，巽木也。离火陵之，焚如也。火王，则木死。木尽，则火亦死，死如也。互兑为毁，弃如也。按《说文》，突字有二：一曰不顺忽出也，从倒。子易曰：突如其来。如不孝子突出，不容于外也。或从倒古文，子即易突字。盖五为君父，四为臣子，以四陵五，子陵父也。一曰犬自穴中出也。九四互兑，变则成艮。艮为狗，兑为穴，义固亦通。但以火焚取义，则突者如曲突徙薪之突，直突之谓也，直突炎上之谓也。

此爻乃不正之刚，自取灭亡之象。

六五：出涕沱若，戚嗟若，吉。

六五，继明之君之象也。人主继世之始，以丧亲为忧，遗大投艰，而哭泣之哀也。旧以六五之涕，为陵于九四，若无九四之陵者，将无哭泣之哀乎！

以象言之，体离兑，离目兑泽，出涕也。兑，口嗟若也。

此爻谓继体之明君，不以位为乐也。

上九：王用出征，用嘉折首，获匪其丑，无咎。

离为甲胄戈兵，有出征之象。王谓五也，上、五相与，其所征者何人哉？九四是也。折九四之首，则为上所嘉矣。丑类也，三近于四，四之类也。上与三应，则不治三，故曰获匪其丑。

以变象言之，上、五相易则四互乾为首，互兑毁折，折首也。九四，非乾而欲变，乾上九，所以折其首也。折其首，则九四变而得正矣。九四复位，邦可正矣，故传曰：以正邦也。或曰首者，上穷之象。离折其首变而为丰有，折狱致刑之象。

此爻取上九为六五，征九四之义。

周易象义卷五

下经（咸至蹇）

第三十一卦：咸卦䷞（艮下兑上）

咸：亨，利贞；取女吉。

咸，为三阴之卦，自否来，三、上相易也。又为三阳之卦，自泰来，初、二易四、五也。然卦以自否取义。咸，艮下兑上者也。艮为少男，兑为少女，相感之深，无如男女之少者，此其所以为咸也。不言感而言咸者，咸有皆义。男女交相感也。交相感，则亨矣。然男女相感易至失正，动于欲，非正也。故利于贞，取女吉。言取女吉，则得其正也。非所取之女而交感，岂为正哉？卦之九三，正也。上六，亦正也。又咸为无心之感，无心之感，天理之正，非动于欲者也。

此卦虽以阴阳交感为象，亦以男下女为义也。

按：咸，恒为乾坤之交，若以二体求之，何必咸？恒合二体而观，则三阳之乾交于坤，阴之中二气交感之象。此万物之所以化生也。周子曰：乾道成男，坤道成女，二气交感，化生万物。此下经所以首于咸恒也。

初六：咸其拇。

拇，足大指也。初六体艮，艮为指，在下体之下而动，则为拇，故曰：咸其拇。初六之动，应九四也。所感未深，而志已动矣。夫《咸卦》六爻各有应，岂欲其不感哉！欲其感以正也，初应四正也。而九四，志在少女。九欲往上，故初未遂其志也。

此爻虽感以正而四应，我不专也。

六二：咸其腓，凶，居吉。

腓，脚膊也，在足之上。腓行，则先动躁之象，所以凶也。九五正应，为三、四所隔，且三近也。若比三而动，则凶。然六二中正，苟守道静，止则不凶矣，故曰居吉。

以象言之，六二互巽。巽为股，在下体之中腓也。

此爻虽居正，而嫌于躁动者也。

九三：咸其股，执其随，往吝。

九三，在下体之上股也。与上六本为正应，隔于二阳，不能从上，乃欲止而随下之初，故以往上为吝也。九三下而随人，岂其正哉！进退皆失其宜者也。

以象言之，九三动则互体有巽。巽，股也。故为咸其股艮手，有执象随，亦三阳之卦。上体同下体，则彼震而此艮者也。九三之初，则成随矣。或曰：动成坤为吝，恐失之泥。

此爻虽成卦之主，以刚而不中，上隔四、五而吝也。

九四：贞吉，悔亡；憧憧往来，朋从尔思。

九四，失位者也。守正则吉，而悔亡。盖应初而动，则正应也。以上为说，则非正也。之内为来之外，为往欲往上，则隔于五，欲来下，则隔于三，有憧憧往来之象。初为正应，所当下求，上兑为朋，又为少女四之心系于此焉，故曰朋从尔思。此言九四之志不定也。然志虽不定，亦以未能与初相感为害，是能守正者也。故贞吉悔亡，然憧憧往来，无所决择，故终不能之初也。或曰：初与上往来乎四之心，有朋从尔思之象。

以变言之，九四欲动，则互坎。坎为心之初，则成离象，而光大矣。之上成巽，为进退朋从尔思之象也。

此爻言九四说于少女不从，正应所以，其志不定也。

九五：咸其脢，无悔。

脢，背脊肉也。六二体艮为背，九五亦有伏艮，感以背脊肉者也。故曰：咸其脢，无心之感，此感之正也。然无心感二可也，近比于上，而欲感之，不可也。故《象传》以志末为戒。

又以象变言之，九五之二艮体。艮，为背，亦有脊肉之象。

或曰：脢在口下心上，即喉中之梅核，以象言兑体为口。九四动则成坎，为心口下心上之象，故五为咸其脢。

此爻二五相应，无心之感，不可为上六所动也。

上六：咸其辅颊舌。

兑为口舌，艮止，兑说。上六以兑应艮口动而上止者，辅也。兑在上而说见于外者，面颊也。**兑**口动而内见者，舌也。上三相感，辅、颊、舌也。不能以至诚相感，而徒见于音声笑貌之间，岂感之道哉！

或曰：以象言之，互乾为首，兑在乾首，故为辅、颊、舌之象。

此爻谓感以言，不若感以心也。

第三十二卦：恒卦䷟（巽下震上）

恒：亨，无咎，利贞，利有攸往。

恒为三阳之卦，自泰来，初、四相易者也。又为三阴之卦，自否来，二、三易五、上者也。然以自泰取义，恒，巽下震上者也。恒者，常久之谓。刚居柔上，柔居刚下。内巽外动，恒久之道。又长男长女，可与久处，亦恒久象也。二体六爻皆相应，故亨初。二四五皆不正，故不免有咎。以其相应，故无咎也。无咎者，善补过也。故又以利贞为戒，利有攸往。初往，四之象也。初往四，成卦之主也。四在上体震，亦为往然。初虽往四而成恒矣。然以九居四，为不正，故欲其有所往，则利也。又上两爻皆阴，无为阳敌者，故利有攸往。

此卦虽以刚上柔下取象，亦以长男长女可以久处为义也。

或曰：咸少男少女，夫妇也。有夫妇，则有男女。恒长男长女，咸之所生也。男女之首生者，为长生续不已，长久之道，亦通。

初六：浚恒，贞凶，无攸利。

浚，入也。巽入之位，以入为常，以此为正，凶而无利。盖初与四应，而浚之于内者也。当巽之初，求之太深，使动而正四，亦不应，况不正乎？所以凶而无攸利也，虽巽为近利，亦无所利矣。

以象言之，初应四，互兑也。初巽体，巽股入兑，泽之下浚也。如浚井然，欲一浚而深之，有求之太深之象。

此爻为交浅而求深者之戒。

九二：悔亡。

刚而得中，守刚之常者也。以刚居柔，本宜有悔，以其居中，所以悔亡。

以象言之，九二互乾，乾健不息，则能常久，所以悔亡。虽九三、九四皆互乾，而三则过刚，四则不正，故本爻独能悔亡也。

此爻以刚中能久取义。

九三：不恒其德，或承之羞，贞吝。

九三重刚，不中求上，则隔四，求初则隔二，不恒其德。处巽之极，欲求巽入，二承于下，反所以起三之羞，珠玉在侧，觉我形秽。虽正，亦吝。巽为进退，故**不恒**为不果，故曰或。

又以象言之，九三巽体互兑，以互兑之口，容说于人，以求巽入。巽顺兑说，羞之态也。

此爻不中，故不能恒。

九四：田无禽。

九四与初正应，而近于五。九四本自初来，尚进者也。之五，则失初。初巽为禽，失巽则无禽也。九四志在于五。又以无禽，而欲之初。其志不能常久，位又非正，非其位而不能久，安有得乎？

又以象言之，四动之五，则成离。离，田猎象也。

此爻为志不能常者之戒。

六五：恒其德，贞，妇人吉，夫子凶。

恒其德，贞，妇人吉。此以六之德言也。夫子凶，此以五之位言也。以顺为正妾，妇之道。若下体之巽妇，如此则吉矣。五本震体，乾之长子，岂所宜哉！妇人吉，从一而终可也。夫子，制义者也。若妇德，则凶矣，非所以为常道也。咸恒为夫妇，咸取少男下少女之义。而六二、九五未尝不正位也。恒，男上女下位，则正矣。而六五、九二，未尝不男下女也。故示戒于五也。恒为夫妇，亦于此爻见之。

此爻以阴居尊，嫌非常久之道，故致其戒。

上六：振恒，凶。

上六，处震动之极，以动为恒，非久于其道者也。体本阴柔，阴柔妄动，所以为凶，恒不可以浚。振恒可乎？巽、震皆躁，所以卦义于始终，示其戒也。司马氏曰：振者，本之摇落者也。体动而应巽风，摇落之象也。常久之道，由此而坠，故凶，亦通。

此爻以厌常求功而致凶。

第三十三卦：遁卦䷠（艮下乾上）

遁：亨，小利贞。

遁乃二阴四阳之卦。以二阴言之，遁其主也。凡二阴之卦，皆自此来。以四阳言之，则自大壮来，以初、二易五、上者也。遁，退避也。遁，艮下乾上。二阴进而内，四阳遁而外也。然而有亨之理者，六二卦主而九五当位，与二相应，所以亨也。君子当此之时，以遁为亨，身虽遁而道则亨也。但阴为小，将浸而长，乃阳刚浸消之时，止小利贞而已。六二中正，九五亦中正，皆利贞之象。小利贞，仅可乾小事也。

或曰：遁，亨，为君子亨也。小利贞，谓小人当以正为利，为小人谋，将以安君子也。

此卦言君子遁避小人之象。

初六：遁尾，厉，勿用有攸往。

此阴气已至于二，而君子将遁之卦也。卦体以前为首，后为尾，遁自内之外。艮之一阳居遁之首，而初与同体，故以遁尾取象。在遁之时，六二小人居中而用事者也。初六，小人在下而图进者也。小人进，则君子遁矣。夫兽之遁也，妥其尾，而人莫敢逐。或者，从而蹙之，其首必反，不亦厉乎？故戒小人以勿用有攸，往圣人之爱君子至矣。

或曰：以象言之，艮为鼠为狗为虎为狐，皆有尾者也。又尾宿直天寅。寅，艮位也。恐失之泥。

此爻谓君子之遁，戒小人以不宜逐，之所以为君子谋也。

六二：执之用黄牛之革，莫之胜说。

黄中色，牛阴象顺物。革，皮之去毛者，坚而难变之物。执，拘留之也。说，犹说桎梏之说，谓去其执也。九三欲同上三阳而遁去，六二逐之者也。故使之执之，用黄牛之革，以固九三之志。固九三之志，即所以固九五之志也。为小人谋，初戒以勿犯君子之厉，二告以曲留君子之方。易之策行，则小人安于下位，而听命于君子。君子，亦安于上位而不遂遁矣。或云：易不为小人谋。今为小人谋，何也？曰：此为小人谋，乃正所以安君子之遁，盖为君子谋也。

以象变言之，二坤阴为牛，二之五有离象。离又为黄，艮为革，黄牛之革也。艮手为执，执之用黄牛之革也。二、五相易，则上体成离，而互兑泽，《泽火革》也。

或曰：执当为絷，互巽绳，故也。此爻固留四阳，不使之遁之象。

九三：系遁，有疾厉；畜臣妾吉。

九三，不系于二之阴柔，而能遁者也。然系于阴柔，则为吾疾，所以危厉。系于阴柔，不可也。以畜臣妾之道，待之则吉耳。

以象变言之，九三互巽，巽为绳系也。三之二成坎，坎为疾，有疾也。三动成坤，坤为臣。二有伏兑，兑为妾。天山遁，山天大畜，故取畜象。

此爻下系于阴柔，故有此象。

九四：好遁，君子吉，小人否。

四与初为正应，然皆不当位，不过私情相好耳。然当遁之时，君子不可以私好而不遁也。故君子于其相好而能遁之则吉，不然则爻变为六，成小人之否，可不戒乎！

此爻能于私情所好，而知遁者，故吉而又戒。

九五：嘉遁，贞吉。

嘉乾象刚，乾中正为贞。此爻说者多不同，或以二为嘉偶，九五能舍之而遁者；或以为九五嘉美六二之遁者；或以为人君之遁者。以九五舍二而遁，则九五不得为君，以九五嘉九二之遁，则六二阴柔方来而非遁者。要之，当以人君之遁，言九五刚健中正。当乾嘉会之时，而能遁焉，盖尧舜揖逊之事也。易于汤武征伐，盖尝象之。独于尧舜揖逊，曾未之言，故此爻象之嘉，即所谓尽善尽美者也。或曰：以五应二，所谓刚当位而应者，何以遁去？曰：尧舜之逊，岂以下之不我应乎时，则然也。

此爻人君当中正之位，而能遁者。

上九，肥遁，无不利。

上九，乾之盈者，有肥象，即所谓遁世无闷，心广体胖者。乾在秋方，为瘠马。上九与三同德，为应不为阴所杂，故有肥象。上九无位之地，无应而无所系累，则不疑其所行也。故无不利也。

此爻为遁之主，遁之最先者也。

第三十四卦：大壮卦䷡（乾下震上）

大壮：利贞。

大壮，四阳二阴之卦。以四阳言之，大壮其主也。以二阴言之，则自遁来，初、二易五、上也。壮者，气力强盛之名。大壮，乾乾下震上者也。四阳方长，过下卦而上矣，故为壮大者，阳也。四阳二阴，大者壮也。不言元亨，阳至于四大，亨可知矣。贞者，正也。利贞谓大壮之时，所利者在乎正也。然以四为主，爻以九居四，不得为正，而言贞者，以诸卦例之，则利在于正耳。然《彖传》径以大者正言之，则其义不但如诸卦也，其义当于《彖传》详之。若但以例言阳大而阴小，阳正而阴邪，正故大而邪故小大者壮，故其利在于正也。

此卦四阳方进，大者壮矣，所利在乎正也。

初九：壮于趾，征凶，有孚。

初在下体之下，应震足而动，故为趾。阳刚有壮，于趾之象。然初、四皆刚，无正应者也，故征凶。大壮，非礼弗履者也。初欲履而四为不正，则非礼矣，所以凶也。何以复言有孚？孚者，实也。初刚四亦刚，以刚实相与为有孚也。

以变象言之，四之五则得其正为坎，故有孚。

此爻有震足，而不能行之象。

九二：贞吉。

九二与五相应，得其中矣。然以九居二，非为得位，不可言贞。而言贞吉者，盖九为动爻，动则得正而吉，欲其应五也。

此爻以应五取义。

九三：小人用壮，君子用罔；贞厉，羝羊触藩，羸其角。

九三，得正君子也，变则不正小人也。小人以不正居之，则用其壮。君子居之，则罔用其壮，正矣。然不免厉，以重刚也。朱子谓：大壮乃重画之兑。兑为羊刚，居乾体之上，为角。震为反生角，反生羝羊也。震为萑苇在外，为藩三往，触上兑毁折之，故羸其角。此小人用壮之象也，君子则不然矣。

又以象言之，三有互兑。兑为羊，变离称罔，中虚之象。离为罔罟，所以制其奔轶者也。罔犹藩也，谓君子能制其奔轶，则与小人用壮异矣。或曰：太玄有罔，直蒙酉冥，罔者有之，舍君子，非无其壮，特不用之耳。

此爻重刚，不中以小人，为君子之戒。

九四：贞吉，悔亡；藩决不羸，壮于大舆之輹。

九四，成卦之主，壮之甚者也。而又不正，不免有悔者也。故戒以贞则吉，而悔亡。震竹苇为藩，前无刚蔽，故藩决而不羸也。前乎此三阳，方否之时，六四，为坤为大舆。今壮则四阳，故为壮于大舆之輹也。

又以象变言之，九四变，亦为坤，大舆也。震木在舆，下为輹，故壮于大舆之輹。

此爻不正欲其得正也。

六五，丧羊于易，无悔。

卦有迭画，兑象，兑为羊群，行善触者也。九三，尝取象于羊之触藩，而九四因之。兑之上爻柔，而不正。兑，为毁折。又为说有丧羊于乐易之象，谓丧失九三九四也。然六五正应有九二焉，若得九二相与为应，则无悔耳。象以位不当言，为可见矣。旧乃以丧羊于易为无悔，于《象辞》不合矣。

又以象言之，六五正互兑之上爻，故亦以羊取义。

或曰：易疆场也，兑有伏。艮者，土之限也。疆场之象。疆场之间，最易丧失牛羊者也。

此爻虽以不正而有失，亦以得应，而无悔取义。

上六：羝羊触藩，不能退，不能遂，无攸利；艰则吉。

应三，故亦有羝羊触藩之象。遂，进也。退则为三，亦羸其角，进则位穷，亦不能遂，所以无攸利也。唯能知艰守其位，则吉也。

以象言之，震体伏巽，巽为进退，故有不能进退之象。

此爻为不详进退者之戒。

第三十五卦：晋卦䷢（坤下离上）

晋：康侯用锡马蕃庶，昼日三接。

晋，四阴之卦，从观来，四、五相易也。又为二阳之卦，从临来，初、二易四上也。然以自观取义，晋，坤下离上。以观言之，六本在四，诸侯位也。上交于五，五，天子也，有诸侯朝天子之象。坤，亦为诸侯。坤有牝马象，坤又为众马蕃庶也。离明在上，昼日也。坤三爻，三接也。康侯犹礼，言宁侯也。锡马蕃庶，昼日三接。盖诸侯享王之礼也。锡犹纳。锡，锡贡之类，觐礼。匹马卓立，九马随之，故曰蕃庶也。昼日三接王，接侯之礼也。觐礼，延升一也。觐毕致享，升致命，二也。享毕王劳之升成拜三也。晋虽不言德而晋进，则有亨义也。锡马，则有利义也。或曰：《礼记·祭统》康周公，故以赐鲁郑曰：康犹褒大也。引此为证。《周礼·校人》掌王马之政，凡大祭祀，朝觐会同，毛马而颁之，大行人掌大宾之礼。及大客之仪，以亲诸侯。有三享三问三劳之礼，皆此象也。但以上锡下，则于《象传》柔进上行之义。为未当。

又以象言之，互体有坎。坎为美脊马。

此卦有诸侯上进，而天子接之之象。

初六：晋如，摧如，贞吉；罔孚，裕无咎。

初六，上应九四者也。初六动而上进九四。九四之志，在上承六五，不应初六，有退而摧之之象。初六变而守正，则吉矣。罔孚，四不应也。坤弱为裕，舍此安往处之，则无咎矣。

以象言之，九四互艮，以手止之，摧如也。四坎称孚罔，虽训无，然离称罔，命字之义，盖亦不苟。

此爻居初，有难进之义。

六二：晋如，愁如，贞吉；受兹介福，于其王母。

六二，应五者也。五非正应，故愁如。然六二中正者也，故吉。六五虽非正应，然同德者也，故受兹介福，于其王母，二受五之福也。六五以阴居，尊王母也，故有受福王母之象。

以象变言之，五互体坎。坎，加忧也，为愁如。五，王位也。离自坤来，坤为母，则王母矣。又父之母，亦称王母。五居父位，五自坤来，亦父之母也。或曰：六二亦坤，岂六二为五之母乎？曰：非也。离自坤来，自以坤再索取义，非以下卦取义也。然六二亦坤，故有此象也，五动阳为福。

此爻中正，故进而受福。

六三：众允，悔亡。

三不当位，上有九四为之梗，本宜有悔。然上有正应，故六三引类，而进为众所允，则其悔，乃亡所以众允者，以其志在上行也。上九为阳，众阴所乐从也。

以象变言之，六三动则成艮伏兑，兑说允之象。坤为众，此爻有引类上进之象。

九四：晋如鼫鼠，贞厉。

九四，上进者也。故晋如刚，而不中不正，欲进不能，故为鼫鼠。鼫鼠，蝼蛄也。以此求进，虽正亦厉，况以九居四，为不正乎？

以象言之，九四互艮，艮为鼠，鼫鼠，亦鼠类也。蝼蛄能飞，不能逾屋。能缘不能升，木能浮，不能渡。谷能穴不能掩，身能走不能先人者也。九四刚而不中，不正欲进，不能如鼫鼠也。飞不能上屋，不能上也。缘不升木，不出离也。浮不渡谷，体互坎也。穴不缘身，五柔在上也。走不先人，体互艮也，在下也。五技皆劣，四爻当之。固守大臣之位，尚恐有厉，况能动乎？世以鼫鼠，误作硕鼠。硕鼠，自是大鼠。鼫鼠、蝼蛄，乃今土狗也。九四在卦为康侯，在爻为鼫鼠，随时变易如此。

此爻刚而不正，欲进而不能者也。

六五：悔亡，失得勿恤；往吉，无不利。

六五，位不当，故有悔也，动则悔亡矣。九之四失也，六来五得也。然大明在中，众阴顺附，或得或失，勿恤也。如此则往吉，无不利矣。

以卦变言之，卦自观来，九下之四，故成六。而不当位，失九而得六者也。然或得或失，已往之事，不必更恤。但继今善动，则吉也。动则五复成乾矣，成乾，则吉无不利矣。

又以象言之，六五伏坎，坎忧，既伏勿恤之象。

此爻勉六五，变柔为刚也。

上九：晋其角，维用伐邑，厉吉，无咎；贞吝。

离为牝牛，上九牛之角也。位在上进，至于角矣。上应三坤，为邑三欲，进而比于四，故不免用师伐邑。以不当位，故厉以上当得三，而四不能间，故吉而无咎。虽有吉占，然以不正，故有贞吝之戒。盖上穷之时，虽正犹吝，况不正乎？利用伐邑，犹欲其自治也。伐邑，自治也。自治其私，以刚伐柔，以理伐欲者也。自治，所以进德也。

以象言之，坤坎为师。六三坤，九四互坎，师也。或以坤为吝，恐失之泥。

此爻以刚伐柔，自治已私之象。

第三十六卦：明夷卦䷣（离下坤上）

明夷：利艰贞。

明夷，二阳之卦，自临来，二、三相易者也。又为四阴之卦，自遁来，初、三易五、上者也。然以自临取义。明夷，离下坤上，明入地中者也。明出地上为晋，明入地中为明夷。夷，伤也。明入地中，其明伤矣。五失位，故有艰难之象。然以六居二，居中得正也。能守正，则利矣。

以象言之，离为日，互坎为血，有伤之象，故为明夷。坎为险难，故利艰贞。

此卦明入于地，君子能晦，其明之象。

初九：明夷于飞，垂其翼；君子于行，三日不食。有攸往，主人有言。

离为飞鸟，故明夷于飞，爻在下体之下，故垂其翼也。君子于行，往之四也。初九，当明夷之时欲行，则有饥饿之忧所至，又有饥馑之患。然虽如此，义在勇去，虽饥饿而不悔，有言而不恤者也。伯夷之谓欤！

以象变言之，君子行而之四，则互兑矣。兑为口舌，有食象，又有言象。三日下三爻也。三爻之中，兑体未成，故不食也。往尚至四，兑体有成，故有言也。之四又有互巽。巽，东南主人位也，故为主人有言。

此爻审于义理，不顾口腹，不恤人言，以勇去者也。

六二：明夷；夷于左股，用拯马壮，吉。

六二之明，为五所蒙者也。股人之所行，其股伤，则不能行矣。然左非便用，所伤未切拯救也。马壮，则行速。速，则吉矣。六五不明之君，六二之臣，苟坐视其昏蔽，而不知引君以当道，岂为臣之则哉？夷于左股，或作睇于左股，见《内则》郑注。睇，倾视也。离为目，亦通。

以象言之，六二拯五者也。五互震为左，伏巽为股。六二互坎为伤，为夷于左股。然坎为美脊马，六二变，则下成乾。以变乾之二，拯六五之震，乾震大壮之象，马壮也。如此，则吉也。

此爻为人臣以明而辅昏君之象。

九三：明夷于南狩，得其大首；不可疾，贞。

九三，离体也。离为南，又有佃渔，象南狩也。大首，上体也。九三，以刚明之臣，居侯伯之位，去极暗之主者也。固能得其大首，然不可疾也。疾，速也。九三，正也。惟欲以正，而正其不正耳。得其大首，则已矣。大首犹言渠魁，非必馘其首也。大抵离明在下，欲以拯暗。初二拯之，而不能得，故至于此也。然《象传》以九三为文王，今《象义》则以九三象武王，随时变易，以从道也。

以象言之，爻有互坎。坎为马为弓，离为网罟，狩之象也。上坤伏乾，为大为首者，伏矣。

此爻以明去暗之象。

六四：入于左腹，获明夷之心，于出门庭。

腹，坤象。坤体之下，故曰左腹也，尊右故也。腹，幽隐之处，六四近六五，入于左腹者也。知昏主之非，心不复可格，故远而去之。出于门庭，若微子是也。

又以象言之，六四应初，离而互震者，动伏巽，为入震，为左坤，为腹离，为大腹也。又有互坎，坎为心也。互震为出，六四应初，则初成艮，艮为门庭，获明夷之心，于出门庭也。

此爻以明知暗，不为暗所伤之象。

六五：箕子之明夷，利贞。

六五，明夷之主。不主于君，而以臣，言以其昏冥之主，不忍言也。故特称其臣，以见其君之昏。尔殷有三，仁惟箕子，能陈《洪范》，则箕子又三，仁之中，最文明者也。故就殷臣之中，指其最明者，以显其君之暗也。箕子之明如此，尚且自晦其明，则纣之不明可知矣。利贞，所谓能正其志也。人言箕子佯狂为奴，可谓晦矣。而不知其明，固在不可息也。然则人臣之明，岂可为暗君息哉！先儒谓微子去之利，而不贞，比干谏死，贞而不利。箕子为奴，则利而且贞，亦通。

此爻以臣之极明，以表其君之极不明也。

上六：不明晦；初登于天，后入于地。

上六，最远于离，不明而晦之极者也。在上，则初登于天，坤体为后，入于地。以反对而言，在晋为初登于天，在明夷为后入于地。

此爻最远于阳，故有此象。

第三十七卦：家人卦䷤（离下巽上）

家人：利女贞。

家人，二阴之卦，自遁来，初、四相易也。又为四阳之卦，自大壮来，二、四易五、上也。然以自遁取义，家人，离下巽上，自遁来，则初阴居四得正，二阴本在二，亦得正。巽，为长女；离，为中女。三画卦二为人位，而六二之离女当之。六画卦三、四为人位，而六四之巽女当之，各得正位，故曰利女贞。卦以家人名，而首言利女贞，盖家人内也。女正，则家道正矣。

此卦以二女成卦，故以家人取义。而所利者，女之贞也。

初九：闲有家，悔亡。

正家之道，贵防闲于初。于初不闲，其终必不能闲矣。初而闲，此悔之，所以亡也。

以变象言之，初九变则有艮，艮为门阙，家人有闲者也。

此爻以正家之道，在谨其初取义。

六二：无攸遂，在中馈，贞吉。

六二，妻之得正者也。应九五，妻从夫者也。无违夫子，以顺为正，妻道不敢成之谓也。妇人无遂，事在中馈，主酒食而已。柔中得正，故在中馈，贞吉也。

以象言之，六二中爻互坎，为酒食，有中馈之象。

此爻女正位乎内者也。

九三：家人嗃嗃，悔厉，吉；妇子嘻嘻，终吝。

嗃嗃，严厉声过刚，不中故悔。厉家道贵刚，故吉。嘻嘻，笑乐无节也。失家之节，所以终吝。

以变象言之，九三变则为震。震为声嗃嗃之象。下有六二，离为女，互坎为子，妇子也。六二之变，则互兑，兑为口为说，嘻嘻之象。

此爻以严治家，不使嘻嘻失节之象。

六四：富家，大吉。

富犹肥也。位当巽体，有称量之义。盖阴在上位，能樽节剂量，以肥家财者也。巽为近利市三倍，有富家之象，所以为大吉也。阳主义，阴主利。

以变象言之，六四动则助上体成乾。乾为富，能富夫家者，以巽成乾，妻能成其夫家者也。

此爻以柔顺承夫，而成富家之美者。

九五：王假有家，勿恤吉。

九五，君位，故曰王假至也。尽家道之至者，故勿恤，吉也。此勿非禁止之辞。言五以刚中正之德，而在上二，以柔中正之德而在下，上下交，相亲爱，故不必忧，而自吉也。王能以齐家之道，而平天下，夫何忧焉。

以象言之，六四以下有互坎。坎，忧也。而九五不在坎爻，勿恤也。

此爻家道之至正者也。

上九：有孚威如，终吉。

上与三同德相孚，故有孚九刚，故威如卦。终故终吉，威如者，非严厉也。有动作威仪之则者也，威而不猛者也。虽然孚而不威，爱而不畏，威而不孚，畏而不爱，有孚而威，则畏爱兼之矣。

以象言之，三互坎为孚。此爻居家道之终，能使人畏爱，则保终吉。

第三十八卦：睽卦䷥（兑下离上）

睽：小事吉。

睽者，四阳之卦，自大壮来，三、上相易者也。又为二阴之卦，自遁来，初、二易三、五也。然以诸卦例之，则当以壮取义，否则兼两卦取义。但《象传》以柔进上，行言则似舍壮，而于遁取义。盖大壮六，本在五三，自上降，不可以柔进言，若自遁取义，则是初进而三、二进而五也。又于诸卦未通。或曰：此卦盖与中孚相易，详见《象传》。睽违，而不合者也。《说文》，目不相听也。睽，兑下而离上者也。火炎上，水就下，火自上，泽自下也。离女兑女，相与同居，而究不同行，皆睽而不合之象，故以睽言。然而二、五相应，有吉之道。但上下卦皆阴为主，且柔居尊位。阴为小，虽应乎刚，则所吉。止于小事，不可以作大事也。若使九刚，而居中正，则大事吉矣。

此卦上下睽而不合，不可以用大事之象。

初九：悔亡；丧马，勿逐，自复；见恶人，无咎。

初得位，故悔亡。然初与四本非正应，四欲得初，不可也。初欲得四，亦不可也。故丧马，然终以得位，故勿逐。自复恶人，指四刚而不正为恶人。初虽见四之恶人，亦可以辟咎。然但免咎而已，无望其相与也。初九本正，动则有悔有咎，能安于下，故悔亡，而咎无也。见非往，见之见特，目见之见。

以象变言之，初应四，初动则坎也。四亦互坎也。坎为美脊马，然四非正应。四若变，则互坤。坤为丧坎，象不见，故丧马也。九四动，又互艮互震。震为逐，艮为止，故有勿逐之象。互坤互震复也，故有自复之象。合而言之，初动为马，四变为马，自有马者也。故勿逐自复，四刚而不正，故为恶人。离为见，故有见恶人之象。

此爻乃自守其正，不必求同之象。

九二：遇主于巷，无咎。

九二与五本为正应，隔于九四，当睽违之时，委蛇曲折，而遇之于巷，未为失道，故无咎也。巷者，致曲有诚之谓，非旁蹊曲径也。

以象变言之，主谓六五也。二动则成震、互艮，震为大涂，艮为径路。径路在大涂之中者，巷也。故曰遇主于巷，不期而会曰遇。

此爻当睽之时，委曲而有合于君者也。

六三：见舆曳，其牛掣；其人天且劓。无初有终。

三与上为应者也。当睽隔之时，虽正应亦且反目，故见其舆之曳，见其牛之掣，见其人为天且劓，此三之妄见也。上但为牛耳，无他象也。六三不正，而妄见如此，所以无初。然上九终为正应，去其睽隔之妄见，则有终矣。所以见此象者，以六三之位不当也。不当，则不正者也。其有终以应上九之刚，故也。睽，字从目，睽睽，目貌，故亦取见义。

以象变言之，三互坎为舆为曳，上体离为见，为牝牛。掣，古文作觢，一角仰也。上九离，牛之角在上，有一角仰之象。天，铁因切。髡其首曰天，刑其鼻曰劓。三动成乾，而互兑伏艮，兑刑、乾首、艮鼻也。以兑金刑其乾首与艮鼻，天且劓也。

此爻谓六三不正，见正应而妄疑者也。

九四：睽孤；遇元夫，交孚，厉无咎。

九四，在卦之中，无正应者也，故谓之孤。九动之初，以同德相应，遇元夫矣。四与初皆刚，实有交孚，象九四，不正本，宜有咎。变而之初，得其正矣，故无咎。

以变象言之，九动之初，则四互震为元。夫四互坎有孚，象初动，亦成坎。有孚，象交孚也。

此爻欲九四变，而下从初九也。

六五：悔亡，厥宗噬肤，往何咎？

六五不正，本宜有悔，以其动应九二，所以悔亡。离兑同出于坤，宗族也。噬，非吞噬也。若昔人噬臂而盟之意，相得之深如此，以往何咎焉。此卦以睽而合，故有噬肤而盟之象。

以象变言之，二本兑动，则互艮。艮为肤，兑噬嗑之，故为噬嗑肤也。自二至上，有噬嗑之象。又九二动则成噬嗑，故言噬也。

此爻与二相得之深，睽而能合者也。

上九：睽孤，见豕负涂，载鬼一车，先张之弧，后说之弧；匪寇，婚媾；往遇雨则吉。

上九有应，本自不孤，隔于九四，六三可疑，所以孤也。始焉有隔，所以相疑终焉。以正应而必合，故有吉象。

以象言之，离为见，坎为豕，兑为泽，艮为土。坎又为舆，多眚，又为弓为寇为雨，艮为鬼门。六三兑泽伏艮互坎，坎豕在兑泽，艮土之中豕，负涂之象也。坎多眚之，舆载艮门之鬼，载鬼一车也。上六，远而望之，见六三如此，先张坎弧以射之，近而视之，则三元我之正应也。故后说坎弧而就之，则六三非坎盗也。兑之少女耳，我之婚媾耳，故曰往遇雨则吉。阴阳和，则雨降，所以吉也。虽然，此非上九之妄见也。六三，妄见于前，故有以致上九之妄见耳，同一坎也。前见为豕，后乃为雨雨，则豕之涂洗矣。或曰：后说之弧，虞翻作后说之，壶坎樽之象。兑为说也，亦通。

此爻当睽隔之时，始虽以妄见而疑，终必以正应而合也。

第三十九卦：蹇卦䷦（艮下坎上）

蹇：利西南，不利东北；利见大人，贞吉。

蹇，四阴之卦，自观来，三、上相易也。又为二阳之卦，自临来，初、二易四、上也。然当以自观取义。蹇字从足，从塞足。蹇不能进之状。或曰躃也。蹇，艮下坎上者也。艮山坎水，险阻之甚，所以为蹇也。东北艮方，坎北方。艮近乎坎，难生之地。背本方，则利；守本方，则不利。西南坤方，与艮相背，近离明而不犯坎难者也。故利西南，而不利东北。利西南，以其见大人而为利也。大人，九五也。九五与六二为正应，故六二利见之。以九居五，以六居二，皆为得位，故贞吉也。贞以得位，言吉以相应言。

又以象变言之，蹇利西南，艮之六二往应上而为六五，则成坤。坤，西南之卦，所以利也。不利东北，坎之九五来应下则为九二，而不成艮。艮，东北之卦，故不利东北也。二、五相应，以解此蹇难。东北之不利，所以为西南之利也。互体有离，为利见之象。

此卦明君臣相与，以济蹇难之义。

初六，往蹇，来誉。

往而之四，则有坎险，蹇也。来而归初，则与二相比，二多誉也。往则犯难，来则有誉，宜待时也。

以象言之，初六艮止，而有伏兑。**兑**为口而和说，亦誉也。

此爻当蹇之时，而能待者也。

六二，王臣蹇蹇，匪躬之故。

五为君，二为臣，二应五，王臣也。五其险也，蹇也。六二，犯难以济五，蹇而又蹇也。五在坎蹇矣，二应之，亦蹇也。王臣见五之蹇，而济其蹇者也。济蹇者，为君也，非为躬也，故曰匪躬之故。下体艮，艮为躬，匪为艮躬为济，九五之坎难耳。

此爻人臣犯难济君之象。

九三，往蹇，来反。

九三处下体之上，初、二两阴之所恃者也。九三，刚而不中不正，岂能济蹇难哉！往则蹇矣，故不如来，反此爻戒其毋往，而来反也。

六四，往蹇，来连。

六四虽云得正，然才柔而不足以济蹇。往则亦入于蹇，不若连九三，同力相与，则有可济之道。

此爻以柔连刚，相与济蹇之象。

九五，大蹇，朋来。

当大蹇之时，以刚中之德，而居正济，蹇之主也。所贵得群贤相与辅佐，今五能下六二之贤，俾率其朋类以进，则济蹇之道也。自二而之五，则曰往自五而见二，则曰来。

以象变言之，二若动，则为互兑。兑为朋，朋来也。

此爻当蹇之时，为君而求贤，济蹇之象。

上六，往蹇，来硕，吉；利见大人。

上六阴柔，不足济蹇，故往则亦蹇。惟得九三来而为助，则硕大而吉利，见大人九五也。下从乎阳，同来辅五也。

以象言之，阳为大艮，为石硕也。九三互离为见。

此爻当蹇之终，求贤臣以见大人之象。

周易象义卷六

下经（解至井）

第四十卦：解卦☷（坎下震上）

解：利西南；无所往，其来复吉；有攸往，夙吉。

解乃二阳之卦，自临来，临之初、四相易也。又为四阴之卦，自观来，观之二、四易五、上也。然以自临取义。解者，解散之象。解，坎下震上者也。震东坎北，亦为东北西南者，东北之对也。然《蹇卦》坎险未解，故宜有所往。今蹇已解，解则不往而来复矣。盖震动而已，出坎险故也。然又言有攸往，夙吉者，见几而作，不俟终日也。盖早动，则在险难未解之前，而来复，则在险难已释之后，故也。

以卦变言之，利西南，谓临之上体，本坤也。坤，西南之卦也。自初九上往，故成此卦。无所往，欲初不必往也。其来复吉，九复下而居初也。初九复爻，自复至临，今自临来而居初，故取复义也。有攸往，就此卦言谓九二往之五也。

以象言之，互离日也。自坎北而出震东夙也。

此卦言解去险难之道。

初六：无咎。

初六，柔而不正，本有咎者，与四相应，刚柔相济，故无咎也。

九二：田获三狐，得黄矢；贞吉。

坎体有狐象。狐，阴物也。九二以刚制柔，有获狐之象。黄中色矢，直物以刚居中，去害而得中直之象。然二柔恐其不正，而为阴所惑，故又以贞吉戒之，欲其动而得正也。

以象言之，二至四互离，罔罟田猎之象。坎为狐，狐阴柔之物，媚人者也。六三下比二，则本坎体。九四为互坎，介乎离中。又有伏坎三狐之象。九二至四，以离体历三爻，获三狐，则上应六五，得中直矣。离为矢，动则成坤，为黄矢也。动而得正，故贞吉。此九二所以解险也。二亦坎，四亦坎，而专以三为狐者，二、四阳刚，三阴柔故也。旧以三阴为狐，然五为君位，不可言狐，上非坎体。又诸爻之中最得正者，不可言狐。初虽坎体，然于二五之交，无相间隔，亦非所指者，故知但以离制坎，为获三狐也。

此爻以二五相应，去阴柔之媚为象。

六三：负且乘，致寇至；贞吝。

六三，上负四，下乘二。坎为轮，阴为小人，负且乘者也。坎为盗，故致寇至，而《系辞传》曰：负者，小人之事乘者，君子之器，小人乘君子之器，盗思夺之矣，位阴小人也。爻阳，君子之器，六三，阴柔不正，故有此象。

此爻以柔而不正自招盗也。

九四，解而拇，朋至斯孚。

九四，震为足，应下动拇也。应初阴类，非吾朋也。九四，近君之臣，得九二朋至，然后有孚矣。

以卦变言之，自临来，本兑体。兑为朋，九二坎体，有孚象。

此爻近君引贤以解难之象。

六五：君子维有解，吉，有孚于小人。

九二，刚中君子也。九四，不正，小人之有过者也。六五应二，而近四，九四不正，欲间九二。六五柔中之君，易为近臣所间，则不能下应于二，故曰君子维有解，吉。九二、六五同心同德，九四不正之臣，亦心悦诚服，而安于退，不敢进也。此卦二、五本相应，特以六三媚二于下九，四迫五于上，所以不能解散险难。九二不为六三之狐所惑，六五不为九四不正之小人所凌，此其致解而吉也。

以变象言之，二之五，则为互巽。巽，绳之直者也。绳结，则曲解，则直绳直维有解之象也。二之五，则下坎变坤。坤顺而坎不见矣，此解险难之象也。如此，则吉也。

此爻谓得刚中之臣相应之象。

上六：公用射隼于高墉之上，获之，无不利。

三公位也。上六，上公之位，皆在卦体之上，取象三，居坎险之上，高墉也。坎为弓，射也。三不正，乃隼在高墉之上，悖于正道者也。上六，以得正之臣，居上公之位。见六三之不正，从而射之以正，而克其不正，则获之，无不利矣。

以象言之，三互离，为飞鸟隼也。

此爻以上公而治小人之象。

第四十一卦：损卦䷨（兑下艮上）

损：有孚，元吉，无咎，可贞，利有攸往。曷之用？二簋可用享。

损为三阳之卦，自泰来，三、上相易者也。又为三阴之卦，自否来，初、二易四、五者也。然卦以自泰取义。损，减省也。损，艮上兑下者也。以自泰言之，泰之下体本乾，上体本坤。今损下体乾之一阳，而益上体之坤，所以为损也。抑其过，以就义理之中者也。上下诸爻皆相应，损而有孚也。当损而损，上下相应，损其当损，则于道为元吉，于义为无咎，于事为可贞，故利有攸往也。利有攸往，九自三之上也。若非元吉，非无咎，非可贞，不利有攸往，下岂可损哉？圣人恐人以损下益上，为以天下奉一人也。故曰曷之用？二簋，亦可享矣。国之大事在祀尚，不可过用其礼，况一人敢用以自奉乎？卦虽损下益上，当损之时，于礼亦在所损也。

以象言之，体艮互震。艮，宗庙也。震主宗庙之器者也。又为稼，宗庙之器，为粢盛而设者，非簋乎？二盖指下体二阳而言，一阳已损，所存二阳，二簋也。虽初九非震，九二非艮，然初、二固应四、五者也。震为长子，艮为手长子，主器者也。手荐宗庙，非享乎？

此卦以损下益上，而损所当损取义。

初九：已事遄往，无咎；酌损之。

初应四艮，体止也，已事者止其事也。辍自己之事，以益四者也。遄往则无咎，此合志于上之人者也。在四，则岂以其下之合志，而过损之哉？酌损之而已。或曰：损泽以益山，酌损之象，亦通。盖下体虽损，而初非损者，酌其宜故也。

以象变言之，四动为坎，樽酒也。艮，手举之有斟酌之象。

此明初爻益上而酌损之象。

九二：利贞，征凶；弗损益之。

九二，刚中之臣，而居兑说所欠者正耳，故利在正，固若动则凶。惟弗以损下为容悦，乃可以益六五矣。若以损下为容悦，不惟损自己之刚中，亦有损于六五之中德也。

此爻以弗损而益上者也。

六三：三人行，则损一人；一人行，则得其友。

三，人位也。故以人为象。盖以卦变言之，三人行，则损一人，谓泰下为乾体，三阳本同行也。损一爻以益上，是损一人也。一人既行，则六来居三，得其友也。友，交友也。相交，故称友。六三兑为朋友，亦有友象。泰本上下交之象，何待于上行而后交哉？但下体三阳无阴，上体三阴无阳，疑于不相交耳。今一阳既行，而之上一阴又来，而之下一阳一阴之谓道，则初与四、三与五，其为交不言而喻矣。又《系辞传》因此爻而极论之曰：天地絪缊，万物化醇。男女媾精，万物化生。三人行，则损一人；一人行，则得其友，言致一也。致一谓一阴一阳，不可二也。虽二其致，则一也。按：少女在上，少男在下，其卦为咸；少男在上，少女在下，则为损。咸，男下女，有交感象；损则男上女下，似乎不交，故于此特明损阳益阴之义。夫子因之，及男女化生之功焉。盖损阳益阴，阳施阴受，乃有化生之功耳。

此爻以阴阳相与，贵乎一致取义。

六四：损其疾，使遄有喜，无咎。

初与四相应者也，二实间焉，为初之疾者也。四能应初，则损初疾。而初守其正，复还兑说之体，是使之遄有喜也。故曰损其疾，亦可喜也。初九之喜，即六四之喜也。

以变象言之，初动则成坎，坎为疾，二盖疾初者也。四动成离，则坎伏，损其疾也。

此爻以与初相应为义，而损其为初之疾者也。

六五：或益之十朋之龟，弗克违，元吉。

得益在上五，非其位而柔中居刚，必有益之者，故曰或益之。益之者，人也。十朋之龟，弗克违，益之者天也，可谓大善之吉矣。《尔雅》云十朋之龟者，一曰神龟，二曰灵龟，三曰摄龟，四曰宝龟，五曰文龟，六曰筮龟，七曰山龟，八曰泽龟，九曰水龟，十曰火龟。

以象变言之，二、五变则成《益》，故或之六五动，则为巽。巽为进退，为不果，故曰或。先儒谓内柔外刚，龟之象也。自二至上，中虚似离。离为龟，包坤于中。坤为十为朋，兑亦为朋，故曰十朋之龟。弗克违，谓龟从也。如此，则元吉矣，上下俱吉也。下体本凶，自上佑之，亦转凶而吉也。

此爻与二相应，而得众助之象。

上九：弗损益之；无咎，贞吉，利有攸往，得臣无家。

上九，自上之三，似乎损矣。然上失正者也，三得位，则损而弗损，乃所以为益也。不正，本有咎；得三，故无咎而吉也。利有攸往，三宜往而之上也。得臣谓得三，无家谓臣之不有其家者，如曰何以家为也。

以象变言之，三互坤。坤，臣也。艮，为门庭。上动之三，不有艮体，故曰无家，或曰二、五已动，则卦成益，上与三应者也。三动，则成家人，有家矣。上动，则为既济。家人变体，故曰无家，亦通。或以九自三而上，盖损彼以益此者也。故弗损益之，但于贞与往义未富。

此爻上、三相应成卦之主也。

第四十二卦：益卦☷（震下巽上）

益：利有攸往，利涉大川。

益者，三阴之卦，自否来，初、四相易者也。又为三阳之卦，自泰来，二、三易五、上也。然以自否取义。益者，增益，宏裕之名也。益，震下巽上者也。益以损上益下为义。卦自否来，损否之九四，下益否之初六，故为益也。九五、六二中正相应，故利有攸往。巽有乘木之象，而下动，故利涉大川。君犹舟也，民犹水也。水能载舟，亦能覆舟。既能益下，所以利涉也。

此卦以损上益下，能利乎民为象。

初九：利用为大作，元吉，无咎。

用为大作，大有为之时也。以大有为之事，而益天下也。然大事不可轻举也，惟大善而吉，则无咎而有益，不然不免凶而有损矣。

以象变言之，初九震也，自乾变坤而来也。乾为大，坤为事，震为作。

此爻言作大事，虽不免于劳民，惟大善则吉，而小事不可厚劳之也。

六二，或益之十朋之龟，弗克违，永贞吉；王用享于帝，吉。

损之六五，或益之者，九二益之也。益之六二，或益之者，九五益之也。或益之不敢必之意，损之五即益之二，故亦以十朋之龟取象。不望其益，十朋之龟，自弗克违如此，则常可以正固而吉矣。龟兆既从，可以格天，故享于帝，则吉也。帝出乎震，震有帝象，又为长子，长子主匕鬯者，用匕鬯于帝有享之象。六二所享，则九五也。

以象言之，十朋之龟，亦以中虚包坤，以离为十朋之龟，如损之六五取象也。五巽为进退不果，故曰或。

此爻不望上之益，而上自益之也。有龟从而格天之象。

六三：益之用凶事，无咎；有孚中行，告公用圭。

六三，以阴居阳，震动不安，有凶之象。凶事，如《周官》以委积待凶荒，丧礼哀凶札之类，皆损上之所取，以益凶荒者也。凶荒宜有咎，用事于凶荒以益之，故无咎也。三动体坎，故有孚。震为行，三、四在上下四画之中。如中孚有孚，而中行也。告公用圭，如玄圭告厥成功之义也。于凶荒之时用事益民，于民有孚，又能以中道行之，故能告厥成功也。

以象言之，互坤为丧，又为事，有用凶事之象。告公用圭，三为公位。互艮伏兑，兑为口舌，告也。震，东方也。互有伏乾，乾为玉，用玉于东方，圭也。故有告公用圭之象。

此爻用事于凶荒，以益民之象。

六四：中行告公从，利用为依迁国。

三、四居两体之中，故皆曰中行，六四损上益下者也。以其有益民之志，故有告公而从之象。为依者，谓损上益下之时。上有九五之君可依，下又有初九之民可依也。大抵振济凶荒之事，以中行之，而后告公可也。迁国之事，虽以中行必待告，公之从而后可焉。

以象变言之，六四体有互艮，艮有伏兑。兑为口，有告象。互坤顺象，告公而从也。四诸侯位，坤为土，国象。以卦变言，六自初而四者也。自初而四，得九五为之依，下应初九，亦可依也。三为公位，三与四为比也。告公而不从，则不利用矣。今六四体巽，巽，顺者也。是告公而从者，告公而从所以利迁国也。

此爻正损上益下者也，故取迁国为义。

九五：有孚惠心，勿问元吉；有孚惠我德。

九五、六二，中正相应，故有孚也。以中正相应，心相孚也。五之二，则益下也。益下，则大善而吉也。问而后惠，惠亦狭矣。勿问则不言，而惠上以不言，而惠下以不言而孚，故元吉也。不言而孚，孚以心也。不言而惠，惠以心也。下虽不言而孚，然其中心，则曰惠我德也。德者，得其所欲也。

以象变言之，阳居中画为坎，坎为心。之二，则下体成兑，兑有问象。

此爻谓益惠，以心不以言，故大善而吉也。

上九：莫益之，或击之；立心勿恒，凶。

上九处益之终，或恐其倦于益下，故为之戒。上九若曰莫益之，则或击之矣。六三，击之也。立心勿恒，则凶矣。雷风为恒，风雷为《益》。若上下一体相交，则为恒久之道。若倦于益民，非恒久之道，以其恒心不恒，故凶也。

　　以象言之，上九巽体不果，故曰或。六三互艮，为手击象，上之三互，坎坎为心。

　　此爻上体之极不知益下，为下所击之象。

第四十三卦：夬卦䷪（乾下兑上）

夬：扬于王庭，孚号有厉；告自邑，不利即戎；利有攸往。

夬者，五阳一阴之卦。以五阳言之，夬者，五阳之主卦之五阳者，皆自此来。若以一阴言之，则自姤来，初、上相易也。夬，乾下兑上者也。夬，决也。以五刚而决一柔也。扬于王庭，声其罪也。二、五皆阳，故为孚，以同德相孚也。卦中号字，皆去声。上兑为口，号召之象。以乾君之命，号召众阳也。然兑之一阴，正在所去，乃以号召，何也？盖所号召者，正欲去其本爻之阴，噬嗑亦然也。以二、五相孚，而号召众阳，号令信矣。然以一柔在上，下乘五刚，犹有危厉。一阴之难去如此，告自邑，先自治己之邑也。不利即戎，谓一阴已穷，不宜从兵革之事也。利有攸往，谓顺刚而动也。有攸往，然后为纯乾。

以象言之，乾为王，兑有伏艮，艮为庭。又以卦变言之，夬之一阴，实自姤来。姤下体本巽，巽为号令，告自邑。下乾伏坤，坤为邑。以乾君命，发兑口而告坤邑也。伏坤在内卦，故曰自邑。上应三，则互离。离为戈兵，兑为刑为毁折，九五近之，有不利即戎象。

此卦以五刚而决一柔，犹不敢轻以见阴难去也。

初九，壮于前趾，往不胜为咎。

四阳为大壮，五阳为夬。大壮初九曰壮于趾，此曰壮于前趾，因大壮而言之也。犹言壮于前四阳之趾也。以本卦言，则初变止有四阳，亦壮象也。又所应者九四，亦四阳之爻也。初四非正应，故有往不胜之咎。不胜而往，则为咎矣。

以象变言之，初变巽而伏震。震足伏而巽进退不果，往不胜也。

此爻以无正应而不可往之象。

九二：惕号，莫夜有戎，勿恤。

惕，惧也。号，号令也。恤，亦忧也。九二当阴柔未尽之时，承同德阳刚之君，竞惕号令，预为戒备，于莫夜安静之时。虽有戎，勿忧也。惕号者，有忧于前。勿恤者，无忧于后也。

以象变言之，二动成离伏坎，坎为加忧，惕也。本自姤来，变则又成互巽。巽为号令，离居兑下，日居于西，暮也，离明矣。巽为入明，入于地，夜也。离为戈兵伏坎，为寇戎也。恤，亦加忧也。坎伏，则勿恤矣。

此爻动而承五，以决上六之象。

九三：壮于頄，有凶；君子夬夬，独行遇雨，若濡有愠，无咎。

頄（kuí，颧骨），面骨也。处乾首之前，称頄。九三，以刚居刚，刚壮见于颜面者也。三为上应，若怒狠狠，然见于面目，无含蓄如此，则自取凶矣。君子则不然，其中**夬夬**，剖决甚明，然而谨密不露者也。盖此爻在五阳中，独与上六相应，有独行遇雨之象。兑泽为雨，濡乾之衣者也。君子外虽为兑泽所濡，中不为兑泽所动，愠蓄于心，不形颜面，所以小人不疑，而终成**夬夬**之功，故终无咎也。

此爻重刚，故以过刚为戒，而以含蓄其刚，为无咎也。

九四：臀无肤，其行次且；牵羊悔亡，闻言不信。

夬之所决，在上六一爻而已。九三应上，而九五比之。九四位既不当，而后乘九三之刚，臀无肤也。上承九五之刚，其行次且也。兑羊抵触不行，牵者从其后而制之，则悔亡矣。上六在前，九四在后，从后而制之象。然九四以刚居柔，刚决不足，未必闻言而信也。

以象变言之，四变成坎。坎为臀，伏艮为肤，艮不见，无肤也。九四，在大壮为震足，今变坎为曳，其行次且也。兑体，故为羊，艮，手牵羊也。**兑**，口，亦为言，变则兑，毁言不信也。

此爻以位不当，故无刚决之勇。

九五：苋陆夬夬，中行无咎。

苋菜，泽草也。叶柔根小，坚且赤。商陆，亦泽草也。草叶大而柔，根大而深，有赤白二种，在《本草》苋下，恶物商陆疏五藏，二物皆疏决之物，所以去其积滞者，爻虽兑体，然以九居五，有泽草决去阴柔积滞之象。中者，五行乎？中者，九也。

以象变言之，五动震为蕃鲜。兑为泽，泽草也。乾为赤兑，西方白也，苋陆之象。项氏曰：苋音完，山羊也。陆，其所行之路也。犹鸿**渐于**陆之陆。兑为羊，而在上卦，有山羊之象。羊之行路，登高涉险，而山羊为尤甚。九四其险，上六其高者也。五在三羊之中，独能自决。而行于中路，比之四、上，可以无咎。犹未离地类，故为未光说。苋陆，字与诸说不同，亦与《说文》苋字合，但无决去阴柔之义，故不敢取。

此爻以九用五，刚决去小人之象。

上六：无号，终有凶。

上为兑，口号召众阳之象。上六动则成乾，兑体已变，似可无号召矣。然阴阳消长，一转移间，苟不号召以警惧，终必有凶，不可长保也。此爻虽已决去上六之阴，犹为之戒。

第四十四卦：姤卦䷫（巽下乾上）

姤：女壮，勿用取女。

姤者，一阴五阳之卦。以一阴言之，姤者，一阴之主卦之一阴者，皆自此来。以五阳言之，则又自夬来。姤，巽下乾上者也。姤，遇也。不期而会曰遇。女壮，勿用取女。巽为长女，故曰壮。又以一阴而敌五阳，亦女壮之象。一阳之复，犹待朋来。至四阳而后为壮，一阴始遇，已知其壮，圣人之抑阴也至矣。勿用取女，有三义：以一阴而从五阳，是以一女而从五夫者，非贞妇也，故勿用取女，一也；邂逅相遇，非阴阳之正配，二也；男不下女，有不取之象，三也。

此卦固以阴生于下为戒，亦以阴阳相遇取义。

初六：系于金柅，贞吉；有攸往，见凶，羸豕孚蹢躅。

巽为绳系也，又为木，二刚金柅之象。柅，或以为系车之物，或以为系丝之物，皆通。初阴柔系于九二，从一而终，则吉。苟既为二所系，往而从四，则凶矣。羸豕，阴象。孚谓四应也。彼虽正应而孚，然动则蹢躅，以二先得之也。巽为股为进，退蹢躅之象。或曰：四者初之正应二，不过与昵耳。舍正应而从所昵，可乎？曰：阴柔方生，浸浸渐长，赖有九二，以阳刚牵制于其下，不使之进幸矣。若使之应四，则将近君，易为阴柔虑也。深矣！

以象变言之，二互乾为金，又卦自夬来，下体本乾。乾，亦金也。初系于此。六之四，则为离，离为见，往而相见，则凶。

此爻阴柔为九二系止之，而不使其进也。

九二：包有鱼，无咎；不利宾。

鱼谓初阴，巽为鱼，乾之初九，变不成龙。龙鱼一类，龙阳而鱼阴也。二虽失位，阴阳相承，既包初阴而得之，故无咎。宾谓四也。乾西北之卦，宾位也，故有宾象。巽，东南主人之位。一民不可二君，一女不可二夫。初既为主人所有，不可及宾。此义之所在也。

以象言之，互乾伏坤，坤为包。

此爻以近初得阴取义。

九三：臀无肤，其行次且；厉，无大咎。

姤者，夬之反对。姤之九三，即夬之九四，故二爻同象，犹损之五，益之二也。但夬之次，且以承刚，此之次，且则不能不怀初耳。九三不正，固宜有厉，以其审所进退，故虽厉，而无大咎也。无大咎，则不无小咎也。

以象变言之，三变成坎，坎为臀。二已变则三成艮肤。二不变，则无肤矣。巽为不果，又不正有其行次且象，或曰九三自乾以下，多厉无咎之辞。以重刚不中，必戒惧而后无咎也。

此爻欲得阴而不能之象。

九四：包无鱼，起凶。

鱼初六也，九四之正应也。九四之鱼，为九二所得，故无鱼，起而求之，则凶。

以象言之，乾伏坤，巽自坤索，故言包。

此爻有正应而失之之象。

九五：以杞包瓜；含章，有陨自天。

九二巽木，五乾为天，木之参天者，杞也。五、二同德，如木之参天，一阴之月为仲夏，是月王瓜生阴象，即初六也。五乾也，以二巽而包，初二之得初，即五之得初也。有参天之木下包乎瓜之象。瓜附于杞，为杞叶所荫，若包。然以初交五，以阴得阳，有含章象。自五交初，自上而下，有陨自天象，有陨自天，亦恐阳为阴所胜也，因以为戒。故《象传》以志不舍命，言盖阴阳升降消长，理之必然，非人所能天之命也。欲九五之志，不付诸天命之自然，而舍之必使，阳用事而阴听命也。或曰：瓜之为物，得所附而后止，不得所附，则攀援而求，无所不至。幸而遇乔木，虽欲抑之，不可得矣，故援以杞。杞能笼而有之。

以象变言之，九二固巽木，九五动则互兑。兑，泽也。泽木之大者，杞也。上乾为木果，九二动则成艮。艮为果蓏，二为田果，在田瓜之象也。九五动又为离，离为文明，亦含章。然阴进于五，则成剥矣，故取陨象。

此爻取二五同德之义，然亦以初阴为戒。

上九：姤其角；吝，无咎。

乾为首，首在前而刚者，角也。以角相遇，抵触之象。以阳之穷，故取诸角也。上不能得阴，故吝然。不得阴，亦幸也，故无咎。

或曰：以象言之，乾取苍龙为象。此但初九变耳。**乾**六画，上为亢，此初爻，耦计七画，故上为角也。上九变，则角为之毁，龙无角则鱼而已。所以为吝能动，则得正，所以无咎。或以伏坤吝，恐失之泥。

此爻以五刚之终居上，以亢而为之戒。

第四十五卦：萃卦䷬（坤下兑上）

萃：亨，王假有庙，利见大人，亨利贞；用大牲吉，利有攸往。

萃者，四阴之卦，自观来，四、上相易者也。又为二阳之卦，自临来，初、二易四、五也。盖以诸卦例，取一爻之易，则当以观取。若以二体言，则临兑下坤上，此卦则坤下兑上者也。故兼取之萃，聚集也。坤之三阴，聚于二阳之下，以顺遇说，萃之象也。二、五相应，故能亨。假，至也。庙，所以聚祖考之精神。而假庙，则聚已之精神，以承祖考也。萃涣皆言假涣，当涣散之时而聚之，聚之于已涣之后也。萃，以萃聚为义，已之神既聚，而祖考之神亦萃，则专取聚义也。王，九五也。利见大人，六二利见五也。九五假而有庙，天下利见之也。再言亨者，释上，亨字犹坤言牝马之贞，而又安贞也。再言利亦然。利贞，坤象，二五当位，亦贞之象。坤为牛，用大牲也。九五用二，假有庙也。二应五，故利有攸，往往则见用于五也。

以象变言之，九五固为王，互巽入也。互艮为宗庙，有王入于宗庙之象。坤固为牛，兑为刑杀。杀牛以入宗庙，牲也。

此卦言当萃聚之时，上聚祖考之精神，则可以聚天下之人心也。

初六：有孚不终，乃乱乃萃；若号，一握为笑；勿恤，往无咎。

初六，本与九四正应者也，宜乎有孚。初六柔而不正，疑六三之间，已不能专一，以待应，有孚不终者也，志乃乱矣。坤为终，又为乱故也，欲进而应四萃也。然上失正应，故号，终与四萃，故笑。是以勿烦忧恤而往，无咎也。初居六不正，故有此象。

以象变言之，兑为口，为号，艮为手，为握，兑为说，为笑。始也不能应四，故号。四互艮，以手握之，则为兑说所动而笑。盖志无定主者也。然勿恤也。初、四正应，往无咎矣，不必忧也。初之四为坎，故有忧。然四本兑说，无忧矣。

此爻始疑终聚之象。

六二：引吉，无咎；孚乃利用禴。

六二，当萃聚之时，牵引朋类，而同应九五引，吉也。无咎，而有孚也。乃利用禴。禴，祭之薄者，以诚而孚，不以物也。

以象变言之，动则成坎，而互艮为宗庙。离为夏，坎为酒，夏酌坎酒，荐于宗庙，禴祭也。故曰：乃利用禴，互艮为手。五互巽为绳，有引象。

此爻中正引，聚同类以应九五之象。

六三：萃如嗟如，无攸利；往无咎，小吝。

六三，柔而不正，当萃聚之时，嗟如者。兑为口，嗟也。故无所利，往而之四，则得正而无咎。不正，本有咎，动则无咎，然不免小吝也。

或曰：坤为吝，恐失之泥。

此爻不正欲其以正而聚于君侧也。

九四：大吉，无咎。

九四，以阳居阴位，不当也。本宜有咎，承五应初，故大吉而无咎。或曰：此爻盖与五争三阴之萃者，大善，则无咎，戒之也。

此爻以承五应初得吉之象。

九五：萃有位，无咎。匪孚；元永贞，悔亡。

九五刚中，正萃之得位者也。以萃聚之时而得尊位，宜其大善，元吉矣。然九五之志，乃专主于六二，志则未光，故仅止于无咎。而匪孚，于天下之人心也，若能体仁而长人，则永久贞固，而其悔乃亡。九五中正，故以贞言。

以象变而言之，元永贞比之《象》也。较之《比卦》，但为九四所间。盖二应五，萃有位矣。中正得位，而相萃焉，可以无咎。特初六应四，六三比四，乃匪孚者，必如此之元永贞悔，乃可亡也。

此爻虽以刚中正为无咎，尤虑所萃之未光也。

上六，赍咨涕洟，无咎。

上六，当萃聚之时，独处于外，柔而不正，失时而无应者也。故赍咨涕洟，然能未安于上，忧其所宜忧，亦可以无咎也。无咎，善补过而已。

以象言之，兑口赍咨之象。兑泽流于巽眼，艮鼻涕洟之象。六三互艮，巽上体兑也。

此爻柔而无应，故有此象。

第四十六卦：升卦䷭（巽下坤上）

升：元亨，用见大人，勿恤，南征吉。

升者，二阳之卦，自临来，初、三相易者也。又为四阴之卦，自观来，二、三易五、上也。以诸卦例之，合以《临卦》取义，否则兼二卦取义。而《象传》言柔以时升，则似舍临而以《观卦》取义。盖临之九自初而往三，临之六，自三而来。初反成柔，降不可以言柔，升矣。观坤下巽上，而此卦巽下坤上，故取诸观。或曰：此卦与小过相易，详见《睽卦》。升者，自下而上之义。若自观来，则下体之坤，升于二阳之上。二升而五，三升而上也。若以小过相易言之，则是小过之九，自四降而居二，小过之六，自二升而居四也。二、五相应，是以大亨也。用见大人，谓二、五相见也。五柔居尊位，宜有忧恤。恤则应缓，故曰勿恤。南征，前进也。自巽而坤，由东南而西南也。

以象变言之，二易五成互离而为见，而六五成九五之大人也。二之五上成坎体，本有忧恤，以其居中得正，故无忧恤也。南征吉，二之五，互体有离，巽坤之间亦离。离，南方之卦，以二往而成此象，故南征而吉也。此卦取自下升上，以趋乎明之象。凡位之升，德之升，同此义也。

初六：允升，大吉。

允信也。初六巽体，巽于二阳合志而升，信乎其能升也。初下也，升高必自下。初，小也。升大必自小也，所以为大吉也。

以象言之，初与四应，互兑为口，为说允也。

此爻随阳上升之象。

九二：孚乃利用禴，无咎。

二五相应，其志交孚，有用禴之象。萃以柔应刚，此以刚应柔也。

以变象言之，二动成艮，宗庙之象。二五成坎，而互离用坎，樽于离夏，而升宗庙禴之象也。

此爻二上升五得正应，而交孚之象。

九三，升虚邑。

坤称邑，阴为虚，虚邑也。三升则四矣。自下体而升上，体升虚邑也。

以卦变言之，自临来者，九自初而升三也。

此爻由下体而升上之象。

六四，王用亨于岐山，吉，无咎。

六四，坤体，正九三之所谓虚邑也。太王之于岐山，是正升虚邑之事。去邠，而民从，顺民故也。至西伯而显，兹土三分天下有其二，以服事殷，遂有天命。盖自下升上，积小成大之象，故吉而无咎也。

以卦变言之，卦自临观来者，固不动。以小过之变言，则六自二而升四者也。六在四，既得其位，正《象传》所谓柔以时升者也。太王之于岐山，盖升而未至于五者，方伯之事，而岐山在周西南。西南，坤象也。

此爻自下升上为卦之主。

六五：贞吉，升阶。

巽，东南；坤，西南。两阶之象，六五下交九二者也。六五自坤而降，揖九二升，自巽阶，五以二升，得其正应，所以为吉。此尧舜揖逊，所谓迭为宾主之象。或曰：《遁卦》，嘉遁，何以异此？曰：《遁卦》主告老言，此主揖逊言。

此爻二五相应，同升之象。

上六：冥升，利于不息之贞。

上六，坤体，冥昧者也，知进而不知止者也。上无所升，圣人则曰：位不可升，德则不可不升也。以德而言，则利于不息之贞。圣人因升之终，而勉人之进德也。此爻居升之终，戒其冥升，而勉其进德。

第四十七卦：困卦䷮（坎下兑上）

困：亨；贞，大人吉，无咎；有言不信。

困者，三阴之卦，自否来，二、上相易者也。又为三阳之卦，自泰来，初、三易四、五也。然以自否取义。困者，穷而不能自振之义。困，坎下兑上者也。四、五之刚，为三、上所掩，二刚为初三所掩。刚为柔掩，乃刚为柔困，君子不得志之时也。然君子身虽可困，而道则常亨。虽处坎险之中，而有兑说之象，所以亨也。贞，大人吉，谓九五以刚德居中，为大人所以吉也。困宜有咎，以有中正之大人，所以无咎也。兑为口言也。兑口在上，而穷三坎不孚有，言不信也。坎为心孚，故以信取义。处困之时，当以心亨，不在滕口说，反所以致困。圣人之为君子虑也深矣。

此卦明君子处困之宜。

初六：臀困于株木，入于幽谷，三岁不觌，凶。

坎为水，株木有根株，而无枝叶者也。坎为水，兑，折毁株木也。初与四为正应，而九二间之臀困于株木者也。初在坎窨之底，幽谷也。初困四亦困，困而不能通，欲往应之，不能得四，退而自入于幽谷之中，三岁不与，四相觌也。初不量力而动，自取困急者也。三岁谓二三四也。

此爻为二所困，不能上往之象。

九二：困于酒食，朱绂方来，利用享祀；征凶，无咎。

坎为酒食，九二刚中，而无正应，所以为困。然以得中，故但困于酒食，盖上不我应，自肆而沉湎者也，与夫子不为酒困者异矣。然九五同德，虽非正应，而有同气相求之理。朱绂，君象，谓九五也。方来者，欲来而未来之谓。二陷柔中，而五亦掩，故困于酒食，以待之而五，亦且将来也。方其困于酒食，自娱而不知节也。及其君臣相应，则前日之自亨者，亨之于鬼神矣。天子有方岳柴望之礼，故有来下之理。然方其未来也，动则有凶，守则无咎。此盖居易以俟命者。

以象言之，二居险而不能往，五居说而能来。卦自否来，五本乾也，二本坤也。坤为裳，五互巽为股，裳而过于股，蔽膝之绂也。乾为大赤，坤为黄裳，赤黄相杂为朱，朱绂之象。二变互艮，艮，宗庙也，享祀之象。

此爻二五，虽无应，但以同德相与，虽暂困而终有庆也。

六三：困于石，据于蒺藜；入于其宫，不见其妻，凶。

四刚在上，困于石也。坎为丛棘蒺藜也。既困于石矣，又据于蒺藜，谓乘二也。坎为宫，互巽为入，入于其宫也。坎者，夫也。上兑，女妻也。入于坎而上不应，则不见其妻也。六三，困穷之状，至此死期将至，妻其可得见耶？凶可知矣。六三本阴，以其阳位，或视上六为妻。以卦变言之，卦自否来。三有互艮，艮为石，动则入于大过之棺椁，是死期将至矣。凶之甚也。

此爻阴柔无应，而困于坎窞者也，故凶。

九四：来徐徐，困于金车，吝，有终。

坎为轮，兑西方为金，金车也。当困之时，虽金车而亦吝，盖在车中而不得下之象。与初虽为正应，以其方困，故来徐徐。始虽有吝，而终必无吝，以其志在初也。或曰：以象言之，卦自否来，下体本坤，坤为吝，恐失之泥。

此爻以有正应，虽困而尚可以行之象。

九五：劓刖，困于赤绂；乃徐有说，利用祭祀。

劓且刖，不知香臭，而不良于行者也。谓二为四三所间，且不听五也。赤绂，诸侯服，谓二也。先儒谓采菽，诸侯来朝，曰赤绂在股。车攻诸侯，会东都，曰赤芾金舄，有事人之义焉。斯干宣王考室采芑，方叔南征，皆曰朱绂。斯皇，有临人之道焉。朱绂赤绂，虽均祭服，而朱绂，则为天子方岳柴望之事。盖象五之来二也。至赤绂，则为诸侯助祭之服。盖象二之往五也。九五困于赤绂，有诸侯不朝王之象。王用兑刑而劓刖，夫为间之人，则虽困于赤绂者，乃徐有说。兑为说，利用祭祀，谓二五诚意之相孚也。

以象言之，五兑也。兑固为刑，二动则互艮。艮为鼻，为指兑刑之。而艮鼻，艮指俱不见劓且刖也。卦自否来，下体本坤。坤为裳，坎为赤，居巽股之下，绂也。互艮宗庙，有利用祭祀之象。或曰二亦自坤来，有黄象，乃为赤绂，何也？曰：此但以在上下，为朱赤之分耳。

此爻虽以二、五不应，而用刑以兑体，故终有说而不用之象。

上六：困于葛藟，于臲卼；曰动悔。有悔，征吉。

兑口为曰，以动为戒者也。然舍三而去，则可以出困，不可不动。虽有悔，而有吉道焉。况上六既有悔，心必不妄动，征则必吉矣。

以象言之，上六应三，六三互巽也。巽为草为长，为绳长草，似绳葛藟之象，三处坎臲卼（nièwù，动摇不安貌）之象。

此爻虽未当位，而不妄动，故终不困而吉也。

第四十八卦：井卦☴☵（巽下坎上）

井：改邑不改井，无丧无得，往来井井。汔至，亦未繘井，羸其瓶，凶。

井者，三阳之卦，自泰来，初、五相易也。又为三阴之卦，自否来，二、三易四、上也。当以泰取义。然以否取，亦通。井，巽下坎上者也。井，凿地及泉者也。巽入坎下，入而出水，井之象也。邑者，居民所聚，民可迁也。井附于地，岂可迁哉？无丧无得，人日汲之，若有所丧。而泉脉日生，无丧也。若云得，则随取随去，无得也。汔，几也。繘（yù，井上汲水用的绳索），绠也。几至而未及井，犹未下绠于井也，谓三漯而未食也。羸（léi，衰病），毁伤也。瓶者，汲水之用瓶。败则失其所以汲水之用，谓二之瓮敝漏也。

以象变言之，若自泰来，上体坤为邑，而自二至四，有兑泽井之象也。今上坤变，而兑泽不变，是邑改而井不改也。《象传》谓其刚中，盖谓乾画往九五而刚中，又成坎水也。若自泰来，本体乾在上坎之中画，本在于中，四、上两爻，下之坤卦，变坤为巽。坤虽变，而初爻不动，是邑改而井不改也。刚中为坎之中爻，本在九五，未尝改也，亦通。往来井井。以泰言，九自初而往五，六自五而来初也。以否言，九自上卦而来二、三，六自下卦而往四、上也。兑泽井也，坎水，亦井也。巽为绳繘也。瓶者，以坎缶汲坎水之象。兑毁折之羸也。兑为口，互离为腹，汲水之器，有兑口离腹瓶也。

此卦取养不穷之象，且戒人以敬慎者也。

初六：井泥不食，旧井无禽。

自泰来者，乾变为坎，初乃九五。旧居，旧井也。重浊为阴，轻清为阳。重浊，泥之象也，四我之应也。兑口在上而不食，何也？泥汩之也。井有泥而不食，不特水尽，禽亦无也。

以象言之，四互离为飞鸟而不应，井无禽也。六四体坎伏艮，水土相杂，故曰泥也。

此爻在井之底有泥不食之象。

九二：井谷射鲋，瓮敝漏。

射，注也。鲋，泥中之鱼也。谷，窟穴也。井之未甃窟穴而已。九二刚中，有泉之象。然未甃未食，惟注射小鱼而已。巽为鱼瓮，取水之物。敝漏，则未有以出水也。下比初柔，有瓮漏象。

以象言之，九二互兑伏艮，兑穴在艮山之间谷也。巽固为鱼，伏震为足，鱼而有足者，鲋也。离腹兑口，在井中而大者，瓮也。兑为毁折，则漏矣。此爻近井之底，不能上行，及物而反下注之象也。

九三：井渫不食，为我心恻；可用汲，王明并受其福。

渫井，治井也。九三阳刚，清洁之井也。巽服下水洁，齐之则渫也。未离下体，是不食也。井渫矣，尚不食焉。清洁而无人知之象也，行道之人犹恻之。上六我之正应，当为我心恻矣。坎为心，为加忧恻也。九五刚明之主，王明也。所以福我者也。九三应上，故欲上恻之汲引而上，以受福于九五也。卦为井，故取汲引而上之象。

以象言之，三互兑，兑口在上体，不食也。九五互离，王明之象，九阳为福。

此爻与上相与，虽远而有汲引者也。

六四：井甃，无咎。

六四应巽，为工甃井之象也。六四与初，虽非正应，然同德者也。初旧井无禽，有待于甃。六四欲甃，而须巽工，相与协济，则井之利斯大矣，此其所以无咎也。此爻与初相应，用工而甃之象。

九五：井洌，寒泉食。

坎为泉为阳，清洁之井也。九五以阳居，阳井洌寒泉之象也。坎道上行，功将及物，人得而食之也。

以象言之，互兑承之。兑，口也。食泉者也。

此爻以得中得位取象。

上六：井收，勿幕；有孚，元吉。

上六，井之成功。收，谓以坎轮收巽绳，汲井而上之象。幕当作羃，耦画分开，则不蒙之象也。故曰：勿幕如此，则用汲于人。有孚，而元吉也。坎为孚，故曰有孚。

此爻取汲井收功之象。

周易象义卷七

下经（革至丰）

第四十九卦：革卦䷰（离下兑上）

革：己日乃孚，元亨，利贞，悔亡。

革者，四阳之卦，自大壮来，二与五相易。又为二阴之卦，自遁来，初与上相易也。二卦皆以一爻相易，然以自大壮取义。革，离下兑上者也。革者，更革变也。大壮，上卦为震，纳庚。庚，更也。震之六五，下之乾体之二，变乾为离。离为日纳己者也。自庚至己，浃日也，所以有孚。旧读已为己，事之已，固通。然以象义言之，则当依汉上读作戊己之己。盖庚以更改为义，己以终己取义，亦不大碍，但失象耳。孚谓六二，九五中正有孚也。革而有孚，大通，而宜于正者也。革易有悔，惟大通而宜于正，其悔乃亡。元亨，利贞，革亦有之者，圣人重大事之革也。必其革之事，元亨利贞，方可革。元亨利贞，则革而当矣。故革之元亨利贞，乃事之元亨利贞也。分而言之，初九元也，二、五相孚，亨也。二、五中正，利贞也。

此卦以更革取义而当理，故能有孚，而无悔也。

初九：巩用黄牛之革。

巩，固也。黄牛之革，革之坚者也。皮去毛为革，初离体为牛，为黄。初位在下，非有时有位者也。当固守黄牛之革，不可以有为也，本因革之。革，古字通用，因取皮革为象。

以变言之，初动成艮，艮为皮革。

此爻未得时位，不可有革者也。

六二：己日乃革之，征吉，无咎。

己日之象。《卦辞》已详释矣。征吉为往之五也，六二为**离**之主者也。居中得正，上应九五，所以吉也。凡革易至有咎，革而当，乃无咎也。

以象变言之，此爻正是自震而来者，**自震来庚**也。离为日，而纳己者也。自庚至己，为浃日矣。六二往五，则体变震，又为庚矣，故己日之后，仍为庚日也。庚，革也。故为己日乃革之象。卦言自震而离，爻言自离而震。《象》之己日乃孚，庚在前也。象以二应，五言庚在后。

此爻与五相应，所谓革而当也。

九三：征凶，贞厉；革言三就，有孚。

九三，重刚不中，故征凶。以正守之，犹有危厉，上应兑口，故有革言之。象革言者，稽之于众，为更革之谋也。三就，犹言三顾，而就问之，三次就之，而审其言也。就谓俯就二也，位在九三，取三就之象。如此，则有孚矣。

此爻俯就于人，以谋革者也。

九四：悔亡，有孚改命，吉。

九四刚而不正，宜其有悔。动则得位，而亡悔。有孚于初，同心同德，所以改命，吉也。

此乃汤武革命之象。

九五：大人虎变，未占有孚。

刚中居正，故曰大人变即革也。虎兑，象虎生而有文。长而变，则其文未着。虎变者，威德感动，自然变化之象。二五相应，九六相交，如此未占，有孚矣。兑为巫，离为龟，有占象。

以象变言之，九五互乾之二，亦为乾乾之大人也。兑固为虎之二，则上体为震。震，纳庚，更也，故言变。

此爻以与二相应，革而当取义。

上六：君子豹变，小人革面；征凶，居贞吉。

兑之阳爻称虎，阴爻称豹，豹虎类而小者也。君子小于大人，故为豹，其文蔚，则小于其文炳也。上六阴柔，又取小人之象。三、上相易，小大革面也。革道既成，不宜再革，故征凶，处必静正乃吉之道。

或曰：以象言之，列宿尾火虎，而箕水豹，此卦水火相息，取虎豹象尾箕同位于寅。寅，艮位也，兑有伏艮故也。乾为首，兑为说，前首而说，见于外面也，故曰革面。

此爻革道已成，不宜再革者也。

第五十卦：鼎卦䷱（巽下离上）

鼎：元吉，亨。

鼎者，四阳之卦，自大壮来，初、上相易者也。又为二阴之卦，自遁来，二五相易者也。二卦皆以一爻相易，然以自遁取义。鼎者，烹饪之器，巽下离上之卦。然所以谓之鼎者，取卦爻形象而名也。初六，鼎之足也。二、三、四鼎之腹也，六五鼎之耳也，上九鼎之铉也。故取鼎象为卦之名，以二体言之，则木巽于火，离道上行，鼎之义也。吉字，衍文。鼎之用大亨，而其德，亦大亨。二五互相应亨之象也。

以象言之，巽股伏震足，互有乾兑之金，离中虚，金而中虚，有股与足，鼎之象也。

此卦以木巽火，因象得名。

初六：鼎颠趾，利出否；得妾以其子，无咎。

鼎而颠趾，鼎之覆也。出否，谓出其秽也。出秽，纳新也。以出否则利，非出否则为鼎覆悚矣。鼎如出否，则鼎之利。妾虽柔下，乃有子焉，则无咎。以其应四之刚，为有子之象。

以象言之，初在下鼎之足也。巽，股也。伏震，又为足趾也。乾为首，四互乾而下，初颠也。四互兑，兑为妾。四动互震，震为子。或曰鼎三足，今耦画欠一足，故有颠趾之象。

此爻以鼎出否取义。

九二：鼎有实；我仇有疾，不我能即，吉。

二应五，而四近之，二近初，而四应之，四与二为仇者也。然九二，刚实得中者也。为鼎之有实矣。彼覆公悚，是有疾矣。安能即我哉？四不能得初，不我能即也。二终应五，吉也。二非与四争，初也。欲得五耳。

以象言之，四有伏坎，坎为盗，有仇象。四不正不中，坎又为疾，故曰我仇有疾。此卦与屯为互对，屯之六二，以四为寇，此之九二，以四为仇，其义亦同。

此爻上应六五居中，非九四所能即也。

九三：鼎耳革，其行塞，雉膏不食；方雨亏悔，终吉。

耳，五也。耳所以行。鼎三与五非应，而四又间之，故耳。革而其行塞，塞者，四塞之也。鼎耳以虚受，而后其用行，不可塞也。塞，则鼎之用不行矣。离为雉，雉膏不食，九三不能得五也。然九三刚，六五柔，阴阳和，其终必吉。三不正，故有悔。其终必吉，故亏悔也。

以象言之，离固为雉，本互兑，动则成坎。坎雨，兑泽膏也。兑口在五，九三未至兑口为雉膏，不食也。坎为耳，故曰鼎耳。坎又为雨，故曰方雨。言革者，鼎为革之反对，九三互兑，而近离，泽火革也，故取革义。

或曰：以鼎言雉，取高宗肜日之义。雉升鼎耳，九三非耳，雉无所立，故以不食言也。卦体上下，亦有二鼎之象。故九三为耳，下鼎之耳也。九四为足，上鼎之足也。离为雉，有上雉立于下鼎之象。

此爻在六爻之中，独为得正，但以无应，所以始塞而终吉。

九四，鼎折足，覆公餗，其形渥，凶。

九四，近君而不当位，已失中正，又与初相应者也。初柔而不正，其趾颠矣。三公位也。鼎足折，则鼎中之雉膏覆矣。三为四所覆也。为君侧者，所覆之象。鼎覆，则膏洊，缘其外边而下，故其形渥，凶。

以象言之，四动则互震，震亦为足。震变而兑，为毁折，震足为兑所折者也。其形渥兑。毁折，而泽倾之象也。

此爻刚不中正，取颠跻之象。

六五，鼎黄耳金铉，利贞。

六五，耳也。黄中色。又离体为黄，六五鼎之黄耳，能虚中以受金铉者也。举鼎者，上也。上九之刚，为金象。六五以柔中，而承上之刚，是鼎黄耳，而有金铉也。六柔不正，故又以利贞为戒。

或曰：以象言之，二之五，则下体成艮为手，上体成乾为金。二来相与，则以艮手而举乾金，金铉之象也。如此则各得其正，故利贞也。

此爻以柔居刚，以虚中受铉取义。

上九：鼎玉铉，大吉，无不利。

以九居上，刚柔相节，与九五不同，九二金铉也。上九玉铉也。刚柔相节，在六五之上，以师臣而任相，臣之责者，故大吉无不利。

或曰：以象变言之，卦自遁来，上九本乾体而不变者也。乾为玉，故为玉铉，以乾交离，而不失其刚，则玉不变于火也，故大吉。阳为大也。

或曰：玉铉设而不用者也，以象上九居卦之外，亦通。

此爻以刚柔中节，而能持鼎，故吉。

第五十一卦：震卦䷲（震下震上）

震：亨。震来虩虩，笑言哑哑；震惊百里，不丧匕鬯。

震，二阳之卦，自临来，二、四相易者也。又为四阴之卦，自观来，初、四与五、上相易者也。然当以自临取义，震，动也。一阳动于二阴之下，其卦为震，本三画之卦，名因而重之，亦以震名。虩虩，恐惧貌。哑哑，笑声也。震雷方来，必有恐惧。恐则致福，故笑言哑哑也。震惊百里，雷声之震，百里皆闻。故曰：震惊百里。匕鬯，柜鬯也。震为稼。匕鬯者，长子主器，以供粢盛之象。震惊之时，易至昏乱，丧匕鬯者有矣。震惊百里，而不丧匕鬯，盖敬天之威，而不为惊悸所乱也。

或曰：以象言之，虩，《说文》曰蝇虎也。蝇虎谓之虩者，周旋顾虑，不自宁也。伏巽为臭风，以化虫，逐臭之虫，蝇也。互艮为虎，虫中之虎蝇。虎之象，四动于坎中，动而止，止而复动，伏离目，而内顾不自宁，虩之象也。**震自临来，下体本兑。为口，为说为声。说而有声，笑言哑哑之象。**一曰自初至四，初爻老阳，三十六策，二、三老阴，各二十四策，四爻老阳，三十六策，合而言之，得百二十策。百里之象，以百里言，举成数也。又互坎，为酒鬯也。互艮之手，举之匕也。

此卦以震惊而能主敬致福取义。

初九：震来虩虩，后笑言哑哑，吉。

此《爻辞》与《卦辞》同，而《象辞》与《彖辞》同，多一后字。以爻在初故也，盖初成卦之主故也。其义已详于前矣。然《卦辞》举全卦言，此爻举一爻言。震来虩虩，初九之象也。后笑言哑哑，九四之象也。全卦不分先后主初而言，则四为后也。

以卦变言之，自临来者，九四本自二来。兑体笑言也。

此爻以恐惧而致福者也。

六二：震来，厉；亿丧贝，跻于九陵，勿逐，七日得。

六二，上应六五，震自上来，而下乘初九之刚，所以危厉。亿，度也。即君子以震而内省之谓也。贝，所有之资。丧贝，丧其所有也。跻，升也。九陵，至高处也。跻于其陵上，则六五矣。九，老阳也。七，少阳；四，老阳也。四既为陵，故以九陵称。六二上应六五，少阳之七矣，故七日得六二乘，刚而厉，故有丧贝，而跻于陵，以逐之之象。震，躁动故也。然六二，柔中者也。苟能勿逐，则复得之矣，姑少俟之可也。又卦自临来，九自二而之四者也。二失九，故丧贝。由二至上，再数至四，则九爻，九陵也。由二至上，再数至二，凡七爻，七日得之象也。

以变象言之，六二动则互离。离，为赢贝也。跻于九陵，谓上应六五也。九四，互艮为陵。山在大涂之中，陵也。六二变则互离，离为日也，七日之象。

此爻当震动之时，而能中正自守者也。

六三：震苏苏，震行无眚。

六三，下震之终，上震继之。阳刚已尽，而将复生之象。苏苏者，犹言生生也。有生生之象，则震道上行而无眚矣。

以象言之，震为反生，死而复生，称苏。三互坎互艮。坎为月，月消于艮，丙之时也。月消于艮，将为死魄矣。而震爻继之，是旁死魄而出于震庚之象，为哉生明也，故为之苏。坎为眚，既出于震庚，则运行自此。坎月之所以无眚也。前月之魄死矣，此月之明又生，此月之魄死矣，后月之明又生也。生而又生，故有苏苏之象。

此爻以下震之终，上震将来，以反生取义。

九四：震遂泥。

九四刚爻，亦震之主，而陷于上下四阴之中，有滞泥之象。遂者，无反之意。

以象言之，九四互艮、坎，艮土而坎水，和之泥也。坎，陷也。震足陷于泥中，滞泥也。

此爻欲动，而有所滞之象。

六五：震往来，厉；亿无丧，有事。

六五中而不正，六二又非正应，当震动之时，二欲往五，则非正应。五欲来二，亦非正应，所以厉也。亿，度也。无丧，有事能自省于中，则无丧矣。二有丧贝，此因而言之也。震于初，虽壮夫不免匕鬯之失。震于洊，则习闻之，此匕鬯所以不丧也。然非可恃其无丧，而不之图也，必有事焉。亿者，反身也。事者，修德也。

以象变言之，六五动则成互巽，为事。震，为反生，无丧也。

此爻正君子修省之事。

上六：震索索，视矍矍，征凶；震不于其躬，于其邻，无咎；婚媾有言。

上六，过中处震之极，穷而气索者也。动而交三成离，离为目，动而不正，故视矍矍也。矍矍，瞻视不正之貌。惟其索索，所以矍矍也。如此，则不利于行，而征凶矣。不动不可，动亦不可也。上六所畏者，四也。四非震上，乃震五也。不于其躬，于其邻，六五已无丧，况上六乎？宜其无咎也。然虽无咎，亦不免于婚媾有言。盖恐惧之过，虽亲亦疑也。

以象言之，九四互艮为躬，有震躬之象。五动互兑，震东兑西，故称邻。今九自四而至五，震彼五焉，震于其邻也。此言所以不震上六之义也。婚媾有言者，四自二来，本五正应，震既为声四，若交五，则上六亦兑，有言之象。

此爻以守静为吉，动极而静，理之常也。

第五十二卦：艮卦䷳（艮下艮上）

艮：艮其背，不获其身；行其庭，不见其人，无咎。

艮为四阴之卦，自观来，三、五相易者也。又为二阳之卦，自临来，初、二易三、上也。但以自观取义。艮，止也。一阳止于二阴之上，其卦为艮。此三画之名，因而重之，亦以艮名。一阳横于上，如人伛偻之状；二耦在下，如手足也。阳画在上，则背矣，故艮其背，屈身，则自不获其身矣。此以三画言之也。行其庭，谓艮为门阙。四、五在外门之内，内门之外有庭，象不见其人，谓彼此不相见也。上卦之二阴不见下卦，然此以隔于门而言。盖以六画言之也。若专以上体论，以行其庭而言，则如人相背而行，虽同行于庭，而彼此不见也。三为卦之主，得正，故无咎。

以象变言之，艮为多节。背，多节者也。故艮其背，自观来，下本坤体，九自五而三，三变坤，为艮伏兑，而折坤体，故为不获其身。震为行人。艮为庭，坎为隐伏，故行其庭，不见其人也。又六自五之三而九，趋避有行，庭不见人之象。

此卦以艮背取义，欲止于其所不见也。

初六：艮其趾，无咎，利永贞。

艮为指。指之在下者，趾也。止其动于初者也，谨其动于微者也，故能永贞。初六不正，动而得正，则利善始之意，可以占终，故曰永。

以象言之，四互震为足，亦有趾象。初之四成巽，巽为长，故取永贞之义。

此爻止于方动之初之象。

六二：艮其腓，不拯其随，其心不快。

九三，股也。腓随股动者也，二随三动者也。三重刚不中，动则不得其正，若随之则亦失正矣。故须举艮手而拯之，使不妄动也。不拯之，则其心不快也。其心不快者，以其当止而不得随三，故有此象。亦以六二，爻位俱柔，易于随人故也。左氏曰：遇艮之八，是谓艮之随。盖五爻皆变，而此爻不变，则为随。

以象变言之，二动下卦成巽。巽为股，艮为肤，在巽之下肤，而应股腓也。互震伏兑，为随三互坎，故以心言。

此爻贵乎守正，不当轻随人动之象。

九三：艮其限，列其夤，厉薰心。

限腰之系带处也。九三为下体，成卦之主。而介乎四阴之间，如人腰然，故艮其限也。九三爻位俱刚，非能止于其所者也，虽若止而实欲动者也。人之动也，足先动，自腰以上无不动也。艮其限，则上体虽止，而下体欲动，列而为二矣。其危，岂不熏心哉？列与裂同。夤，脊肉。艮，背象也。

以象言之，三有互坎。坎为腰，以其阳画居中，若腰然也。艮固为背，坎亦为脊，乃夤之象也。坎又为心，体有互震，故有欲动之象。伏离为火，故有熏灼之象。

此爻重刚，不中处艮之中而欲动，故有此象。

六四：艮其身，无咎。

六四已出下体，而进上体，在人为身之象。四在大臣位，柔静得正，为人臣而止于敬者也。然以无阳刚之才，故所止者，惟自止其身，而不能使天下各止其所止者也。但可以无咎耳。

或曰：以象言之，四互坎为心位，不言心者，背立，则人但见其身，不见其心胸也，亦于艮义得之。但于九三熏心之象，难通。

此爻虽止于敬，而未能使天下止于至善者也。

六五：艮其辅，言有序，悔亡。

三至上，有颐体，故有辅象，咸动，则为颊舌。艮，止。则艮其辅，辅则自背而见者也。六五居中于止，知其所止，发为心声言者，心之声也。有诸中必形诸外，艮止，则有限，节又成始成终。始终，则有序矣，言而有序者也。故悔亡，以六居五，本宜有悔。以其能止于至善，故无悔也。君子出其言，善则千里之外应之，出其言不善，则千里之外违之。从违之间，荣辱系焉。能无谨乎？所以贵乎言之有序也。

以象言之，互震为声，伏兑为口，故亦有言象。

此爻为得其中，发言有序，止于至善者也。

上九：敦艮，吉。

艮为山，笃实者也。处艮之终，而能厚其终，非笃实之君子，其能之乎？兹所以吉也。《尔雅》一成为邱，再成为敦，兼山之象。五爻皆取诸身而上，不言其不获其身，不见其人者欤！

以变象言之，动成坤，为敦厚之象。

此爻极其所止，而敦厚者也。

第五十三卦：渐卦䷴（艮下巽上）

渐：女归吉，利贞。

渐者，三阴之卦，自否来，三、四易位者也。又为三阳之卦，自泰来，初、二易五、上也。然以自否取义。渐，艮下巽上者也。渐者，进不躐等之名。否之六三，渐进一位，进不躐等者也。以巽之长女，归艮之少男，是女待男行，而不苟者也。天下之以渐而进者，于古今之制婚礼见之：纳采、问名、纳吉、纳征、请期、亲迎，所谓六礼也。其渐如此，故取女归之象。利贞二五，皆当位，而三艮男、四巽女两主爻，亦皆当位。当位则正，此其所以为利也。

此卦以渐而明女归之义。天下之以渐而进者，皆当如是矣。

初六：鸿渐于干；小子厉，有言，无咎。

鸿之为物，至有时，群有序渐之进也。有类于此，故以鸿渐为象。鸿能高飞远举者也。今以渐进而至于干，小子不知君子渐进之道，以为危厉，所以有言也。然渐进者，义也。何咎之有？君子之所为，众人固不识也。

以象变言之，初动离为飞鸟，二之互坎为水，上巽为进退。水之飞鸟，能知进退者鸿也。二坎水也，初濒于坎水者也。干也体艮，为少男小子也。艮伏兑，兑为口，为小子有言。

或曰：以鸿飞言之，小者最后，恐失群伴，故号呼，则前者必缓以俟之，亦渐之义也，亦通此爻渐进之初，为人所拟之象。

六二：鸿渐于磐，饮食衎衎，吉。

艮为石，故取磐。象鸿食，则呼众，故饮食衎衎，和鸣也。六二柔顺中正，其进之雍容不迫如此，此其所以吉也。

以象言之，自二至五，有巽离坎，皆有鸿象。

此爻其进以渐而和乐之象。

九三：鸿渐于陆，夫征不复，妇孕不育，凶；利御寇。

鸿渐，自磐而至于陆也。三、四无正应，近而相得，以艮男巽女，自为夫妇。九三刚不中，比于六四，故圣人戒人曰：夫征，则不复；妇孕，则不育。先儒谓九三不可往四，往四，则六归于三，成否也。御寇，则情合；故利否，则情隔。故不育而凶，唯九三、六四相保，以御寇，则利也。此爻本以六四、九三，各得其位，两无其应，有夫妇象。今九离内卦，二阴之丑，往征于外，则六归于三，而九归于四。六归于三，则有应在上，非九四之正耦也。虽孕，而不敢育矣。在卦，则欲其进于上；在爻，则欲其止于下也。

以象言之，自二至五，有鸿象。三动成坤，平地也，陆之象。三互坎夫也。四互离为妇，为大腹，妇之孕者也。寇以互坎言，御寇以艮言。

此爻重刚不中，戒之以相保，不吉。

六四：鸿渐于木，或得其桷，无咎。

六四方入于巽。巽为木，为鸿渐于木。鸿不能爪木，故必于平处止焉。桷，则方而平矣。六四介乎二刚之间，若不得其所栖，然以其顺巽，能事乎五，则或能安之，故云或得其桷也。得正，故无咎。

以象言之，二至四有坎象。巽，固为木本。自坤来，为方木，木之可桷者也。巽进退，故曰或。

此爻巽顺而进，或得其安者也。

九五：鸿渐于陵，妇三岁不孕；终莫之胜，吉。

陵，高阜也，谓五也。妇，谓二也。二、上应五、三，间五而四，间二自三。至五，历三爻，妇三岁不孕也。三近二，或能胜五；四近五，或能胜二。然九五、六二，阴阳正应，非三四之所能间也，故莫之胜也。终莫之胜，则二终能进二五，相交得所愿矣，故吉。

以象言之，二至五有鸿象。艮为山，巽为高。在山上而高者，陵也。故为鸿渐于陵，巽为妇，离为大腹，孕者也。自三至五，离毁巽见，巽为不果，则巽妇不孕矣。故曰：三岁不孕，三与四气交为人位，故孕。若五与二，中为三四两爻所隔，远而有别，故不孕。

此爻中正与二正应始，虽有间终使二之进也。

上九：鸿渐于陆，其羽可用为仪，吉。

上九，进之极者也。进而不已必亢，今上知进而能知退，故下与三同德而应，亦欲退而就三。三鸿渐于陆者也，故上亦为鸿渐于陆也。以其进退有度，容止可观，故其羽可用为仪也。季秋之月，雁来宾矣。而季冬之月，雁又北乡。鸿渐于陆，其以是欤！其羽可用为仪，如贽，见执雁，婚礼奠雁之类，谓其德可以配礼也。知进而能知退，故吉。

或曰：协韵当作逵，天衢也。盖自下而上，高飞远举之象。

此爻进而知退之象。

第五十四卦：归妹卦䷵（兑下震上）

归妹：征凶，无攸利。

归妹，三阳之卦，自泰来，三、四相易者也。又为三阴之卦，自否来，初、三易五、上也。然以自泰取义。归妹，下兑上震。说者多不同，或谓妹为娣侄，或谓长男取少女。但《象传》既曰归妹，天地之大义，则是夫妇，而非娣侄矣。若谓长男取少女，则他卦未有以兑之少女为妹者。虞翻、乾宝，皆以为长兄嫁妹。先儒多言之，以卦变详之，下体本乾。九自三而往，四成震，则是父往，而长兄主事也。又六五以帝乙主爻，则是嫁女之家，而非娶妇之家，是长兄以妹归于人也。盖震在上而兑在下，男不下女。又震木向上者也，而兑泽就下者也。两不相交，故不可以震兑为夫妇，而止为兄妹也。此以成卦之名义言也。征凶者，以六居三，既不当位。又以柔乘刚，下比乎二，六五方欲以三而归，九二若六三，不待六五之命，欲与上六相应焉，则凶矣。盖上六非正应，妹何归，无攸利矣。

或曰：九自三往四，位不当，故征凶。六自四来三，柔乘刚，故无攸利。又自二至五，皆不当位，柔乘刚，亦征凶无攸利之象也。

此卦少女依长兄，惧其不待命而自往求应，故为之戒。

初九：归妹以娣，跛能履，征吉。

六三者，所归之妹也。初在妹后，无正应而处卑，且能比二妹之娣也。三以巽下之，而同归于九二，则如跛者，之能履而征吉矣。初应四震。震为足，今四非正应，又兑折之为跛，象从三而行，故能履也。

此爻以娣从妹，而上归震男者也。

九二：眇能视，利幽人之贞。

初既取跛能履象，而此爻又取眇能视，幽人之贞，全与履象合，盖下泽同也。眇能视，谓虽在下，不能远观，而为五所知，亦犹在兑泽之中，而有五为应也。上比乎三，下接乎娣，少女之配也。贞，正也。九二动，则当位为正，能守其正，以受五之眷，而尚乎三，则虽动而亦不变其常道矣。卦以归妹取象，二独不言妹，盖妹之夫故也。

以象变言之，卦自泰来，则下体本乾，《天泽履》也。九二互离，目也。五动互巽，为多白眼眇也。互离伏坎，坎为隐伏。隐伏其明，于兑泽之中，幽人之贞，二本伏艮，动又互艮。艮，少男也。

此爻为妹之配，故不言妹。

六三：归妹以须，反归以娣。

六三，本成兑者。兑，少女正为妹之象也，所宜下归九二者也。然三不正而无应，须待之女也。天官须女，四星贱妾之称，六三兑说之少女也。而无正应，兑又为妾之象。娣者，女弟之从夫人以行者也。贱妾，非专于进御者。娣，则以备小君之次者也。六三归妹之主，以其有贱妾之象，故变其辞以告。六三之妹曰归汝，而以须行，是有妒忌之行。若反其须，而以娣自从，则是夫人无妒忌之行者也。六三下比九二，以二为夫，又以初九为娣，皆在下卦，故有反归之象。言其非从四而从二也。归，以须未当也。以其六三，未当位，故为之戒也。盖爻本以六三为妹，而以娣与须为从妹者，或但以六三为须，则失卦主矣。

以象变言之，六三不正，动又成乾，互有坎，云有需之象。需，须也。

此爻正所归之妹，使其以娣相从，而勿以须也。

九四：归妹愆期，迟归有时。

九四，诸侯之位。震，亦为侯。盖为帝妹主婚者也。天子之女下降，必同姓诸侯主之。然主之者，岂得自专哉？惟待天子之命而已。故凡愆期迟归，皆不自专之象。以时求象，古者霜降逆女，冰泮而止向也。为兑正秋，女归之时也。今震为仲春，则愆期矣。然仲春犹合男女之无夫家者，况帝乙之妹，岂终无所归乎？是迟归有时也。故《传》亦曰：志有待而行。所以有待者，虽曰待时，亦待六五之命而后行也。

或曰：以象言之，九四互离为中女，刚明而无正应，待时之象。但中女不可言妹也。

此爻以诸侯而主帝女之婚，有不敢自专之象。

六五：帝乙归妹，其君之袂，不如其娣之袂良；月几望，吉。

卦自泰来，六五，有帝乙归妹之象。帝乙，汤也。少女，妹也。谓以三归二也。初与三皆兑，然九三以柔居刚。初九以刚居刚，则三之袂，虽良不如初之袂尤良也。三以柔居，刚未至满盈，月之几望者也。所以得吉。泰六五九二相应，以九二尚六四者也。此卦六五九二相应，则以九二尚六三者也。先儒虽有以兄嫁妹为言者，每以二为女而无配，妹之夫，诚斋遂远取诸咸。今以二尚三，则卦义尽，而不待远取矣。

以象变言之，震为帝，自泰来，上体本坤。坤纳乙，故取帝乙为象。下体兑自乾来，乾为衣。兑伏艮为手，有袂之象。六三，互坎为月卦，自泰来，下体乾也。今变为兑，则兑象，见丁而未盈。乾甲，故以月几望取象。

此爻乃归妹之主长男，归少女者也。

上六：女承筐，无实，士刲羊，无血。无攸利。

三少女也，下比二而归二者也。震为竹筐也，谓上也。三承上，以六居之，以柔居刚，无实也。三既归二，则上不可得，故曰：女承筐无实也。士，谓上也。上六阴柔，而谓之士者，震体也。三兑为羊，三非正应，故羊无血也。此其所以无攸利也。然卦在上卦以归名，当反求诸己可也。惟其筐无实，所以羊无血欤！

以象变言之，上六变，则为离，离为兵戈。三兑互坎，兑为羊，有刲羊之象。坎为血，上欲之三。既非正应三动，则坎毁矣。有羊无血之象，震仰盂，有筐之象。

此爻居柔无为人夫之道，故有此象。

第五十五卦：丰卦䷶（离下震上）

丰：亨，王假之；勿忧，宜日中。

丰者，三阳之卦，自泰来，二、四相易者也。又为三阴之卦，自否来，初、三易四、上也。然卦以自泰取义。丰者，盛大充盈之名。丰，离下震上。万物出乎震，见乎离，百嘉之会，故为丰。以明而动，有亨象。王假之谓主乾也。假者，至也。亦有大义自泰来，乾之九二，上至于四也。然至四未为至也，必至于五，然后为大焉。欲其至，欲其大也。离，日也。至于五，则二、五相应，日中而照天下。今离犹在下而阳，亦未至于五也。故以宜言盛大之时，一物失所，则为忧，而不必忧日之正中，明照四海，而不遗微小矣。然以日中言，又恐其过盈，而先为之虑也。

以象言之，坎为加忧，离有伏坎，离见则坎伏，故勿忧也。

此卦乃将盈而虑过盈之象。

初九：遇其配主，虽旬无咎，往有尚。

九四，丰成卦之主，初九之应也。然初与四俱九而无应，是敌应也。旬，均也。言均为阳，而相敌也。阴阳相偶为配，虽与九四均敌，而无咎者，以往有尚也。初九无应，六五亦无应，初可因其同类以近五，则遇其配主矣。往有尚，可尚往于五也。以阳从阴于上，故谓之尚。六五君位，九四与初同德，故取此象。若不因四，而自欲遇五，是欲过其均敌之人，四必为灾矣。

以变象言之，先儒以旬为均者。卦自泰来，四本坤而变震，坤为均。或曰：九四动则上体成坤。坤数十，自震庚至离己，十旬也。故曰旬因四得五，非可遽也。故虽迟迟旬日，而无咎。两说并通，今兼存之。或谓古无旬字，必以均为是。然七旬有苗格，先于系易之圣人矣。

此爻与成卦之主九四同德，因四以见五者也。

六二：丰其蔀，日中见斗，往得疑疾；有孚发若，吉。

蔀，草也。丰其蔀草，木之盛者也。居其中，则为所蒙蔽，而不见日。凡观星者，必于蒙蔽之下，以管而窥，则星可见。若不蒙蔽，则为日光所烁，而不能见。故历家有所谓蔀。蔀虽四爻之名，亦以此取义。日中见斗，无光也。晦冥之时，何所往哉？不明而动，动则有疑有疾，若与五相，孚不为四之所蔽，则发其蔀之所蔽而吉。

以象变言之，斗谓四也。四若进五，则所谓日中而照天下，互离在上明矣。今四未变，互兑伏艮。艮为石星者，天之石也。北斗虽在垣中，而直张翼轸角之度，在天之东南。东南者，巽而震离之交也。丰以震离成卦，六二至九四，亦互巽也，故两爻皆以见斗取象。或曰：丰于卦气为六月，日在星宿，日中之时，张翼轸宿已出于东南，故有见斗之理。往得疑疾，互巽而又伏坎，巽为不果，坎为疾往，则生疑疾矣。六二果能与五相孚，则不为四之所蔽。而大明正中，离震之星隐矣。

此爻以为四所蔽，当与五相孚。

九三：丰其沛，日中见沫；折其右肱，无咎。

九三，亦以四在上为之蔽，不得求应，故曰丰其沛。日中见沫，沛作旆，幢幔也。沫，小星也。皆有所蔽之象。既为四蔽，不能为用，如折其右肱，然所幸刚而得正，故可无咎。

以象言之，震为玄黄，互兑之金，断之旆也。沫，斗后小星，或曰即斗中之辅星也。动又互艮，艮星象九，互兑为右。艮又为手右，而毁折，折其右肱也。

此爻亦为四所蔽，而不得应上之象。

九四：丰其蔀，日中见斗；遇其夷主，吉。

九四虽为下二爻之蔽，然亦自蔽，盖离明在下而已。向上则身背离明之光，故亦有丰蔀离明之光，有吉之道。

以象言之，九四与六二皆互巽，故有丰蔀见斗之象。四动成明夷，故曰夷主。然明夷晦而不明，若下就初，则明而不夷矣。

此爻为明之蔽者也，故反欲其下就乎明。

六五：来章，有庆誉，吉。

自外而下为来。离，为文明成章之象也。下来二而同德，相与则有庆，故曰来章有庆誉，吉。二多誉者也。

以象言之，互兑为口，为说，亦有誉象。

此爻虽无正应，以同德相与，致丰取义。

上六，丰其屋，蔀其家，窥其户，闃其无人，三岁不觌，凶。

屋，居也。家，所居户牖之内也。既丰其屋，又蔀其家，暗之甚者。窥，窃视也。闃，静也。二为离体，上非其应，故有不觌之象。窥户而阒，其无人，凶可知矣。

以象变言之，上应三者也。自三而上，有大壮栋宇之象，丰其屋也。卦自泰来，上体有坤，为阖户。户本阖而变震，震为草木。草木封之，故蔀其家也。窥其户，离为见也。阒其无人，谓下似壮卦，以二变，而其室虚，故曰阒其无人。二于三画，为人位也。三岁不觌，本应三而隔三爻，故取三岁之象。

或曰：三互巽。巽为地户，故为屋与家之象。又丰以雷电成卦，以天象言雷电，五星正直室壁之次，故以屋与家取象，亦通。

此爻以阴柔居丰极处，动终明极，而反暗也。故虽欲下三，而求明，而三不应，三虽上之正应，亦不应之也。

周易象义卷八

下经（旅至未济）

第五十六卦：旅卦䷷（艮下离上）

旅：小亨，旅贞吉。

旅者，三阴之卦，自否来，三、五相易者也。又为三阳之卦，自泰来，初、二易四、上也。然卦以自否取义。旅，艮下离上者也。旅者，羁旅也。又商贾之总名。违其国，去其家，而客寄于他乡者也。止而丽乎外，客寄之象。柔得中于外，而顺乎上下之两阳，亨也。阴为小，是以虽亨而小也。旅贞吉，谓九三也。得九三在下，阳刚之臣而助之，则吉也。旅在外者，卦自否来。六本在三，往而居五，失其所居，而在外者也。柔而在外，其亨既小，非有刚正之德以处之，不能吉矣。然旅者，必有所图，或欲谋利，或欲行义，旅之时贵审其所宜，出于义，则入于利，所关大矣，不可不得正也。

以象言之，互巽，利市三倍，商旅之象。

此卦以阴往，居外取旅之象，而欲得其正也。

初六：旅琐琐，斯其所取灾。

艮为径路，旅也。琐，小也。阴为小艮，亦为小动。而之四，亦艮也。又为小，故曰琐琐。居旅之时，小而又小，柔弱之甚，能无灾乎？初六，阴柔不正，故有此象。如此则志穷矣，此所以为灾也。

以变象言之，动而之四，有互坎焉。坎为灾。

此爻以阴柔在下为旅，故有取灾之象。

六二：旅即次，怀其资，得童仆，贞。

二艮，止也。艮为径路，为门阙，由径路得门阙而止焉，次也。然初亦止也，不取即次之象。何哉？初非得正者也。二则居其中矣，故可言即次也。怀其资，阴柔在内，阴主利，怀资之象。无应，故不售而怀之。艮为少男，在旅而有少男焉，童仆也。兑，少女为妾则艮，少男为童仆矣。六二得正，有童仆之贞者也。在旅如此，可以无尤矣。

以象变言之，六二互巽，为近利市三倍，虽未售，而有其资矣，故曰怀其资。又二动则互乾为金，为玉，亦怀其资也。

此爻以柔中，故在旅为无尤也。

九三：旅焚其次，丧其童仆，贞厉。

九三，正在艮体，止于门阙者也。而迫近上离，火焚其次矣。虽云得正，亦已危矣。以旅之时，得下相与可也。九三，旅而过刚，非处旅之道。童仆不与，其义既丧，所以丧其童仆也。

以象言之，九三变则成坤，坤为丧其艮之童仆也。

此爻以九三重刚不中，失处旅之义者也。

九四：旅于处，得其资斧，我心不快。

二居中，次也。三居艮止，次也。九四已离，下艮入上体之初，未得其中，处于外而未安于次者也。资斧，诸家多作齐斧。齐斧，黄斧也。盖因怀其资而误斧，所以自卫。然旅未得位，则栖栖旅人，道未行也，故我心不快。

以象言之，上体为离。离为黄，互兑为金，互巽之木，贯之斧也。伏坎，故以心言兑为说，故以快言。

此爻虽处于外，未得位者，故不能行其志也。

六五：射雉，一矢亡，终以誉命。

离为雉为兵，六五动而离象，毁一矢，亡也。终以誉命，二多誉，二与五，以同德相应者也。而九三欲得之柔，迫乎刚者也。六五，以一矢射而亡之，故能与二同德而应也。当旅而有同德以相应，其誉命可知。五乃君位，以旅得之，有自旅而君之象。若少康、周宣是也。

以象变言之，离变而乾，自旅而君者也。伏坎为弓，艮为手，射雉以矢者也。互巽为命，或曰三非离体，何以为雉？曰：五有射雉之象，故取之。易之取象，如此多矣。此爻处旅之时，以柔中同德相应取义。

上九：鸟焚其巢，旅人先笑，后号咷；丧牛于易，凶。

上九离为飞鸟，上居高，故有巢象离火，上炎而焚之者也。上与三为应者也，鸟有木之可栖，旅人之得其所止者也。然重刚不中自焚，其次上九能安乎？三焚，则上之巢焚矣。先望而欲即，故笑。然不可依，故号咷也。易者，离为牛上九易之，而之三离体，变丧牛于易也。

以象言之，离固飞鸟，三互巽为木，鸟居木上巢也。九三，又互兑说，笑象也。为口号咷，象也。

或曰：易疆场也。疆场之间，最易丧失牛羊者也。三艮为土，为限。故以易言，盖旅行于途，而失其牛于中途，疆场之间之象也。

此爻居旅之穷而自高大，故自取丧也。

第五十七卦：巽卦☴（巽下巽上）

巽：小亨，利有攸往，利见大人。

巽者，二阴之卦，自遁来，二、四相易者也。又为四阳之卦，自大壮来，初、四易五、上也。然以自遁取义，一阴入乎二阳之下为巽。巽本三画卦之名，因而重之，亦以巽名也。**巽**，委曲而有所入之象。小亨，阳为大，阴为小。初四两阴，皆顺乎刚，有亨之象。**巽**者，一阴始生，所以为小者之亨也。然阴爻自此而进，故利有攸往。九五、九二，大人也，故曰利见大人。皆柔顺乎刚之象。或曰：九二利见九五之大人，九五利见九二之大人也。

此卦柔顺乎刚而亨者也。

初六：进退，利武人之贞。

巽为不果，初六见二阳在上，阴阳相得，志欲进而从之矣。然以柔畏刚，体卑志下，又不果进，故有或进或退之象。圣人戒之曰：进退不果，非能巽顺者也。若以武人之正处之，则得所宜矣。位刚，有武人之象，武人取其断决也。

或曰：以阴弱卑，巽最下，惟武将居功名之盛，宜用此爻。痛自贬损，乃可粗安。士君子用之，则失中矣，亦通。

以象言之，初六应四，四互兑变，则为乾。乾健而兑金，武人之象也，如此则得正矣。以六居初非正，必动而后能正也。

此爻进退自疑，虽欲巽而亦不果者也。

九二：巽在床下，用史巫纷若吉，无咎。

上既有巽，下又有巽。九二在下体，巽在床下者也。史祝、史巫、巫觋，皆巽以事神者也。巽，进退有疑，故用史、巫纷若也。然九二之巽，非媚奥者，以致诚感神耳，九二所以吉也。九二所以吉者，岂以他哉？得中道，故有此象也。

或曰：巽，初民之象也。床者，二也。古者，席地而坐，唯长民者，坐于床，示不抗也。巽而在床之下，近民之义。夫近民必深知其所疾苦矣，故祝史为之延福巫医，为之除病。凡为民害，纷举而更张之，所以吉也。民之所喜，谁其咎之？《周官》史掌卜筮，巫掌祓禳，卜筮所以占其吉凶也，祓禳所以除其灾害也，亦通。

以象言之，巽为木，伏震为竹。巽本坤之初爻，西南也。小竹为簪，以木籍之，而在西南之奥床也。九二互兑，变则为艮，兑为巫艮，为宗庙，以史巫告宗庙也。巽为绳，有纷若之象。

此爻乃巽之得其中者。

九三：频巽，吝。

初六，进退巽之不果者也。九二，巽于床下矣。九三，又巽焉。频巽也，卑下太过，足恭之象也。九三重刚，庶几乎其能自立矣。今频巽不已，乃避事者也，宜其不免吝矣。

或曰：频即濒水涯也。以近上巽，为濒之象。

此爻虽刚而又刚，以居巽体，不能自立而致吝。

六四：悔亡，田获三品。

六四，无应乘刚，宜其有悔。然以巽顺乎五，其悔乃亡。而阴阳相得，有获三品之象。古之田者，上杀中杀下杀为三品，一乾豆，二宾客，三充君之庖。三品则遍及于上下，以卦爻论之，则九五之外，其余三阳，皆六四所获也。巽为利市三倍，此爻有之。

或曰：三品下三爻也。九三刚，居刚，乾豆之象。初六与我应，宾客之象。九二应五，充君之庖之象。

以象言之，六四互离，离为罔罟田猎之象。爻本巽有互兑互离，巽为鸡，兑为羊，离为雉，三品也。

此爻以柔顺乎中正取象。

九五：贞吉，悔亡，无不利；无初有终；先庚三日，后庚三日，吉。

九五，刚中而正，故吉。以其无应，恐有悔而不利。惟其贞吉，所以悔亡，而无不利也。无应，故无初。贞吉，故有终也。惟其无初，号令必更而后可以有终也。庚有更义，是令之更，必巽顺以入之。此即《彖辞》所谓重巽以申命者也。先庚三日，后庚三日，所以申其命令也。《巽卦》多疑，故作事如此之审。

以象言之，巽伏震者也。震纳庚，互离为日，下卦之震，先庚三日也。上卦之震，后庚三日也。先庚三日，庚子庚寅庚辰也。后庚三日，庚午庚申庚戌也。巽为隐伏，故取伏卦言之。此爻蛊之变，故蛊言先后甲，此言先后庚也。或曰：先庚三日丁也，后庚三日癸也。巽互而自坤来，兑纳丁、坤纳癸也。

此爻刚得中正而重巽，以申命者。

上九：巽在床下，丧其资斧，贞凶。

巽在床下，床与二同象，上应三，三处上巽之下，故巽在床下也。失位而巽，过于巽者也。资斧，当作齐斧。齐斧，黄斧也。说见《旅卦》。以巽之极，丧其资斧，虽正亦凶，况不正乎？或曰：上与二皆不得位，故有巽在床下之象。

以象变言之，三互离为黄，互兑为金，巽木贯之，齐斧也。上九、九三俱动，则巽木兑金俱毁，丧其资斧矣。

此爻刚而不正，过巽而自取凶之道。

第五十八卦：兑卦䷹（兑下兑上）

兑：亨，利贞。

兑者，四阳之卦，自大壮来，三五相易者也。又为二阴之卦，自遁来，初、二易三、上也。然自大壮取义。兑者，说也。一阴在上，为二阳所说也。本三画之卦，名因而重之，亦以兑名。刚中而柔外，故亨，二、五刚中者也。五虽正，而二不正，三、上柔外者也。上虽正而三不正，正然后利不正，则不利矣。兑为说，说者，喜见于外。易以失正，故以利贞戒之。

此爻以上下俱说为义。

初九：和兑，吉。

初既刚且正，虽处兑说之体，和而不流者也。故曰：和兑吉，不然说之不以道，不说也。和于何有？安得吉也。

此爻以刚正得吉。

九二：孚兑，吉，悔亡。

六三阴柔，不正同体近二，以不正而说我者也，宜其有悔。九二与九五同德相孚，以中道相说，所以吉而悔亡也。孚者，上下之志，相信故也。

此爻以同德应五取义。

六三：来兑，凶。

六三，柔而不正，来说于二者也。兑自大壮来，六自五而来三以说乎二，故曰来兑，所以为凶。

此爻以不正求说致凶之象。

九四：商兑未宁，介疾有喜。

九四，介乎阴阳之间，体为兑说，欲往五，则说三之阴，而不肯上进。欲来三，则非其正应，而有疑，然而之五义也，非利也。之三利也，非义也。故商兑而未宁，如商贾，商度之象。然六三阴柔失位，忧悔吝者存乎介。九四阳刚君子终于疾之，而不从上，从九五则勿药而有喜矣。或曰：《说文》从外知内曰商。从外知内，即古人所谓商除也。商除者，因实而求法者也。实见于外法，隐于内，即揆度之义。

以象言之，九四下有互巽。巽为近利市三倍商也，图利者也。又互离伏坎，坎为疾。或曰：兑正秋。秋为商也。

此爻介乎阴阳之间，而能从阳者也。

九五：孚于剥，有厉。

刚中为孚剥，谓阴剥阳者也。当兑之时，阴柔以容说为事，五阳刚居尊本，与二为同德。苟亦信阴柔之容说，则危厉之道也。

或曰：以象变言之，兑正秋也。季秋之月，其卦为剥。以卦气言之，寒露当剥之初六。以四正卦言，则兑之九二也，九五与二为应者也。剥之六五，则五阴成，而仅一阳之存矣。九五得不为剥之六五忧乎？今九二卦气正应乎剥之六二，必相与刚中，相孚制剥初六之阴，则不至进而为六五矣。曰厉者，危其剥也。

此爻二五相应，以防柔之象。

上六：引兑。

成兑之主，阴居说极，引六三，以说于九五之阳者也。九五既为之戒，此爻不言凶者，阴求说于阳，亦有听命于阳之象，故不言凶。

以象言之，三互巽绳，上伏艮手，以手引绳之象。

此爻以阴引阴，求说于阳者也。

第五十九卦：涣卦☴☵（坎下巽上）

涣：亨，王假有庙，利涉大川，利贞。

涣者，三阴之卦，自否来，二、四相易者也。又为三阳之卦，自泰来，初、三易五、上也。然以自否取义。涣者，离散之名。九来居二，而陷六，往居四而入涣散之象也。其象则风行水上，披离而解散也。二易四得位而上，同乎五，故亨处涣之时，而能有亨通之道也。王假有庙。假，至也。王指五而言。涣散之时而欲其亨，惟有聚之而已。人死，则魂离而魄散，故立庙以聚之。而聚己之精神于庙，亦所以聚祖考之精神也。人心离散，则鬼神不享。祖考之精神可聚，则人心之聚可知。人心之涣散者既聚，大川之险难可涉矣。此圣人拯涣之道也。利涉大川，谓下坎上巽，木在水上，涉川之利也。

又以象言之，九五互艮，庙也。九二互震，主匕鬯之长子也。应主器之长子，而自处于宗庙之中者，九五之王也。

此卦聚一己之精神，以聚祖考之精神，所以聚人心而拯涣散也。

初六：用拯马壮吉。

初，应四者也。虽非正应，然卦自否来，六自二而之四，九自四而之二。初比二而应四，当涣散之初者，能用二以拯之则吉矣。二坎为美脊马，马之壮者也。以二美脊之马拯四，则四复为九，而足以应初矣，此其所以吉也。诸爻言涣初，独不言拯之于早，不至于涣也。此爻拯涣之初，而不至于涣者。

九二：涣奔其机，悔亡。

《说文》机，木也。五巽，为木机也。当涣散之时，奔五为机，安之象也。或曰：卦自否来，九自四之二，以二为机，刚得其中，以散其否，九二不当位，本宜有悔，得四为所凭，则得其所愿。是以悔亡，所谓刚来而不穷也。

以象言之，二互震为足，巽木有足者，机也。

此爻当涣散之时，得其所凭者也。

六三：涣其躬，无悔。

六三，当涣散之时，能涣散己私，而伴奂尔游，优游尔休者，故无悔也。六三不当位，又近乘二刚，本宜有悔。以上九相应脱，然去三而之上，以去坎险，所以能使其躬之无悔者也。涣其己私，所谓涣然冰释，怡然理顺也。

以象言之，三互艮为躬。

此爻与上九相应，故能自涣而无悔。

六四：涣其群，元吉；涣有丘，匪夷所思。

群，朋类也。六本居二，而来居于四，散其朋类，而上同于五也。近君，故元吉。丘，聚也。夷，平常也。柔涣其群来而得位，散私党以附君，散而有聚，非平常思虑所能及也。

或曰：以象变言之，六四，互艮伏兑。兑为羊，羊群行者也，以艮止之涣，其群之象也。羊，狠者也，触藩者也。其群相聚，岂无患哉？六四，能以艮止，而涣其群，如所谓去败群，如牧羊者也，所以为元吉也。涣有丘，艮为山丘也，谓散其群于丘山之上也。六四动则互成离，而上成乾。乾有伏坤，离在坤下，明入地中夷之象也。日之夕矣，牛羊下来。涣者，将复聚矣。坤伏不见，非明夷也。匪以明夷而动其心，则羊不使之复下丘矣。传谓光大，此其所以为光大也。又四动，亦明夷之互对也。

此爻成**涣**之主。涣，小人之群聚者也。

九五：涣汗其大号，涣王居，无咎。

人之有疾，阴阳未分，必汗以涣散之。汉儒以为汗不可反，涕唾涎液，皆不可反，何独汗也？九五巽为风。风者，天之号令。涣汗，其大号所以散天下客气，保其正气者也。天下之疾散矣，王可安居而无咎也。

或曰：居积也，涣王之所积聚也。此发粟散财之意，亦通。

以象言之，五有互艮为躬，二有坎水，二、五相应，躬而有水汗之象也。互艮，门阙而能止焉。王居之象也。

此爻二五相应，涣去外邪客气之象。

上九：涣其血去逖出，无咎。

三坎为血，血之凝滞而不解，亦可以生疾。上九以巽风而涣之，则血之凝滞者散矣。逖，远也。逖出，则远出乎坎，而无攻心之疾，所以不为身害也。远害，故无咎也。

或曰：汗心液，坎中画也。血外伤，坎下画也。

此爻取涣其凝滞之害为象。此卦《彖》《象》本以聚天下之涣取义。《爻辞》则以涣天下之难取义，随时变易以从道也。

第六十卦：节卦䷻（兑下坎上）

节：亨；苦节不可，贞。

节者，三阳之卦，自泰来，三、五相易者也。又为三阴之卦，自否来，初、二易四、上也。然以自泰取义。节，兑下坎上。节者，分段支节之名，如竹木之有节，限制之象。所谓天理之节，文人事之仪，则适中之义，非所谓苦节也。所以能亨苦节，谓过于节者也。世以节约为节，然俭不中礼，岂所谓节哉？故不可以为正，而固守之也。

以象言之，九五互艮，坚多节者也。九二互震，为竹。竹，有节者也。土爱稼穑，稼穑作甘火。曰：炎上作苦，互艮为土，互震为稼穑，本甘者也。上伏离变，则中孚迭画之离炎，上作苦者也。

此卦以节以制度取义，而非苦节之节。

初九：不出户庭，无咎。

初九与四为应。初九，不出户庭，则不之四也。初体兑说易至，有咎。不出户庭，则无咎矣。

以象言之，六四互艮，户庭之象。四又互震，可以出而艮止之，不出之象。

此爻谨节于出，惟恐其失节者也。

九二：不出门庭，凶。

二五当应，而非正应，则以刚遇于刚矣。动则得正，而正应合，故以不出则凶，告之勉其出也。出则无凶矣。初不当出，二不容不出故也。

以象言之，九五互艮，门庭之象。二互震，可以出而艮止之，不出之象。二与初俱应互艮，二曰门庭，初曰户庭，何也？初奇，故称户；二耦，故称门也。

此爻以无应而恐其失，可出则出之节者也。

六三：不节若，则嗟若，无咎。

六三阴柔不正，又居兑说之体，说而失中者也。既不节，则嗟若矣。兑口，嗟之象也。

此爻以不正失节，无所归咎之象。

六四：安节，亨。

节有止义。四居坎，见险而能止者也。下应兑说，则不以为险，乃安其分义者也。故曰**安节**，既安于节，可上承九五矣，此六四所以亨也。

以象言之，四居坎而互艮，有止义，见险而能止，安节之象。

此爻以得正而亨。

九五：甘节，吉，往有尚。

九五，本中正九二刚，中其节，亦合乎时。措之，宜节而甘者也。甘者，对苦之称理义之说，我心如刍豢之说。我口故心，所说者谓之甘心。心甘于节，谓之甘节、苦节，不可贞而贞，固守之则凶，甘节，斯吉矣。往有尚，以此甘节之道，进而之上，亦有吉无凶也。

以象言之，九二为应，互震为稼，作甘者也。又九五动为坤土，爰稼穑者，卦自泰来，九自三而往五，亦往有尚也。

此爻以二五相应，而为甘节之吉。

上六：苦节，贞凶，悔亡。

苦节，亦过乎中者也。上六位，过乎中节。过乎中过，犹不及，如所谓俭不中礼者也。以此固守，虽不免凶，乃以贞胜而凶也。然节非恶德，故其悔，亦亡此饿死首阳，而无怨者也。

以象言之，上六伏离，又变则中孚，迭离六三，动亦互离。离为火炎，上作苦者也。

此爻过于节而凶者也。

第六十一卦：中孚卦䷼（兑下巽上）

中孚：豚鱼吉，利涉大川，利贞。

中孚，二阴之卦，自遁来，初、二易三、四也。又为四阳之卦，自大壮来，三、四易五、上也。然诸卦多以一爻之易取义，而此卦自遁自《壮》皆二爻相易，故兼二卦取义。中孚，以兑下巽上为卦，泽上有风者也。然中孚者，卵化之象也，以爪覆子抱卵之象。古盖以抱卵为孚，在人则信由中而发于外，而人化之者也。孚，信也。六三孚于上，六四孚于下，相孚信也。豚鱼，今之江豚是也。豚鱼知风，豚鱼之出，则泽上有风之兆也。所谓石燕飞而雨至，江豚出而风生也。江豚，东南之所常见，惟西北则多不之闻，故先儒或析豚鱼为二物，非也。江豚，泽将有风则出，无风则不出，最信者也，故中孚取象焉。巽为鱼为风，兑为泽故也。吾信如豚鱼之知风，则吉矣。行乎泽上而知风，则利涉大川而无虞矣。兑泽为大川，巽木在上，乘木有功，利涉大川也。利贞爻位，正不正相间，恐其不正，欲其得正也。得正，则应乎天道而无不利矣。

此卦中心孚信，而能涉险者也。

初九：虞吉，有它不燕。

孚，以羽族孚子为象。南方朱鸟，故离为飞鸟。朱子谓中孚，乃迭画之离，故中孚六爻，多以飞鸟取象。初九之虞，如即鹿无虞之虞，乃山虞防守，山林护鸟兽于方挚者也。初九，虞吉，守护孚信，如虞之护鸟兽于方挚焉，则吉矣。初应四而三为同体，皆阴爻也。四正而三近应四，则得正而安有，它则不燕居也。

以象言之，燕虽以燕安取义，亦以飞鸟取象。燕谓四也。四有互艮，为门鸟之巢于门者，非燕乎燕巢于屋，取其安也。燕之居甚安，故古以为燕居、燕享之燕，如爵谓爵禄之爵也。之四如燕，得所居而安之。三失正，则不得如燕之安矣。或谓豚鱼与燕，《说卦》所无之象。何以取之？曰：晋之鼫（shí）鼠，井之鲋鱼，皆非。《说卦》所有，以义取象，如珠走盘，不出于盘也。

此爻以守正应而致其诚信于始者也。

九二：鸣鹤在阴，其子和之；我有好爵，吾与尔靡之。

中孚，以飞鸟取象，以九居二。二，阴也，鸣鹤在阴也。我有好爵，吾与尔靡之。靡，分散也。鸣鹤在阴，则其子和。我有爵禄之好者，则与尔靡之上下相应之义也。按：爵虽爵禄之爵，亦如燕为燕安之燕，实以离为飞鸟取象。爵，古雀字。饮器之名，象爵之形，所以为饮器也。量，亦取象焉。其法用铜方尺而圜，其外旁有庣（tiāo，凹而不满）焉。其上为斛，其下为斗。左耳为升，右耳为合龠（yuè，古量器名），其状似爵，以縻爵禄。盖雀者，剥粟之鸟，量起于黄钟之龠，以子谷秬黍中者，千有二百实其龠，故以比云魏肇初，生雀飞于手，占者以为封爵之祥，故知爵禄，亦取于雀离，为飞鸟之象也。

以象言之，互震为鹤。荀九家：震为鹄鹤。古鹤字，《穆天子传》《列子》皆以鹄为鹤。震又为善鸣，五互艮为子鹤知夜半，故鸣鹤在阴。震巽，同声相应者也。

此爻以上下同声相应为孚之象。

六三：得敌，或鼓或罢，或泣或歌。

敌者，势均之义。艮为上下敌，应不相与言，阳与阳为敌，阴与阴为敌也。中孚以三、四为成卦之主，三与四同体而异意，近而不相得，二女同居，而志不同者也。六三，以柔居刚位，既不当，欲进而之四，故鼓四不孚故罢，罢将以诱之也。而四终于不孚，故泣。泣不能感，故歌。以说之小人之情状也。以其中之不孚，故如是也。六四巽体，巽为进退，故皆曰或。

以象言之，三互艮互震。艮为**皮革**，而震为声，或鼓也。巽为不果，而艮又止之，或罢也。巽白眼，而兑泽流，或泣也。**兑为口**为说，而有震声，或歌也。

此爻以不正欲从正，而中不相孚之象。

六四：月几望，马匹亡，无咎。

六四，居阴得正位也。以阴近阳，以臣近君，为月几望之象。马匹，谓己之匹配，谓初之正应也。不系于初，而系于五，马匹亡之象。月几望，则受阳之光。马匹亡，则不私其应孚于五也，故无咎。亡其私，以事君者也。

以象变言之，四与初应，四、初相易，则初成坎，而四成乾。坎为月，乾象盈。甲月之望，而兑体尚存兑象，见丁上弦也。去乎**兑**，而未至**于乾**，月几望也。此言初九，欲与九五争六四也。所以马匹亡者，两马为匹，四震作足之马。初应四成坎，美脊之马匹也。然六四之志，不在初也，欲上从九五耳。四竟从五，则无咎矣。

此爻近君得正，有公而忘私之象，所以孚也。

九五：有孚挛如，无咎。

五与二，相应者也。而非正应，二阴孚于其中，二五同德，相与故孚。中孚，以孚字取象，如卵化之物，方拳然之时，已有天理之孚也。相得如此，所以无咎。九五本与二为应，而非正应，本宜有咎，而同德相与，中阴二爻，得我而孚，故无咎也。有孚，挛如之辞，与小畜同。小畜以巽居上，而有孚挛如。此爻亦巽体也。

以象言之，五互艮，艮手拘于巽绳，挛也。拘挛不释之象。

此爻得位，与二同德而孚三四者也。

上九：翰音登于天，贞凶。

上九，刚而不正，处高位者也。巽为鸡，鸡欲鸣，则鼓其羽翰，故曰翰音。《礼》称鸡为翰音，犹牛为一元大武，羊为柔毛，兔为明视也。上九天位，翰音登于天也。鹤鸣于九皋，声闻于天鸡，岂能然？是虚声闻于上者也。中孚，以诚信相与也。据位之上，虚声无实，其能久乎？虽正亦凶，况不正乎？

以象言之，巽固为鸡应，三互震为声。

此爻不正，虽有虚声，不能孚于人者。

第六十二卦：小过卦䷽（艮下震上）

小过：亨，利贞；可小事，不可大事；飞鸟遗之音，不宜上，宜下，大吉。

小过，二阳之卦，自临来，初、二易三、四也。又为四阴之卦，自观来，三、四易五、上也。他卦多以一爻之易取义，然二卦皆以二爻相易，如中孚，故兼二卦取义；小过，艮下震上者也。过者，过越之义。小者，阴也。过者，谓二五皆六而非阳。小者，过也。又二爻阳，而四爻阴，阴过于阳也。小者，过则其亨止于小而已。二过乎初二，得位正也。五过乎四五，得位不正也，故利在于正也。卦有飞鸟之象。先儒谓中两刚爻为身，上下柔爻为翼也。震为声，艮为止声。往上而止于下，飞鸟遗之音也。逆而上，则难顺而下，则易，不宜上宜下也。宜上，故宜大事；宜下，故宜小事。大凡小者之过，不宜大事宜小事，故取象飞鸟，不宜上宜下也。

以象言之，不宜上宜下，谓三四也。离为飞鸟，九四不正，下而来初则下成离，即飞鸟之下也。以九来初则正也，故宜下也。九三，本正而往上，则上离，即飞鸟之上也。以九往上，则非正，故不宜上也。以本体言之，上体震为声，下体艮为止，互体虽有巽风，而艮山止之鸟，乘风则可上风，止则但宜下耳。或曰二正，故宜下，五不正，故不宜上。

此卦以阴过于阳，但利于小事为义。

初六：飞鸟以凶。

小过，有飞鸟之象。卦中二爻为身，上下四爻为鸟翼，故初上皆言飞鸟。鸟之飞，以羽柔性宜下飞，则不安于下矣。以此而飞，故凶。

以象言之，初动则下体成离，飞鸟也。飞鸟宜下者也何以凶？盖初动而四，则反变为互坎。坎见，则离伏，飞鸟不见而难生矣，凶之象也。

此爻以上四而凶，亦有不宜上之象。盖四宜下，而此不宜上故也。

六二：过其祖，遇其妣；不及其君，遇其臣，无咎。

三、四重刚，三犹父，而四犹祖也。六五，祖之妣也。六五，君也。九四，臣也。与六五应，遇其妣也。不敢过五，不及其君也。而必曰过其祖，遇其臣，何也？盖自临来，初易三而二易四者也。古为徐氏之说如此。是卦虽自二卦而变，然临刚在二爻当之，故以临取且小过。取小过为义，过乎四而不敢过乎五。孙之德可过乎祖，而臣之义不可过乎君也。所以无咎。

或曰：二与五动则成大过。棺椁之象，故称妣。妣者，已死之称。

此爻虽过其祖，而不及其君，得中者也。

九三：弗过防之，从或戕之，凶。

九三，居二阴之上，虽刚正，不能过。下二阴，寡不敌众也。弗过防之，则从或有戕之者矣，故凶。

以象言之，六二方欲过四而往五，九三当以互巽。巽之以艮，止防之。苟欲从之，则兑体毁折伤之者至矣。互巽进退，故以或言。

此爻虽刚，弗能过阴，则防之而已。

九四：无咎，弗过遇之；往厉必戒，勿用，永贞。

九四，以刚居柔，不过者也，故无咎。然处二阴之下，不能过五者也。不能过五，而与五遇，以其刚柔相济可矣。苟以震躁而往，则危厉矣，亦不可固守，其贞静昧于进退之几也。虽弗可过，亦不可不及也。如此，则不可过乎则矣。

以象言之，以互兑之口为戒。

此爻以刚居柔，固不可过，亦不可不及。

六五：密云不雨，自我西郊；公弋取彼在穴。

柔盛居上，阴乘二阳，未能和也。故有密云不雨，自我西郊之象。与小畜同，弋射取之也。公谓三，穴谓二也。公弋取彼在穴，谓二为三取也。二为三取，故五不能雨矣。

以象言之，小畜，乾巽之卦。《卦辞》曰：密云不雨，自我西郊。今六五乃与小畜同，何也？小畜，以乾巽成卦者也。六四变，则成互乾，而六二至四，则互巽故也。盖所畜者小，则其施未行所过者小，则不可以用大事也。以此象言之，下有互兑，兑泽之气上而为云，而不能成坎，密云不雨也。兑，四也。五动互乾。乾，天际。三在内外之交，故曰：自我西郊。公谓三也。三公位在穴二也。兑为穴居互兑之下，在穴者也。三动互坎而伏离，以坎弓离矢，而取彼在穴，二不能进五，以及其君矣。五亦不能得二焉。阴阳和则有雨，二五俱六，本无能雨之道，岂能济大事哉？所以为小者，过也。然则三既得二矣，五欲雨，非四不可也。得四，则阴阳和矣。

此爻以二五居阴，不能大有为之象。

上六：弗遇过之；飞鸟离之，凶，是谓灾眚。

上六失中不与五遇又从而过之阴过之极者也。其凶以其亢也。臣过乎君者也。灾者，天灾眚者，人眚人眚而灾随之，则其凶者，非不幸也。宜也。此乃小人有飞扬跋扈之志者，终必罹于网罗矣。以象言之，动，则成离离为飞鸟为网罟是飞鸟之离于网罟者，此爻处小过之终阴过之极，故有凶象。

第六十三卦：既济卦䷾（离下坎上）

既济：亨小，利贞；初吉终乱。

既济，三阳之卦，自泰来，二、五相易者也。又为三阴之卦，自否来，初、三易四、上也。然以自泰取义。既济，离下坎上。既已也，尽也。济者，涉川而登岸之名。既济之时，虽小者，无不亨也。亨至于小者，非如巽之小亨也，利贞刚柔正而位当也。初三与五本阳位也，而刚居之二四与上本阴位也。而柔居之刚柔得正，各得其位，又皆正应所谓既济也。阳已得位大者，不在言也。阴亦得位，则小者无不亨矣。或曰：既济自泰来，六自五而二成卦之主，六阴为小小者亨也。又三阴各居阳上，亦为小者之亨。然不如前说为得。既济之时义，初吉以下体六二之柔居中也，终止则乱。上六也，上六纯阴，有终止则乱之象也。通其变，则能治；不通其变治者，乱矣。当既济之时，乃太平极治之时也，犹以治极而终于乱者为戒。盖既济变则成未济，故圣人深戒之也。

此卦六爻得位，而成既济，尤以既济，而为未济之防也。

初九：曳其轮，濡其尾，无咎。

初以刚居刚，欲济者也。然当应四，四坎为轮，为曳为狐，初在下为狐之尾。而为四坎，水所濡，四轮既曳初尾，亦濡未能遽济。然初本离体，有离明之象，则是明于进退之义者也，所以无咎。

以象言之，初动成艮，亦为狐，又为止，亦不行之象。

此爻将济而未遽济者。

六二：妇丧其茀，勿逐，七日得。

二应五者也。离女为妇，五坎也。离为雉，为文明，有翟茀之象。六五在上九，二在下男不下女，故不以茀来迎，则妇丧其茀，不可行矣。然二五正，应终必合，勿逐而自得矣。离本日也，六二动则变少阳之七，所谓七日得也。自二至上，又自初至二，凡七爻。六二以柔居中正，虽未为上所用，终必见用也。

以象言之，五动互震。震为竹，坎为轮，竹蔽乎车前，茀也。震为作足逐也，故以勿逐言。

或曰：六五自泰降，而为二即泰。所归之妹，故以妇称。

此爻以中道自守，不轻动也。

九三：高宗伐鬼方，三年克之；小人勿用。

九三，离为戈兵，三年谓历三爻，则出坎险也。高宗当既济之时，鬼方不庭，高宗伐之，犹三年而后克，其力之惫可知。高宗尚如此，况于小人乎？小人指上六也。当既济之时，九三居重，刚而不中，未免好动，故指高宗以戒之。五为君位，自三至五，通成三爻，三年之象。以象言之，九三动则成艮，艮为鬼门，鬼方也。或曰：鬼方，南夷，今鬼国也。《商颂》所谓挞彼荆楚者，鬼宿在天之离，故取象焉。未济伐鬼方在九四，亦离体也。或曰：高宗，商之武丁也。变艮伏兑，兑纳丁，故取名丁之主，为象亦犹泰，归妹之取帝乙也。此虽援古，然有此象，然后取之。古之纬书，有因小数知人之名氏者，卯金刀、当涂高之类是也。况易神以知来，岂不能知以藏往乎？取象虽巧而迂，恐失之凿。姑载于此，学者详之。

此爻重刚，当既济之时而欲动者，故举高宗伐鬼方之事戒之。

六四：繻有衣袽，终日戒。

四，坎体涉川之象。涉川以舟，以柔居柔，如舟有漏之象。舟有渗漏，则塞以衣袽，袽衣之败者，能预备而戒惧之意。离明已极，而坎险在前，故有戒备之象。

以象变言之，四坎为水，四动之初，则成乾而互巽。巽，木也。乘木，于水舟之象也。初来则下漏矣。乾为衣，以衣塞舟之罅漏者也。下离已过，离为日，终日之象。初之四互兑。兑为口，所以戒也。

或曰：六四动则互乾，乾为衣襦也。然动亦互兑，兑为毁，则其衣敝矣。袽者，敝衣也。当衣**繻**之时，逆知其有敝坏，故终日戒焉，亦通。

此爻以柔居，柔能戒惧者也。如未登岸，而居中流，凛乎覆舟之忧者也。

九五：东邻杀牛，不如西郊之禴祭，实受其福。

九五，当既济之时，盈而有虚之理。六二在下，而未济者也。可以有行，故曰东邻杀牛，不如西邻之时，实受其福也。

或曰：后世边境无事，则祷祠之事起。高宗伐鬼方之后，黩于祭祀，以召鼎雉之变，故既济之时，以此为戒。

以变象言之，九五动，则上体互震东邻也。六二动，则下体互兑西邻也。兑为刑，离为牛。九五之二，东邻杀牛也。禴祭，夏也。坎为樽，缶离为夏。六二之五，当离之夏，用禴祭者也。

此爻以既济之时，不如未济之时，为尚可济，所以为居位者之戒。若六二，则自以妇丧茀，而勿逐言之，非谓六二可以得时自居也。

上六：濡其道，厉。

上体坎为水，又为狐居，坎之上狐之首也。当既济之终，进无所往，下及于三，不成既济，是狐之濡其首也。欲济而水濡其首，不能济也，危厉甚矣。其能久乎？以卦变言之，自泰来，下体本乾，乾为首，坎水濡之，为濡其首。

此爻阴柔，居卦之终，故深为之戒。

第六十四卦：未济卦䷿（坎下离上）

未济：亨；小狐汔济，濡其尾，无攸利。

未济，三阴之卦，自否来，二、五相易者也。又为三阳之卦，自泰来，初、三易四、上也。然以自否取义。未济者，涉川而未登岸者也。未济，坎下离上。卦之六爻，皆失其位，故为未济。然未济，则求所以济，故有亨之道。所以亨者，柔得中，谓六五也。坎为狐，初爻小狐也。狐之涉水，小者在后，汔几也。初往之四，几济矣。而未及五，犹未出坎中也。初在下为尾，进为坎水所濡，故濡其尾，谓初为尾，四濡之也。既濡尾，则不利有攸往矣，故无攸利，何以续其终哉！

又按：此卦先儒以为六爻皆失位。盖初、三、五阳也，而柔据之；二、四、上阴也，而刚据之，失位也。然虽失位，而六爻各有正应。既有正应，则天下事尚可济。未济，所以为亨。既济，六爻皆得位，然易以变占，则变为未济，而皆不得位。未济皆不得位，然易以变占，则未济变为既济，而皆得位，犹乾变为坤，坤变为乾也。圣人以未济终之者，岂天下之事，终不济耶？变而通之，用易者之事也。或曰未济三阴，亦不得位。《杂卦》何独言男之穷，曰阳居阴，故不得位；阴居阳，未为穷也。

以变象言之，初往四互坎，则未出坎中，故曰汔济，未得为济也。

此卦虽以未济为忧，然亦以未济则有济之道，而图其终也。

初六：濡其尾，吝。

坎为狐。初六，在坎下，狐之尾也。当未济之时，止有正应，志虽欲动，以阴柔之质，自为坎水所濡，而不能进，是以有吝。

此爻以阴柔不能往济之象。

九二：曳其轮，贞吉。

坎为轮为曳。九二，坎之中爻，正在坎险之中者也。火欲上而水欲下，所以为曳。然上有六五之君，九二动而应之，则得正而吉矣。

此爻居坎之中，虽未能济，然中以行正，则有吉之道。

六三：未济，征凶，利涉大川。

六三，不正，近比于四，所以征凶于上有应，故利涉大川也。坎，为大川。

此爻阴柔不正，虽未能济，险若与上九相应，则有可济之道也。

九四：贞吉，悔亡；震用伐鬼方，三年有赏于大国。

九二，刚而未正，以此济险，未免有悔，惟动而得正则吉，而悔亡。未济之四，即既济之三，故亦有伐鬼方之象。三年谓至上九，则济者也，四至上通成三爻，三年之象，有赏于大国，既克之象。

以变象言之，动则成艮，而互震。艮为鬼门，鬼方也。故震用伐鬼，方动又有互坤，大国也。九阳为赏，有赏于大国之象。或曰：离为鬼方，见上卦。

此爻刚不当位，动为正者也。

六五：贞吉，无悔；君子之光，有孚吉。

六五，柔中之君，当未济之时，能下刚中之臣，共图济险。君子进则为邦家之光，既相孚信，所以不但无咎，而又吉也。六五以柔而居刚，疑于有悔，动而得正，吉而无悔也。

以卦变言之，卦自否来，六五本乾体也。得正，则复为乾矣。何悔之有？离六五，坎九二，皆有光明之象。

此爻以柔下刚，共济坎险而获吉者。

上九：有孚于饮酒，无咎；濡其首，有孚失是。

有孚与酒，皆坎之象。三坎之狐也，九居其上，狐之首也。当未济之时，穷而有通之理。上九阳刚，与三相孚，而饮酒以乐，其成始于忧勤，而终于逸乐者也。夫何咎焉？若沉湎于酒，而不知止节，犹狐之涉水，濡其首，是过于自信而失其宜矣。此圣人所以深戒之也。饮酒濡首，诸家多谓酒濡其首，朱子独不然之。盖以《卦辞》既曰小狐汔济，濡其尾，则濡其首者，岂人之首哉？特谓沉湎于酒，而不知节，则有狐涉水，而濡其首之象耳。

以象言之，坎固为酒，上之三则互兑口，饮酒之象也。卦自否来，上体为乾。乾，亦为首。而下应坎水，濡其首也。

此爻以有孚于饮酒言，则未济者变为既济矣。而又以濡首之有孚失是言，则既济者，又当忧其未济也。然则天下事何时可济耶？此圣人作易所以忧患后世也。

按：易六十四卦，始于乾之初九，终于未济之上九。而阴爻则包于其中，盖阳包阴而天包地之象也。此阴之所以敌阳，而天下之事，惟阳刚用事，而阴柔听命，斯可有为也。易穷则变，穷则通，未济之上九穷矣，穷于上必返于下，则复为乾之初九矣。此易之所以为生生不穷欤！

周易象义卷九

彖上传

《彖》者，文王所系之辞。彖，断也。说见《系辞传》。此篇乃夫子之言，所以释文王之《彖辞》也。夫子《十翼》，本别为一书，以其释文王之《彖》，故谓之《彖》，盖《十翼》之篇名也。后人见其名，遂以孔子之辞附于经下，而谓之《彖》。如此，则文王之辞反不名《彖》，而夫子之辞名《彖》矣，故先儒分篇，而各还其旧也。传者，古者有经必有传，盖经以简册言，传则先师口以传授之言也。传虽口以传授，本无简册，后人恐其口传有误，故亦以简册书之，因谓之传。王氏本《彖》《象》传皆附于《经》，故无"传"字。本义复从古易，故加"传"字云。

大哉乾元，万物资始，乃统天。云行雨施，品物流形，大明终始，六位时成，时乘六龙以御天。乾道变化，各正性命，保合太和，乃利贞。首出庶物，万国咸宁。

文王《彖辞》，本以乾之为卦，大亨而利于贞正。夫子传《彖》，又因文王之辞，法其言外之意焉。后皆仿此。若以夫子之意推之，乾元，太极也。乾得太极之动，以健为元。赞曰：大哉！大无以加，即太极也。元，大也，始也，长也。无可得而名之，故以元名之尊之也。太极之健，万物之所资以始也，乃统天，凡物以一该众。曰统天者，乾之体。乾者，天之理，以理统气也，万物资始元也。

云行雨施，品物流形，亨也。乾道变化，各正性命，保合太和，利贞也。若以象言之，万物资始，谓乾之初画，万物出乎震也。云行雨施，谓乾之中画，云雨坎也。品物流形，万物之成也。谓乾之上画，万物成于艮也。此以乾三画分而言之也。

品有三义，指三画之乾言之。**大明终始，艮者万物之所成，终而成始者也。下卦之乾以此终，上卦之乾又自此始，然后成六位。**谓上加三画，而成六位也。成六位，则时乘六龙以御天。六阳，成六爻之乾矣。一爻复也，二爻临也，三爻泰也，四爻大壮也，五爻夬也，六爻乾也。自此而变乾之初爻为姤，变乾之二爻为遁，变乾之三爻为否，变乾之四爻为观，变乾之五爻为剥，变乾之六爻为坤。而乾体变矣，故变为化之渐，化为变之成也。由是而各正性命，利也；由是而保合太和正固之象，贞也。如此乃可谓之利贞，非他卦之利贞比也。

然则坤之画，又自乾而生欤！首出庶物，万国咸宁。圣人体资始万物之道，而出乎庶物之上，而致乎万国之咸宁也。首出庶物，元有亨也。万国咸宁，利而贞也。乾为首，故有首出庶物之象。先儒谓万有二千五百二十之策，当万物之数，皆从乾出，故言万物资始。然则乾之一画，其万有一千五百二十之策所自出欤！六十四卦，皆自六阳六阴之卦而来。六阴之卦，又自六阳之变而来。六阳之卦，又自三阳之卦而来。三阳之卦，又自一阳之画而来。然则乾之《象》，其六十四卦之《象》欤！

至哉坤元，万物资生，乃顺承天。坤厚载物，德合无疆，含弘光大，品物咸亨；牝马地类，行地无疆，柔顺利贞；君子攸行，先迷失道，后顺得常；西南得朋，乃与类行；东北丧朋，乃终有庆；安贞之吉，应地无疆。

坤元，亦太极也。坤得太极之静，以顺为元，故曰至哉！至，无以加，太极也。赞曰：至哉！而不言大哉，阴不可以同阳也。万物资生，乾始而坤生之也。坤为母，故万物资生焉。坤为地为舆，故德厚载物焉。德合无疆，坤之无疆合乾之无疆也。此释元也。或曰：疆，限也。艮有阳画限之于前，坤则无之，无疆之象也。坤虚而受，故含弘光大，品物生焉，故曰咸亨。此释亨也。乃顺承天，初画巽也。含弘光大，中画离也。品物咸亨，万物所说，上画兑也。

品有三义，指三画之坤言之。牝马地类，行地无疆，柔顺利贞。牝马地类也。以地类而行地，两坤之象。此指六卦之坤言之。牝马柔顺，故利贞也。君子攸行，即君子有攸往也。先于乾，则迷而失道，阴柔晦冥，故迷而失道。后于乾，则得其所主。阳为阴主，乃常道也。西南得朋，乃与类行。坤，西南之卦也。阴生于午至申，成三画之卦，故坤在西南也。虽曰得朋，历酉至亥，成六画之坤。闭塞成冬，反无生物之功。阳生于子至寅而成艮，故艮位在东北也。虽曰丧朋，历卯至巳，六阳成乾，品物流形矣。乃有生物之功，盖六阴之卦，阴画皆在初，先于阳，则迷也。六阳之卦，阴画皆在末后，于阳则得也。得君者，臣之庆；得夫者，妻之庆也。

安贞之吉，以顺为正则吉，应地无疆。地道，柔顺也。无疆，生生不息也。先儒以万物资生，为万有一千五百二十之策，始于乾而生于坤，即物资始于乾，资生于坤之象。按乾六阳，复、临、壮、夬、乾是也。而爻以九称老阳也。老阳必变，则姤、遁、否、观、剥、已藏矣。故以六阳为元亨，六阴为利贞也。坤六阴，姤、遁、否、观、剥、坤是也。而以六称老阴也，老阴必变，则复、临、泰、壮、夬。乾又寓焉，未尝无阳也。故亦以六阳为元亨，六阴为利贞，盖天地之间，止有一春夏秋冬而已。六阳之时，阴伏于阳，而佐阳用事。乾之元亨，即坤之元亨也。六阴之时，阴虽用事，而阳实在上。乾之利贞，即坤之利贞也。乾用事在元亨之时，故言元亨之义。详坤用事，在利贞之时，故言利贞之义。详如《卦辞》，"元亨"止两字，而利贞则以数句释之，为可见矣。

屯，刚柔始交而难生；动乎险中，大亨，贞；雷雨之动满盈，天造草昧；宜建侯而不宁。

刚柔始交谓乾，一索于坤，而得震也。难生，谓坎也。此夫子发《象》外之意，盖刚柔始交则成震，震下震上则为震卦。今上体成坎，故难生也。动乎险中，动为震，险为坎也。大亨贞，释元亨利贞也。不言利者，利止于建侯也。雷雨震坎之象，满盈屯塞而未解也。天造草昧。造者，天运之始也。天造之初，草而未齐，昧而未明，此以屯之时言也。宜建侯而不敢自宁，此以亨屯之事言也。宜即利也。或曰以象言之，乾之初画，故曰天造。震草坎冥，故曰草昧。虞翻谓：震为诸侯，坎为劳卦，故曰宜建侯而不宁。

按夫子释《象》，多用卦体、卦德、卦变而参错义理于其间。至于命辞，非必取诸卦象。今此书以象为主，间可通之于义者，亦不敢遗。但别作或曰列之于后，非用其凿。学者详之，后皆放此！

蒙，山下有险，险而止，蒙。蒙亨，以亨行时中也。匪我求童蒙，童蒙求我，志应也。初筮告，以刚中也；再三渎。渎，则不告。渎蒙也。蒙以养正，圣功也。

山下有险。艮山而坎险也。险而止，坎险而艮止也。蒙亨，蒙有可亨之理，卦体有能发之才，以亨行也时中。言其随时得中，以六居五，以九居二，时中之义，非当位也。匪我求童蒙，童蒙求我，为志应者，五之志先应二，则二之志方应五也。初筮，告以二之刚中，而告之也。再三渎，渎则不告，师严道尊也。蒙以养正，圣功也。解"利贞"二字。蒙以养正，作圣之功，赤子之心纯一。未发于此养之不失其正，作圣之功也。《洪范》以蒙恒风，若对圣时风。若盖蒙者，圣之对也。

或曰：以象言之，坎为心亨，有作圣象。自上至二为颐，有养正象。

需，须也；险在前也，刚健而不陷其义，不困穷矣。需，有孚，光亨，贞吉，位乎天位，以正中也。利涉大川，往有功也。

需，须也者，需乃须待之义也。乾之刚健方进，而坎险在前，不容遽进，故有需待之象。惟能需待，故不陷于坎也。不陷于坎，则不困穷矣。位乎天位，以正中指九五而言，五天位也。以九居五，正而且中也。大川，坎水也。利涉大川，则其往有功矣。

或曰：困者，泽在水上。今卦自二至四，互体有兑，则水在泽中，故有不困穷象。乾为天，五在乾体之上，故曰天位，非但以五为天位也。往谓卦从壮来，自四之五耳。

讼，上刚下险，险而健，讼。讼，有孚窒惕，中吉，刚来而得中也。终凶，讼不可成也；利见大人，尚中正也；不利涉大川，入于渊也。

上刚乾也，下险坎也。险而健，坎陷而乾健也。窒惕中吉，刚来而得中。以遁之卦变言，谓二自三来，而居下体之中也。终凶，指上九而言也。怙终不悛，则凶矣。利见大人，乾之九五，既中且正大人也。渊坎，水也。入于渊，则陷于水中，故不利涉大川也。

或曰：本自遁来，下体为艮，自艮入于坎入渊之象。

师，众也。贞，正也。能以众正，可以王矣。刚中而应，行险而顺，以此毒天下而民从之，吉又何咎矣！

师，众也。释师之义。贞，正也。九二虽得中而非正，故以正戒之。若九二变而为六二，然后为中正故也。师能左右之，曰以用众不失其正，可以王矣。朱子谓可以为王者之师是也。刚中而应，刚中二也；应者，六五也。行险而顺，下坎而上，坤也。以此毒天下，而民从之吉，又何咎？

行师不免于残毒斯民，然而民从之者，以其顺民心也。群阴从阳，故曰民从之，既吉而又无咎，既能取胜，而人无有咎之者也。

或曰：险固坎象，互震为行险，坎为毒，故曰毒天下。坤为民，又为顺，故曰民从之。

比，吉也；比，辅也，下顺从也。原筮，元永贞，无咎，以刚中也。不宁方来，上下应也。后夫凶，其道穷也。

比吉也者，比得其人有吉道也。比辅也者，比有相辅之义。下顺从者，下卦顺从于上也。以刚居五，刚中也。惟其刚中，故原筮元永贞而无咎也。六二应九五，上下应也。上六处终，其道穷也。

小畜：，柔得位而上下应之，曰小畜。健而巽，刚中而志行，乃亨。密云不雨，尚往也；自我西郊，施未行也。

柔得位，谓以六居四，得正位，非君位也。上下应之，上二阳下三阳，俱应之也。若论正应，则初九是已。以柔畜刚，故称小健而巽，下乾而上巽也。刚中而志行，刚中五也。五与四合，阴阳相求，则其志可行矣。然而密云不雨，尚往也。以三阳上升，阴柔未能畜止，尚欲往也。施未行，未能降而为雨也。

或曰：尚往也，谓虽密云不雨，必至于上，则畜极而散，所谓既雨既处也。但自西郊，则施未行耳。

履，柔履刚也。说而应乎乾，是以履虎尾，不咥人，亨。刚中正，履帝位而不疚，光明也。

柔履刚，依朱子《本义》，则柔履践乎刚。盖以乾为虎，而兑履之也。依伊川《传》为柔履藉于刚，非履践乎刚。二说俱通详见《正《经》。说而应乎乾健，故虽履虎尾而不咥人。咥者，兑之口；不咥者，不咥乎乾也。刚中正，履帝位而不疚，光明。以乾之九五言之，盖九四当兑口，上九与三为应，皆为兑口所咥。惟九五刚中正，不为兑所咥，故言不疚也。

或曰：兑口，虎也。互巽伏震，巽股，震足而在兑之上，履虎者也。互巽伏震，本连上体，则履之者乾也。故兑以说应，则乾不遭咥也。五互离，故有光明。乾天也，帝也。以形体为之天，以性情谓之，乾以主宰谓之帝，故曰帝位。坎为病，离见则坎伏矣，故以不疚言。

泰，小往大来，吉，亨，则是天地交而万物通也，上下交而其志同也。内阳而外阴，内健而外顺，内君子而外小人。君子道长，小人道消也。

天地交而万物通，释"亨"之一字也。乾为天，坤为地。乾下而坤上，天地之交也。天地交，则有生物之功，万物通也。通者，亨也。乾为君，坤为臣，乾下而坤上，上下交也。上下交而各得正应，其志同也，同则亨矣。此释泰之亨，内阳而外阴。以下释小往大来之义。内阳者乾，而外阴者坤也。内健者乾，而外顺者坤也。内君子者指乾阳，外小人者指坤阴也。阴阳以爻言，健顺以卦言，君子小人以人言。乾阳在内，则君子道长；坤阴在外，则小人道消也。不释吉者，小往大来，上下交通，皆吉之象。

或曰：互有震兑，长男下少女，有交而生物之象，故万物通。

否之匪人，不利，君子贞，大往小来，则是天地不交，而万物不通也。上下不交而天下无邦也。内阴而外阳，内柔而外刚，内小人而外君子。小人道长，君子道消也。

乾上坤下，两不相交，则无生物之功矣，故万物不通也。君上臣下，心不相与，则取乱之道，故无邦也，无邦谓无君国子民之道也。此解"匪人"二字。内阴者坤，而外阳者乾也。内顺者坤，而外刚者乾也。内小人指坤阴，而外君子指乾阳也。阴阳以爻言，刚柔以卦言，君子小人以人言。阴在内，则小人道长；阳在外，则君子道消也。小人道长，君子道消，释不利君子贞也。泰言健顺，而不言刚柔者，顺非恶德，而柔有柔恶也。

或曰：互有巽艮，少男长女，无交通之象，故无生物之功。此万物之所以不通也。

同人，柔得位得中而应乎乾，曰同人。同人曰，同人于野，亨，利涉大川，乾行也。文明以健，中正而应，君子正也。惟君子为能通天下之志。

柔得位得中，而应乎乾。六居二，柔得位也。二下卦之中，得中也。利涉大川，乾行也。以刚健行，故无往不济也。与五正应，应乎乾也。文明以健，离文明而乾健也。中正而应，即所谓得位得中而应乎乾也。文明者同人之文，健者同人之志，中正者同人之道，应者同人之情，此君子之正也。正，亦以二五言。公则一致，私则万殊，通天下之志，惟公能之。

或曰：离有伏坎，坎为心，又为通，故能通天下之志。恐泥。

大有，柔得尊位，大中而上下应之，曰大有。其德刚健而文明，应乎天而时行，是以元亨。

柔得尊位，大中谓六。自初而五得君位，而居上体之中也。上下应之，谓上下五阳，皆从六五也。其德刚健而文明，刚健乾而文明离也。应乎天者，离之六五，下应乎乾也。时行者，以六居五，非正位也。时中也，大有以离日昭乎天，得中而行道也。元亨者，九二乾元六五应之而亨通也。

谦，亨。天道下济而光明，地道卑而上行。天道亏盈而益谦，地道变盈而流谦，鬼神害盈而福谦，人道恶盈而好谦。谦尊而光，卑而不可逾，君子之终也。

天道下济而光明，阳自上而下来三也。地道卑而上行，六自三而往居上也。光明艮象，在上为盈，在下为谦。天道亏盈而益谦，以下广谦义，变倾坏也。流谓聚而归之亏，益者日月阴阳之运变，流者，川泽山谷之形。害福者，灾祥祸福之应好恶者，予夺进退之情，一谦而有四益，一盈而有四害，三才之道一，尔言天地鬼神人道皆贵谦，而不贵盈也。盈，则亏消。则长天道亏盈，而益谦也。高者，倾卑者，受地道变盈而流谦也。高亢之家，鬼瞰其室；黍稷非馨，明德惟馨。鬼神害盈而福谦也。满招损，谦受益。人道恶盈而好谦也。一阳在下体之上，上尊也。下卑也。下之上，则卑而不可逾也。艮山本高，虽屈居坤下，而不失其山之高也。下济与卑，皆释"谦"字。光明上行，皆释"亨"字。谦尊而光，释君子有终义。皆指三也。三居下卦之上，尊也；居上卦之下，卑也。光即艮之象，不可逾山之象。言人能谦，则居尊而愈光，居卑而人不能过此，君子之终也。

或曰：以象言之，三、五互坎。坎维心亨，坎为水下，济也。坎为月光，明也。月盈则亏矣。朒者，朓之始也。水盈，则溢矣。下者，流之所归也。天阳地阴，神阳鬼阴，皆指刚柔之义，言以九三卦主爻刚位柔也。

豫，刚应而志行，顺以动，豫。豫，顺以动，故天地如之，而况建侯行师乎？天地以顺动，故日月不过而四时不忒；圣人以顺动，则刑罚清而民服。豫之时义大矣哉！

随，刚来而下柔，动而说。随，大亨，贞，无咎，而天下随时。随时之义大矣哉！

蛊，刚上而柔下，巽而止蛊。蛊，元亨，而天下治也。利涉大川，往有事也。先甲三日，后甲三日，终则有始，天行也。

刚自初而之上，柔自上而来初，以自泰来言之也。巽而止下，巽上艮上，下不交下巽，上止所以积弊，而至于蛊也。然二、五相应，故有元亨之象。而天下治。所以然者，以亨治蛊，乱极而治也。蛊极有事，利在涉险，故曰往有事也。天行，天运也。乱之终，治之始，此天运然也。圣人能原始要终者，先甲所以原其始，后甲所以要其终也。

或曰：以象言之，往有事，互震为往也。以卦变言之，自否来者，上体本乾，自泰来者，下体本乾。终谓上体之乾，后甲也。始谓下体之乾，先甲也。乾为天，天行也。乾之画，动而成卦，元亨而天下治，亦乾象。

临，刚浸而长，说而顺，刚中而应。大亨以正，天之道也；至于八月有凶，消不久也。

刚浸而长，自一阳而二阳也。兑为泽，故以浸言。说而顺下，兑上坤也。刚中而应，九二以刚居中，与六五应也。此所以为大亨以正也。若自二阳进而三阳，则成乾矣，此天道也。至于八月，有凶消，不久也。观之二阳，不久则消非，如临之二阳，刚浸而长，所以凶也。

大观在上，顺而巽，中正以观天下。观盥而不荐，有孚颙若，下观而化也。观天之神道，而四时不忒；圣人以神道设教，而天下服矣。

大观在上，谓二阳也。顺而巽下，坤而上巽也。中正以观天下五也，五刚健中正者也。颙若，有下观上之象。孚，则化矣。观天神道以下，极论观所以孚以天道，而形容圣人也。卦以盥而不荐取义，故以神道设教言之，盖盥荐所以事神，以我之神而交彼之神者也。观天之神道，而四时不忒，此以天道言也。圣人以神道设教，而天下服，此以圣人之道言也。

或曰：以象言之，四时不忒者，五震互兑交二则为离，而伏坎震春、离夏、兑秋、坎冬，四时不忒也。自临来，本兑体，兑为口教也。兑既隐，则神矣。坤为众为顺，天下服也。

颐中有物，曰噬嗑。噬嗑而亨，刚柔分，动而明，雷电合而章。柔得中而上行，虽不当位，利用狱也。

以颐中有物言者，盖此卦之体类颐，独以九四梗其中如物耳。先儒谓上初两阳爻，唇也。二、三、五阴爻，齿也。以齿啮之，则噬矣。亨者，以噬而合，然后亨也。刚柔分卦，自否来，三刚本连于上九，自五而降初，故刚柔分也。动而明震，动而离明也。雷电合而章，震雷而离电也。雷动于下，电照于上，合而成章。亦以阳爻分于三阴之间，成文章也。离，亦为文明，柔得中而上行六，自初而之五也。以六居五，不当位也。虽不当位，然而利用狱，盖用狱惟柔而明者，能之柔而不明，则晦矣。明而不柔，则惨矣。惟柔而且明，所以利用狱也。

贲，亨，柔来而文刚，故亨；分刚上而文柔，故小利有攸往。天文也，文明以止，人文也。观乎天文以察时变，观乎人文以化成天下。

贲自泰来，故曰柔来。而文刚分刚上，而文柔谓上六之柔。下来二为文刚，九二之刚分而之上，为文柔也。天文，指上文，刚文柔而言离，文明而艮止，其道光明，天文也。日月运行而经星，各止其次舍，离艮之象也。离文明而艮止，文明以止。人文也，明德止善之谓。止仁止敬，止忠止孝，粲然有文，此人之文也。观乎天文，以察时变历象，日月星辰，以敬授人时也。观乎人文，以化成天下，人伦以正，则化成于天下也。郭居正曰：石经天文也。之上有"刚柔相错"四字，理或然也。

或曰：以象变言之，泰下体本天，故曰天文。离为日，互坎为月，艮为石星，陨为石。石在天，则星也。日月星辰，天文也。下离互坎，冬夏之象。互震伏兑，春秋之象，故曰察时变离为见，故言观艮，为物之成，故化成天下。冯氏曰：柔来而文刚，故亨，小刚上而文柔，故利。有攸往小，以柔言也。传写之误，亦通。

剥，剥也，柔变刚也；不利有攸往，小人长也。顺而止之，观象也；君子尚消息盈虚，天行也。

以柔变刚，以五阴剥一阳故也。小人方长，一阳不消不止也。顺而止之，以坤艮言也。此以二象之义合观之也。虽然消者必息，盈者必虚，阳消矣有息之理，阴盈矣有虚之理，天道也。故曰天行也。

以象言之，剥极于上，则复反于下，为震矣。艮止于上，而震行亦自此始。阳在上，上为天位，故以天行言。

复，亨，刚反；动而以顺行，是以出入无疾，朋来无咎。反复其道，七日来复，天行也。利有攸往，刚长也。复其见天地之心乎？

刚反而动，谓一阳复而为震也。以顺行上体，坤为顺也。故出入无疾，朋来无咎焉。反复其道，七日来复，言天行者，阴极生阳，天道流行之常也。刚长，谓刚爻自此而长也。阳无终穷之理，剥于上而反于下，静极而动，太极也。太极者，天地之本心也。

或曰：震为行，故曰天行。又卦坤伏乾，天地也。初爻四，则互坎而伏离。坎为心，离为见，故曰见天地之心。此虞翻说恐失之泥。

无妄，刚自外来而为主于内，动而健，刚中而应；大亨以正，天之命也。其匪正有眚，不利有攸往；无妄之往，何之矣？天命不佑，行矣哉！

大畜，刚健笃实，辉光日新其德；刚上而尚贤，能止健，大正也。不家食吉，养贤也。利涉大川，应乎天也。

刚健乾也，笃实艮也。艮有光明象，辉光日新也。刚上而尚贤，上九也。自大壮来，九自四而上故也，能止健以艮乾言也。止者，艮而健者，乾也。二五易位，则大正也。不家食吉，养贤也，养其刚上之贤也。应乎天者，二五相应二乾，而五天位也。

或曰：以象言之，二、五动则互有两离。离为明为日。

颐，贞吉，养正则吉也。观颐，观其所养也；自求口实，观其自养也。天地养万物，圣人养贤以及万民：颐之时大矣哉！

养正，则吉，谓贞有养正之义，以颐养贞正取义也。观颐，观其所以养人也。自求口实，观其所以自养也。所养外卦之象，自养内卦之象也。天地养万物以下，极论颐养之道。以天地形容圣人也。颐之时大矣哉！赞：颐养之道大也，天地养万物，圣人则养贤以及万民，养贤则能养万民也。

或曰：以象言之，震雷天也，艮山地也，天地养万物也。又上为天，初为地，中四爻物也，亦通。虽不可例噬嗑，不妨各卦自取义也。震艮皆阳卦为贤，互坤为民养贤，以及万民也。卦气始中孚，而终颐，此其所以大也。

大过，大者过也；栋桡，本末弱也。刚过而中，巽而说行，利有攸往，乃亨。大过之时大矣哉！

大者过，谓阳爻过于阴也。下本上末，巽下阴兑，上阴本末弱也。四阳之卦多矣，此独谓之过者，以本末弱也。刚虽过而得中，谓二、五也。巽而说行，下巽而上兑也。利有攸往，乃亨，过而得中也。又遯之六二，往上大壮之初，九往五也。六二往上，而二成九，初九往五，而五成九，亨也。故利有攸往，而后亨也。大过之时，非有大过人之材，不能往而亨也。大过之时大矣哉！赞辞也。

习坎，重险也，水流而不盈。行险而不失其信，维心亨，乃以刚中也；行有尚，往有功也。天险不可升也，地险山川丘陵也，王公设险以守其国：险之时用大矣哉！

习坎重险也，上下皆险也。水流而不盈，阳动阴中故流，阳陷阴中，故不盈也。行险而不失其信，信谓孚也。水性有常，消息与月相应。月临地之坎位，或对地之坎位，则潮必至，观于潮，可以知其信矣。维心亨，乃以刚中也，指二、五言也。二、五居中，心象也。行有尚往，有功也，谓二动应五也，往者二而功者五也。此但自临取义。天险上坎也，地险下坎也。五为天位，故曰天险，二为地位，故曰地险，险之时用大矣哉！不言坎而言险坎，有陷义，有险义。但言险之用大，非以坎陷言也。或曰：山川丘陵者，五互艮为山，本坎为川也。半山为丘，丘下为陵，皆以艮言也。王公设险以守，其国艮山为城，而坎，池也。

离，丽也；日月丽乎天，百谷草木丽乎土。重明以丽乎正，乃化成天下；柔丽乎中正，故亨，是以畜牝牛吉也。

日月丽乎天，谓上离也；百谷草木丽乎土，谓下离也；重明以丽乎正，此举成卦，言上下皆离也。柔离乎中，而六二兼丽乎正也。丽乎中正，同德相应，所以亨也。此释利贞，亨也。离得坤之中爻者，是以畜牝牛，吉也。或曰：以象言之，五，天位也，自初之五，丽乎天也，谓自遁也。离日伏坎月，故曰日月丽乎天。二，地位也。自上来二，丽乎土也，谓自大壮也。互巽伏震巽，草木而震，为稼百谷，草木丽乎土也。

周易象义卷十

彖下传

咸，感也；柔上而刚下，二气感应以相与。止而说，男下女，是以亨，利贞，取女吉也。天地感而万物化生，圣人感人心而天下和平；观其所感，而天地万物之情可见矣。

咸，感也。释咸义，柔上而刚下。谓否六三之柔往之于上，上九之刚，下来于三也。感应以相与，男感则女应之，女感则男应之，相与也。止而说，艮止而兑说也。男下女，艮在下，兑在上，艮男下兑女也。天地相感，则万物化生，天阳地阴，两相交感也。故万物化生，圣人感人心，犹男之感女也，故天下和平。观其所感，则天地万物之情可见。以咸夫妇之卦，有交感义，故言情也。或曰：以卦变言之，卦自否来，否，乾天在上，坤地在下，故不生。今乾之上画交于坤之上画，坤之上画交于乾之上画，相感也，万物之所以资始资生也。万物说乎兑，成乎艮也。故以天地万物言，或以四之初，则得正而成坎离，离为见，坎为情，此用虞翻说，恐失之泥。

恒，久也。刚上而柔下，雷风相与，巽而动，刚柔皆应，恒。恒，亨，无咎，利贞，久于其道也。天地之道，恒久而不已也；利有攸往，终则有始也。日月得天而能久照，四时变化而能久成，圣人久于其道，而天下化成；观其所恒，而天地万物之情可见矣！

恒，久也。释恒义，刚上而柔下，谓泰初九之刚往之于上，六四之柔下来于初也。雷风相与，震雷而巽风也。巽而动下，巽而上震，刚柔皆应，六爻皆应也。不特无咎，当利于贞。盖正固，则有久之道也。此以恒为卦，故有久义。天地之道恒久而不已，以其常相应也。利有攸往，终则有始，取其恒久之义。日月得天以下，极言恒久之道。盖日月四时，以至圣人天地，万物莫不以久为道也。天地万物之情，亦以恒夫妇之道，故言情也。

或曰：以象言之，下体本乾，上体本坤，故言天地之道，九自初而往四者也。往四，则变坤而复互乾焉。坤为终，而乾为始，终则有始也。往五成坎，有互离焉。日月得天，而能久照也。本体上震互兑，兼彼坎离，则震春、兑秋、坎冬、离夏，四时变化，而能久成也。圣人体此，故久于其道，而天下化成。观其所恒，而天地万物之情可见矣。上震互艮，万物出乎震，成乎艮也。皆极九四一爻之所往而言也，或以四之五，则得正而成坎离。离为见，坎为情，此虞翻之意，恐失之泥。

遁，亨，遁而亨也。刚当位而应，与时行也；小利贞，浸而长也。遁之时义大矣哉！

刚当位而应，刚谓九五，应谓六二，如此，亦可与时行矣，所以亨也。但阴为小，以其阴小，将浸而长，乃阳刚浸消之时，故主六二，而言但小利贞而已。六二、九五皆中正利贞之象。然主六二而言，故但小利贞耳。遁之时义大矣哉！阴将长，阳将消，世道所关大矣。

大壮，大者壮也；刚以动，故壮。大壮利贞，大者正也。正大而天地之情可见矣！

晋，进也，明出地上。顺而丽乎大明，柔进而上行，是以康侯用锡马蕃庶，昼日三接也。

晋，进也。释卦名也。顺而丽乎大明，坤顺而离，丽也，柔进而上行。以卦变言，六自四进，而居五也。此卦名之所以得也。盖卦自观来，本四阴之卦，六四观之主，故主自四而五言之也。柔进而上行，是以康侯用锡马蕃庶，昼日三接。释卦辞，盖六居四，本为侯进，而至五有见接于人君之象也。

明入地中，明夷；内文明而外柔顺，以蒙大难，文王以之。利艰贞，晦其明也；内难而能正其志，箕子以之。

明夷之《象》，在利艰贞而已。贞，正也。二得正位，而六五不正，乃下正而上不正之时也。内文明而外柔顺，内离而外坤也。内文明而外柔顺者，文王也。文王有圣德，以服事殷，故曰文王以之利艰贞，当艰难而守正，能晦其明者也。内难而能正其志，所谓利艰贞也。箕子佯狂为奴，能晦其明而正其志者，故曰箕子以之。此卦义也。如爻，则不必拘内卦为箕子，自以六五言箕子，当随爻取义也。

或曰：以象言之，明为坤所蒙，而又互坎，非大难而何移？初一画于上爻之上，则成蒙。又六五之君，故取蒙义。三互震为诸侯，文王为西伯之象。幽于互坎丛棘之中，在羑里之象也。卦有互坎有坎难，而坎中爻在内卦，内难也。离，丽乎正，而坎为心，能正其志也。故为箕子之象。

家人，女正位乎内，男正位乎外；男女正，天地之大义也。家人有严君焉，父母之谓也。父父，子子，兄兄，弟弟，夫夫，妇妇，而家道正；正家而天下定矣。

《彖辞》但以女贞为言，而夫子因女正而推及一家之正，二阴位也。阴爻居之，女正位乎内也。五阳位也，阳爻居之，男正位乎外也。男女正，天地之大义也。九居五，天位也。六居二，地位也。得宜之，谓义行而宜之，亦谓义。此"义"字，释"利"字；"正"字，释"贞"字也。家人有严君焉，父母之谓也。以下极论家之所以正，父尽父之道，子尽子之道，兄尽兄之道，弟尽弟之道，夫尽夫之道，妇尽妇之道。父慈子孝，兄友弟恭，夫唱妇随，则家道正。正家，而天下自此定矣。《大学》家齐而国治，国治而天下平也。若即爻以辨位，以父母言之，则九五为父，六四为母也。以父子言之，则九五为父，九三初九为子也。二应五则互震为兄，互艮为弟也。以不动则互坎为夫，下离为妇。又一说也。

睽，火动而上，泽动而下；二女同居，其志不同行。说而丽乎明，柔进而上行，得中而应乎刚，是以小事吉。天地睽而其事同也，男女睽而其志通也，万物睽而其事类也：睽之时用大矣哉！

蹇，难也。险在前也；见险而能止，知矣哉！蹇利西南，往得中也；不利东北，其道穷也。利见大人，往有功也；当位贞吉，以正邦也。蹇之时用大矣哉！

解，险以动，动而免乎险，解。解，利西南，往得众也；其来复吉，乃得中也；有攸往，夙吉，往有功也。天地解而雷雨作，雷雨作而百果草木皆甲坼。解之时大矣哉！

解，险以动，坎险而震动也。解乎坎险之难，而动者也。动则脱乎坎险矣，故谓之解。解利西南，往得众也。西南坤，坤为众往，则得众也。无所往，其来复吉，固蹇难已解之后，亦欲九之不往四，而复于初矣。卦自临来，复于初，乃得与六二相比，而成临也。有攸往，夙吉，往有功也。勉二之速，进而往五也。往，则有作解之功矣。勉四而复初者，利西南之象也。欲其震动之归于坤，顺也。勉二之进五者，欲以九二刚中之臣，济六五柔中之君也。随时取义，不同如此。夫子既释《象辞》，又从而申解之义。曰：天地解而雷雨作，雷雨作而百果草木皆甲坼，百果草木皆解也。末赞曰：解之时大矣哉！王弼曰：解之时，非难之时，故不言用解之名，无有幽隐，故不言义也。

或问曰：四来初，二进五，如此则成屯矣。何以为解？曰：解所以亨，屯雷雨之解，正以亨云雷之屯，非入屯不能亨，屯而为解也。凡卦体已成爻之往来，乃大易变通之道也。或曰：卦自临来，本坤伏乾，故以天地言，上震下坎，故以雷雨言。二之五，则成艮。艮为果蓏，故以百果言。上震伏巽，震草巽木，故曰草木。此虽言理，未必拘象。然旁通曲畅，无不合也。

损，损下益上，其道上行。损而有孚，元吉，无咎，可贞利，有攸往。曷之用？二簋可用享。二簋应有时，损刚益柔有时；损益盈虚，与时偕行。

损，损下益上，其道上行，损三以益上也，上行益在上也。损而有孚，则元吉无咎；可贞而利，有攸往矣。时者，适时宜也。以全体言之，当损之时，乃可俭约。以爻言之，则损之，六爻惟三，当可损之时。初则酌损，四则惟损其疾而已。二、上弗损五，则益矣。卦具损益之义，故不专言损，而兼言益。夫二簋，享礼之甚，损者也。然而非固损之，亦惟其时而已。春祠夏禴，品物未丰，簋不可不损。秋尝冬烝，品物既多，簋不可不益。或损或益，惟其时而已。二簋之享，有时损刚而益柔，亦有时损益盈虚，与时偕行耳。自二簋用，有时以下合损益二卦论之，以簋之损益言之，则秋冬以物盈而益，春夏以物虚而损。以刚柔之损益言之，则春夏以阳盈而损，秋冬以阳虚而益也。

或曰：损艮山兑泽，巽风震雷，由兑而艮，西北之卦，自秋而冬之象。由震而巽，东南之卦，自春而夏之象。故曰：与时偕行。

益，损上益下，民说无疆；自上下下，其道大光。利有攸往，中正有庆；利涉大川，木道乃行。益动而巽，日进无疆；天施地生，其益无方。凡益之道，与时偕行。

益，损上益下，损四益初也。民说无疆，益在下也。自上下，下以否之九四，而下居初也，大光阳也。柔往刚来，二、五中正相应，乃有庆。有庆即所谓益也。木道乃行，巽遇震也。动而巽，震动而遇巽也。乾之四爻，下之坤为初，地受天施之象。天施地生，其益大而无方也。凡益之道，与时偕行。即损之所谓损刚，益柔有时者也。损固有时益，亦有时益之。六爻惟初二得益之位三，则益之用凶事而已。四、五益下者也，上则莫益之矣。此所谓时也。

或曰：以象言之，互坤为有庆，体震为行，益动而巽，下震上巽也。日进无疆，日之出也。自艮而震，震而巽，巽而离，则至于坤方矣。今卦互艮互坤，而震巽备焉。虽无离日，离日在巽坤之间矣。况自二至四，有中虚之离体，以离包坤，明出地上有进，进不已之象，而申无疆也。卦自否来，上本乾体，下本坤体，乾自上而下，天施之象也。震为出生，坤为方，坤成震矣。地生之象，变震则不见坤方，无方也，与时偕行，象见损卦。

夬，决也，刚决柔也；健而说，决而和。扬于王庭，柔乘五刚也；孚号有厉，其危乃光也；告自邑，不利即戎，所尚乃穷也；利有攸往，刚长乃终也。

夬，决也，以五刚而决一柔也。健而说，乾健而兑说也。决而和以健，决之而不说，其和说也，亦以乾兑言也。以二、五相孚，而号召众阳，号令信矣。然以一柔在上，下乘五刚，犹有危厉。一阴之难去如此，知其危厉，而力去之，则可以光也。告自邑，不利即戎，阴方穷蹙于上，或反于下寇不可迫，所尚乃穷也。然利有攸往者，九不自变，往变其六，则由夬而乾刚，长乃终也。上爻卦之终也，六阳乾之终也。

姤，遇也，柔遇刚也。勿用取女，不可与长也。天地相遇，品物咸章也；刚遇中正，天下大行也。姤之时义大矣哉！

姤遇解卦，名遇者，不期而会，柔遇刚者，以巽柔而遇乾刚也。不可与长，不正之女，不可与久处也。阳上阴下，男不下女，有勿取。象巽为长，故取长义。此下推明刚柔相遇之义。上乾为天，巽自坤生，乾巽交，天地相遇也。乾始万物，巽齐万物，品物咸章也。刚遇中正，谓以九二刚中之臣，遇九五中正之君，所以道大行乎天下也。姤之时义大矣哉！姤之时，一阴生五阳之下，阴阳消长之几系焉，时之大也。天地君臣相遇，斯有成功，义之大也。文王之易，但以阴生为戒。夫子则发明文王言外之义也。

萃，聚也；顺以说，刚中而应，故聚也。王假有庙，致孝享也；利见大人亨，聚以正也；用大牲吉，利有攸往，顺天命也。观其所聚，而天地万物之情可见矣！

萃，聚也。君臣聚精会神，以萃天下之象也。顺以说，坤顺而兑说也。刚中而应，二、五相应也。君臣相应，故聚也。王假有庙，以一己之精神，而聚祖考之精神，致孝享也。祀明堂，而民知孝，孝于祖考，所以斯民聚孝敬之心也。利见大人，亨，聚以正也。人心皆聚，而欲见中正之大人，故亨也。用大牲吉，以人心之聚，而言神明，用大牲，则吉也。人心不聚，而欲聚祖考之精神于庙，虽有大牲，神其吐之矣。利有攸往，顺天命也。人心向往，于九五之君，所以顺天命也。观其所聚，而天地万物之情可见矣。极言萃聚之情也。

或曰：阳刚为天，阴柔为地。万物资生于坤，而资始于乾者也。坤中伏乾，乾之气聚于坤，万物又聚于乾坤者也。又卦自观来，观盥而不荐，有宗庙象。坤为顺，互巽为命，顺天命象，或以三、四易位成离，为见坎为情，盖用虞翻意推之，恐失之泥。

柔以时升，巽而顺，刚中而应，是以大亨。用见大人，勿恤，有庆也；南征吉，志行也。

柔以时升，若自观来，则下体之坤，升于二阳之上。二升而四，三升而五也。若以小过相易言之，则是小过之九，自四降而居二，小过之六自二升而居四也。详见睽《象》，柔以时升当可，升之时而升者也。巽而顺下，巽而上坤也。刚中而应九二，刚中上应乎六五也。二五相应，是以大亨，而用见大人也。勿恤，谓有庆也。南征，谓其志上行也。

或曰：以象言之，上体坤有庆之象。或以互坎为志，互震为行，为志行，恐失之泥。

困，刚掩也。险以说，困而不失其所亨，其惟君子乎！贞，大人吉，以刚中也；有言不信，尚口乃穷也。

刚掩谓四、五之刚，为三、上所掩，二之刚为初六所掩。刚为柔掩，乃刚为柔困，君子不得志之时也。然君子虽身可困，而道则常亨。虽处坎险之中，而有兑说之象，所以亨也。贞，大人吉，以刚中也。谓九五以刚德居中，为大人，所以吉也。兑口有言，三坎不孚，处困之时，当以心亨，不在滕口说也。滕口说，反所以致困危行。言，孙可也。圣人之为君子虑也深矣。

巽乎水而上水，井；井养而不穷也。改邑不改井，乃以刚中也；汔至亦未繘井，未有功也；羸其瓶，是以凶也。

巽乎水而上水，以木巽入乎水取水而上者，井也。往来井井，井养而未始穷也。以刚中者，二、五皆刚也。详见正《经》汲井，将至井口，犹未尽繘，未有功矣。忽羸其瓶，凶矣。往欲有功，安可垂成而败？谓不敬慎也。孟子谓：掘井九仞，不及泉，犹为弃井，亦此意也。况将汲而羸其瓶乎？

或曰：巽乎水，当作巽乎木。但巽为木，而曰巽乎木，未通。

革，水火相息；二女同居，其志不相得，曰革。己日乃孚，革而信之；文明以说，大亨以正，革而当，其悔乃亡。天地革而四时成；汤武革命，顺乎天而应乎人；革之时大矣哉！

兑泽，地之水；离，日天之火。水能灭火，水息火也。火能乾水，火息水也。此息非生息之息，乃休息之息。水革火，而灭之；火革水，而温之也。二女同居，离为中女，兑为少女也。其志不相得，亦如睽之不同行也。睽，火炎上而泽就下，上下各行其志，故曰不同行。革，则上泽下火，有与之道。故但曰其志不相得，以其离火在下，而炎上之性，则有息水之道。兑泽在上，而润下之性，则有息火之道也。革己，日乃孚，革而信之。孚，即信也。文明以说，离文明而兑说也。以二体言也，大亨以正。以上下中正言也，如此，故能革而当也。革而当，其悔乃亡也。天地革而四时成，谓阳本于天，阴本于地，自一阳至六阳，而变坤之阴；自一阴至六阴，而变乾之阳，所以四时成也。以天地之革言也，汤武革命，顺乎天而应乎人；以世运之革言也，革之时可谓大矣。或曰：卦自大壮来。大壮之九二变而之五，大壮之六五变而之二，君臣易位，汤武革命之象也。卦有互巽，巽为命也。六二应五，顺乎天也。九五应二，应乎人也。上五为天，以三画卦言之，二乃下卦中爻，人也。以卦变言，离兑皆自大壮变震而来。震春，离夏，兑为秋也。离有伏坎，坎为冬也。天地革而四时成也。

鼎，象也；以木巽火，亨饪也。圣人亨以享上帝，而大亨以养圣贤。

巽而耳目聪明，柔进而上行，得中而应乎刚，是以元亨。

鼎，象也。以卦画有鼎之象也。详见正《经》，以二体言之，亦有鼎象。巽，木也。离，火也。以巽木而入离火，亨饪也。圣人以之亨，以享上帝大亨，以养圣贤。巽而耳目聪明，离为目。鼎有耳，聪明之象。柔进而上行，自遁来，则六自二而上之五也。得中而应乎刚，六五得中而应九二之刚也。释元亨义也。

或曰：以象变言之，自遁来，则上体本乾。以性情谓之，乾以主宰，谓之帝也。上九，一爻尊之至也，上帝之象也。以互体则二、三、四为圣贤。乾，圣贤也。乾在上谓之帝，乾在下谓之圣贤也。巽而耳目聪明，谓巽之九三也。九三动则成两坎、两离。坎为耳，离为目。两耳两目，聪明之象也。又因其鼎有耳，而发此义也。

震，亨。震来虩虩，恐致福也；笑言哑哑，后有则也。震惊百里，惊远而惧迩也；出，可以守宗庙社稷，以为祭主也。

恐致福，谓有震恐之心，则敬天之怒，无敢逸豫恐惧而致福也。后有则谓先恐惧，而后笑言，不失其则也。恐惧易至于失，则恐而致福，故不失则也。惊远惧迩，谓远者惊，迩者惧也。震惊而不丧匕鬯，谓当祭之时，敬心不乱，故可以为祭主也。

或曰：以象言之，震得乾初爻。乾，天，则也。上震互坎，坎，为律，亦则也。艮又为宗庙之象。社主土稷主稼，艮主土震主稼。震又为出，出可以守宗庙社稷，以为祭主之象也。

艮，止也。时止则止，时行则行；动静不失其时，其道光明。艮其止，止其所也。上下敌应，不相与也。是以不获其身，行其庭，不见其人，无咎也。

艮，止也。解艮之名义也。时止则止，时行则行，谓静之中有动也。动静而不失其时，其道光明。阳居上，光明之象也。艮其止，止其所也，言两象各止其所也。上下敌应，不相与，谓上下体艮爻，但刚以刚应，柔以柔应，无阴阳相与之理也。八纯卦皆然，而艮以为卦义者，以其各止其所，不相与也。各止其所，是以不获其身。以阴阳不相与，是以行其庭，不见其人也。不获其身，无我也。不见其人，无物也。此艮之所以为止也。此即艮之所以无咎也。

或曰：艮为山，两山对立，不相与，止其所也。互震为行，互坎为光明。

渐之进也，女归吉也。进得位，往有功也；进以正，可以正邦也。其位刚得中也；止而巽，动不穷也。

进得位，谓否之六三上往而之四六；四得位，故曰往有功也。进以正，岂唯宜其家人哉！家齐而后国治，可以正邦者也。此发明利贞之义。其位刚得中也。中犹中孚之中，非谓五也。六三往而为六四，九四复下而为九三，位刚而得中者也。然必九先下而之三六，乃上而之四，乃为男下女也。今但言女，而不言男者，以自女归吉，而释其义故也。止而巽动不穷也。下止而上巽也如此，则动而正，无穷悔矣。无穷非谓不已，谓不至于穷，如未济男之穷。

或曰：自否来，坤为邦，故曰正邦。

归妹，天地之大义也。天地不交，而万物不兴；归妹，人之终始也。说以动，所归妹也；征凶，位不当也；无攸利，柔乘刚也。

长兄嫁妹，故曰归妹。详见《下经》，归妹，天地之大义也。天地不交，而万物不兴。亦以自泰来言之，天地交而万物通者，泰也。乾道成男，坤道成女，二气交感，化生万物也。归妹，人之终始也。女道之终，而妇道之始也。说以动，下兑而上震，释卦之凡例也。而曰所归妹者，盖上震为兄，嫌于配偶，故但专以说，以动言所归妹也。或疑下说上动，为少女说，震男动者，是盖不详《象辞》"所归妹"三字矣。说以动所归妹，则说以动专指少女言之矣。盖因三变而成兑，故四变而成震，则动因说而成也。征凶，位不当也。六居三既不当位，又以柔乘刚，下比乎二六，五方欲以三归之九二，若六三不从六五之命，欲与上六相应焉，则凶矣。盖上六非正应，妹何所归，无攸利矣。

或曰：归妹，上震下兑，互离互坎，备四时之正，故曰天地之大义。此虞翻说也。固卦象中之一义，但于卦名之义无取。今姑存之，以广异闻。

丰，大也；明以动，故丰。王假之，尚大也；勿忧，宜日中，宜照天下也。日中则昃，月盈则食；天地盈虚，与时消息，而况于人乎？况于鬼神乎？

丰，大也。释丰之名义也。明以动以二体言，离明而震动也。王假之，尚大也。所尚者大，如所谓王请大之也，宜日中宜照天下也，勉之也。谓宜至五而大之，则可以照天下也。至于五大矣，中矣，然日中则昃，月盈则食，不可不谨也。天地盈虚，与时消长，盈者必虚，息者必消。卦自泰否而来，上下本乾坤体，故以天地言之。泰者，否之渐也。阳至于泰，阳既盈矣，而否已伏；阴至于否，阴将盈矣，而泰已藏。天地之盈虚，与时消息也，而况于人乎？盛极必衰，人之盈虚，与时消息也。而况于鬼神乎？伸者必屈，鬼神之盈虚消息也。九之至四，本未盈也，已谓之丰豫，为之戒也。若往而至五，则成既济矣。岂丰卦乎？《卦辞》欲其至五勉之也。《象辞》以盈为戒，就九之居四而言之也。

或曰：以象言之，四至五，则上坎而下离，互体又有离、坎，故以日月言也。四之五，则五有互离，日中也；互有坎体，月盈也。五复降四，则互有巽、兑，日至兑西，日中则昃矣；月阙于巽，辛月盈则食也。或疑此食非月有食之之食，但指其亏者言之也。若定指其食，则有盈而不食者矣。月盈于乾由泰来，则乾中画已变。而互兑则为兑口，所毁食之象也。虽望不必食，而月食亦必以望也。然月必有望，何以有食有不食？盖望而不食，与日相望，而弗当度，未有盈也。惟当食之望，必与日敌，然后为盈耳。

旅，小亨，柔得中乎外而顺乎刚，止而丽乎明，是以小亨，旅贞吉也。旅之时义大矣哉！

柔得中乎外，五也顺乎刚。上下二刚也，止而丽乎明，艮止而离丽也。柔在外旅之象。柔中顺刚，所以小亨，以止丽明，亦有贞吉之义。当旅之时，尤为难处，故曰：旅之时义大矣哉！

重巽以申命。刚巽乎中正而志行，柔皆顺乎刚，是以小亨，利有攸往，利见大人。

重巽以申命重巽，上下皆巽也。风者，天之号令，命者君之号令。巽为风，故为命申，亦重也。重巽，所以申命也。刚巽乎中正，而志行九五之刚，入乎上而中正。九二之刚，入乎下而得中刚中，相应所以志行也。柔皆顺乎刚，初六顺九二，六四顺九五也。

或曰：巽自遁来，六二往四，而近九五。故曰：利有攸往，利见大人，专指九五也，亦通。

兑，说也。刚中而柔外，说以利贞。是以顺乎天而应乎人。说以先民，民忘其劳；说以犯难，民忘其死；说之大，民劝矣哉！

兑之所以亨者，以上下相说，而为亨也。刚中而柔外，九居二体之中，而六居二体之上也。说以利贞，说而不正，非利也。说而得正，所以为利也。顺乎天而应乎人，上卦六在上天也，下卦六在三人也。又从而推兑说之义。曰：说以先民，则民忘其劳以佚道；使民虽劳不怨也。说以犯难，则民忘其死以生，道杀民，虽死不怨杀者也。说之义其大如此，此民之所以劝也。

以象言之，卦有互离伏坎。坎为劳卦，离见坎伏，忘其劳也。又有互巽而伏震，震为反生，忘其死也。

涣亨，刚来而不穷，柔得位乎外而上同。王假有庙，王乃在中也；利涉大川，乘木有功也。

刚来而不穷，谓否之九四来于二，而未至初也。柔得位乎外而上同谓否，六二上往乎四柔，得正位而上同九五之刚也。王乃在中，以九居五，得中也。乘木有功，乘巽木于坎水之上也。

节，亨，刚柔分而刚得中。苦节不可贞，其道穷也。说以行险，当位以节，中正以通。天地节而四时成，节以制度，不伤财不害民。

刚柔分而刚得中，言自泰来也。三阳本同在下，三阴本同在上。今分乾之九三，而居五分，坤之六五而来，三是刚柔分也。然刚柔虽分，而九二九五之刚，皆得中。中者，天下之大本。发而中节，则时中矣。若固守之，其道穷也。其道穷，指上六而言，所谓拔一毛以利天下而不为者也。岂不穷乎？说以行险，以二体言也。兑说而坎险也。说以行险，则不苦矣。当位以节，谓五也。九居五，当位者也。中正以通，兼二五言之也。中正者，五而通者二也。坎孚维心，所以通乎五也。天地节而四时成，以下极其节之大者也。天地节者，如历家之有节候是也。节以制度，不伤财，不害民。兑为金伤也而不伤，坎为险害也而不害，盖用财有节，则不伤财。取民有节，则不害民也。此节之大者也。

或曰：以象言之，上坎下兑，互震伏离，震春、离夏、兑秋、坎冬，四时成也。

中孚，柔在内而刚得中；说而巽，孚乃化邦也。豚鱼吉，信及豚鱼也；利涉大川，乘木舟虚也；中孚以利贞，乃应乎天也。

小过，小者过而亨也；过以利贞，与时行也。柔得中，是以小事吉也；刚失位而不中，是以不可大事也。有飞鸟之象焉：飞鸟遗之音，不宜上，宜下，大吉，上逆而下顺也。

小者，过而亨，谓五也。五居三四之上，为一卦之主，故曰过而亨也。过以利贞，与时行，谓随小过之时，而用其正也。柔得中六二、六五也。柔得中，故可小事刚，失位而不中，谓三四也。九四失位而不中，九三虽不失位，亦不中，故不可大事也。飞鸟遗之音，不宜上宜下，上则过下，则未过上，则逆下，则顺也。

既济，亨，小者亨也。利贞，刚柔正而位当也。初吉，柔得中也；终止则乱，其道穷也。

未济，亨，柔得中也。小狐汔济，未出中也；濡其尾，无攸利，不续终也。虽不当位，刚柔应也。

周易象义卷十一

象上传

象取形像意，说见《系辞》。象有二：有卦象，有爻象。爻象即周公所系爻下之辞，而夫子释之，谓之小象。卦象，乃夫子自作之辞，所以释卦二体之义，谓之大象。盖大象纯乎夫子之易，而小象则止是释周公之易耳。或有分大象小象，各为一编者，今依本义合而一之云。

天行健，君子以自强不息。

此释乾卦画，本当在《象传》之前，因其以《象传》名，故与小象合于一编。其象多与文王之《象》不同，故先儒谓此为夫子之易。大抵周公《爻辞》已与文王《卦辞》不尽同矣，故夫子于大象别发一义言之，所谓道并行而不相悖，亦以见易道之无穷也。后仿此。他卦之象，必志卦名。今此但言天行健，而不以乾称，盖乾即健也。天上有天，浑天象也。以浑天言之，半出地上，半在地下，重乾之象。运转不停，非行健而何？以天度言之，三百六十五度四分度之一。一日，周天而又过一度。今日周矣，而明日又周，此健之不息。君子观天之行健，而自强若此，与天同其建矣。君子者，主用易者，而言以者，以此象而体之于身也。自者，在我而不在人也。强者，此心之健也。不言圣人、不言君，而言君子者，言圣人，则恐人以为难能而自沮，言君则失之拘，言君子则通生知学，知在上在下者而言之，至于专主君者，则以先王及后言之。

潜龙勿用，阳在下也。

初九，先儒谓之小象。阳谓九，下谓初，阳即龙，下即潜也。

见龙在田，德施普也。

九二，德施普者，德以龙言施普，以在田言也。

终日乾乾，反复道也。

九三，反复道者，谓三爻下卦之终，而又将复始也。上下反复，皆乾也。

或跃在渊，进无咎也。

九四，进无咎，谓跃而在渊，虽进，亦无咎也。

飞龙在天，大人造也。

九五，大人造，谓居得正，而有所作为也。

亢龙有悔，盈不可久也。

上九，不可久，谓上阳已亢，盈极则虚也。

用九，天德不可为首也。

用九，天德不可为首。天德，以刚德言也。谓六爻皆变，而不见乾，故不可为首也。

地势坤，君子以厚德载物。

地势，以高下言二坤故也。东南地下，西北地高，有如二地，虽有高下，然自下而上，其势以渐，所谓顺也。或以自上而下为顺，而不知易画皆自下而上，且人道以下从上为顺也。坤，六画之名也。君子以之厚德载物，地上有，地不亦厚乎？厚故能载。载车承物之义也。坤为大舆，亦以此取象。

履霜，坚冰，阴始凝也；驯致其道，至坚冰也。

初六，言阴始凝者。初，故取始凝之义。坤顺，故取驯致之义。《魏书》作：初六履霜，阴始凝也。

或曰：驯，狎顺也。如禽兽之驯，狎字从马。马行之顺曰驯。爻变震，以马取象。

按：夫子《小象传》本以义言，非必取象。今此书以象为主，凡可以象推者，亦不敢违，非用其凿，盖先儒已然矣。后皆仿此云。

六二之动，直以方也；不习无不利，地道光也。

六二，卦之主，故以地道光言。地言坤而光，即所谓含弘光大也。以动言者，虽以爻动取义。但月令言地气上腾，则地道，亦有动义。地气虽腾，而不失其直方之体者也。

含章可贞，以时发也；或从王事，知光大也。

六三，以时发者，非时，则含章时至。则从王事尔，言知光大。光大，亦坤象也。

或曰：光大固坤象，亦动而成坎之象。坎为光明。

括囊无咎，慎不害也。

六四，慎不害者，谨密则无害，无害即无咎也。

黄裳元吉，文在中也。

六五，文在中。黄者，中之色，故以文言也。

或曰：动有伏离文明也。

龙战于野，其道穷也。

上六，阴盛将穷，故曰其道穷。

用六永贞，以大终也。

用六，以大终，终，谓六爻之终。坤变乾，乾为大也。

云雷，屯；君子以经纶。

屯者，结而未解者也。解丝棼者，经之纶之单丝为经，合丝为纶，谓震坎各一阳，合而为二阳之卦也。坎为云，震为雷。雷虽动矣，云畜雨而未降，故曰云雷屯。君子以经纶，所以解屯难也。云雷方兴，雨欲下而未下，若天之有所经纶也。

或曰：自观来者，上体本巽为绳。绳者，两经之合，故取此象。

按：夫子《大象》，其大义固以上下本体取，其间命辞，则或因互体伏体变体取焉。如此卦震坎，而以卦变巽绳，言经纶之类是也。或但以夫子止论两体，不当旁及互体伏体变体者，虽得其大意，而于命辞有所未尽，故并及之。非用其凿，后诸卦仿此。

虽盘桓，志行正也；以贵下贱，大得民也。

初九：志行正者，谓志欲行其正道，非终不动，盘桓以待时也。以贵下贱，初阳处三阴之下，且居地位也。大得民，民谓众，阴也。

又按：初九，释象下谓：志行正。盖志者，但言六爻之情。易中如此甚多，或以坎为志，震为行，恐失通之泥。若必以象求，亦旁通曲畅也。后仿此。又按：旧或以大小象分为二者，则屯之小象，乃以"虽"字为章首，文势未安，故知合而为一者为当也。

六二之难，乘刚也；十年乃字，反常也。

六二，乘刚，谓乘初九之刚也。十年乃字，为五而字，所以反其正应之常也。

或曰：反常谓不变，卦自临变，二、五相易，复成临卦，为反其常也。

即鹿无虞，以从禽也；君子舍之，往吝穷也。

六二，言从禽者。《白虎通》谓禽者，鸟兽之总名。为人所禽制，故鹿，亦可言禽也。先儒多以鹿为山麓者，盖因"禽"字而立异说耳。往而吝者，以无应而穷也。三、上皆柔，故有穷象。

求而往，明也。

六四，求而往，谓求初，往五或以初求四，往言者，非也。

屯其膏，施未光也。

九五，施未光。坎本有光，象当屯之时，故未光也。施谓坎之膏也。

泣血涟如，何可长也。

上六，不可长者，穷极之地，不容长处也。

或曰：上六自观来者，上体本巽。巽为长巽，变为坎，故曰何可长。

山下出泉，蒙；君子以果行育德。

艮上而坎下，为山下出泉。周子所谓静而清也。原泉混混，放乎四海，果行之象。泉出于山，方其未发，有育德之象。育德即蒙，以养正也。果行，即孟子所谓泉之始达，沛然莫御者也。力行者似憨，养德者似愚，故取蒙养。或曰：艮为果，互震为行。或问：艮但为木果，今取刚果之义。何也？曰：巽为不果，柔而不果。艮为木果，正以其刚果耳。如革为更，革而兼取于皮革也。

利用刑人，以正法也。

初六，以正法言，以坎为律也。

子克家，刚柔接也。

九二，言刚柔接者，言二、五相应也。

勿用取女，行不顺也。

六三，当往上而欲下，从二，故其行不顺也。

困蒙之吝，独远实也。

六四，远实谓远阳也。阳实阴虚，下既无应，上下皆阴，远于九二、上九，故曰独远实也。

童蒙之吉，顺以巽也。

六五，以柔居刚，下从九二，顺以巽者，有舍己从人之义。

或曰：互体有坤为顺，动则成巽，故曰顺以巽。

利用御寇，上下顺也。

上九，不为寇而御寇，则上不为暴。下去其蒙，上下俱得其道，故曰上下顺也。

或曰：顺，亦以互坤言。

云上于天，需；君子以饮食宴乐。

云坎天乾也。云上于天，将雨未雨，需之象也。需者，待义饮食，所以待宾。爻所谓不速之客，云上于天，待雨也。饮食宴乐，待宾也。或以为自饮食宴乐，以待时即居。易以俟命之义，然居易俟命可也。何必以饮食宴乐俟之哉？非穷居守约之象，恐流为宴安，故待宾之义为长。

或曰：坎为水，**互兑为口**，有饮食象。兑为说，有乐象。乐者，阳之舒，亦象乾也。

需于郊，不犯难行也；利用恒无咎，未失常也。

初九，坎险之难在前，惟需则不犯难，惟恒则不失常也。详见正《经》。

需于沙，衍在中也；虽小有言，以吉终也。

九二，衍在中，以宽绰也。才刚位柔，宽衍之义。坎虽险而兑说，险者平矣，故衍在中也。中谓二也，虽小有言，而以吉终者，以与五同德也。

需于泥，灾在外也；自我致寇，敬慎不败也。

九三，灾在外。外卦坎也，谓六四也。动则致寇，止则不致寇。自我而已，非敬慎，其能不败乎？坎为舆，多眚，疑有败象，故以不败言。

需于血，顺以听也。

六四，需于血，而出自穴者。盖爻位皆柔，有顺听之象。或曰居正，故能顺也。坎耳，故能听也。

酒食贞吉，以中正也。

九五，酒食贞吉，以居中得正也。

不速之客来，敬之终吉；虽不当位，未大失也。

上六得正，本自安位。然柔当居下，而反在上，故以不当言之。然能敬不速之客，故未大失。

或曰：上不当位。盖上六之于九三正应也。于初九、九二，则不当位也。阳者，阴所当敬，虽不当位，而亦敬之，亦未为大失也，亦通。但于入穴之义未协。

天与水违行，讼；君子以作事谋始。

天一生水，天与水非违行者也。然本乎天者，亲上而水无有不下，则相违矣。天西转而水东流，又相违矣。人性，其初本不远也。其情相违，则至于讼。此讼之所以成也，君子以作事谋始，善始之意，可以占终。与其终凶，不若戒之于始也。

或曰：六三互巽为行事。先儒以坎为谋，乾为始，故为谋始。以坎为谋者，坎为心为隐伏，隐伏于心谋也。

不永所事，讼不可长也；虽小有言，其辨明也。

初六，讼不可长，谓不可终讼也。其辨明言，辨明己事而已，非永讼也。不永所事，爻之才也。讼不可长，讼之理也。

或曰：初与四应，互巽为长，故取长言。承互二之离，故其辨明。

不克讼，归逋窜也；自下讼上，患至掇也。

九二，处下欲以讼上体之五，自下讼上，自掇取其患者也，坎难为患。

或曰：九二变则互艮，若不知变，尚与五讼，则是由艮入坎，艮手为掇，有掇患之象矣。又卦自遁来，二归于三，则爻成艮，而卦复成遁。《说文》鼠在穴中为窜，艮为鼠伏兑为穴。又坎窞，亦有穴，故亦有鼠窜之象。

食旧德，从上吉也。

六三，才柔非能讼者，若能守旧，而上从于五，则可以吉。从上谓或从王事，非以从上解食旧德也。

复即命，渝，安贞不失也。

九四，复就天命而变，刚为柔守四之正，则未为失也。

讼元吉，以中正也。

九五，为讼之主，以刚健中正听讼者也。

以讼受服，亦不足敬也。

上九，健而居终，终讼者也。虽以健胜，然亦有褫夺之忧，何足敬也？

地中有水，师；君子以容民畜众。

坤地之中有坎，地中有水也。坤为民，又为众容畜者。坤含弘象，一说有阳爻，则为容民。容民，言内卦也。坤为众，畜众，言外卦也。或曰：地中有水，井田沟洫之象。古者，寓兵于农，行师在其中矣。地中有水，农外无兵，民指农 言众，指兵言。

师出以律，失律凶也。

初六，师出之始，当先以律。苟为失律，虽臧亦凶也。

在师中吉，承天宠也；王三锡命，怀万邦也。

九二，言天宠者，承五之宠。五，天位也。怀万邦者，六五柔中，有怀柔之象也。或曰：坤为众为土，万邦之象。

师或舆尸，大无功也。

六三，阴耦所主不一三，又多凶，故大无功也。

左次无咎，未失常也。

六四，虑胜后会，行师之常也。

长子帅师，以中行也；弟子舆尸，使不当也。

六五，以中行，谓与九二应。使不当谓与上六近，上六虽得正，亦终凶也。

大君有命，以正功也；小人勿用，必乱邦也。

上六，得位，亦未尝无功。然与六三应，故以小人勿用为戒。若用，则乱邦也。坤有乱象。或问六五，以上六为使不当，而凶爻，乃谓有功，何也？曰：各爻取义，不同如此多矣。

地上有水，比；先王以建万国，亲诸侯。

地上有水，相比而无间，相亲而不可判者也。因下比上，故建万国，因上比下，故亲诸侯。坤为众为土，万国之象。万国象地，诸侯布其上象水。

或曰：**自复来者，坎本为震，震为诸侯。**

比之初六，有它吉也。

初六，有它吉。谓四非正应，以其同心比五，虽非正应，比五则同故也。

比之自内，不自失也。

六二，不自失者，言阴之比阳，固当率其类，亦不可为人而自失其所比也。

比之匪人，不亦伤乎！

六三，与上为应，所比非人，所以伤也。

或曰：六三言伤者，六三变则互坎。坎为血，故有伤象。

外比于贤，以从上也。

六四从上。上谓君上，即五是也。非上六之上，九五刚中正，非贤德之君而何？

显比之吉，位正中也；舍逆取顺，失前禽也；邑人不诫，上使中也。

九五，正中舍逆取顺，详见正《经》。言上使中者，谓二之得中，由九五在上为主，以二柔中而应刚中，若九五使之也。六二，我之正应，即自邑也。

比之无首，无所终也。

上六，以在上言之，则为首。以居末言之，则为终。上六不知比五，是无君之人。岂特无首，亦无终也？

风行天上，小畜；君子以懿文德。

风行天上，世所谓刚，风所以持天体也，以小畜大也。文德德之，小者中庸，所谓小德也。小德之中，畜大德焉，故君子以懿文德也。乾为德，懿者，美也。指阴而言，或曰互体有离文明。亦自夬来，夬为书契，故曰懿文德。

复自道，其义吉也。

初九，复自道，何其咎？于义为当，故有吉道也。

牵复在中，亦不自失也。

九二，言在中者，二居下卦之中。虽为阴所畜，然三阳相牵，亦不自失也。"亦"字承初而言也。

夫妻反目，不能正室也。

九三，夫妻反目，以不能正室耳。反本言之也。

或曰：互兑伏艮，为门。艮伏有不能正室象。

有孚惕出，上合志也。

六四，与五合志，故能上孚乎君，下畜乎民也。

或曰：互离伏坎为志，恐失之泥。后放此。

有孚挛如，不独富也。

九五，不独富者，不但九五一爻之阳为富，取诸阳言之也。

既雨既处，德积载也；君子征凶，有所疑也。

上九，德积载者，谓崇尚阴德，积而至于载乎阳也。有所疑者，巽本阴卦，上本阴位。今五尚之，而至于此，则疑于阳。而与阳敌，故征凶也。巽为进退，故有疑象。

上天下泽，履；君子以辨上下，定民志。

乾天兑泽为履，所以辨上下而定民志也。乾上坤下，天地定位，何以反名？曰：否。盖彼以上下不交取义，此则以辨上下取义。地固下矣，泽又在地之下，故尤可以辨上下也。上下辨，则民志定矣。此履之所以又训礼也。夫上天下泽，天水相连，水疑于天也。辨之者，辨之于天水之间也。若以《说卦》八卦取象之序言，则乾居首为最尊，兑居末为最卑，乾父为最尊，兑女为最卑，亦所以辨上下也。

或曰：互有离，故明而有辨也。互离，伏坎为志。

素履之往，独行愿也。

初九，素履往行，其素志者也。故曰：独行愿言其素，履乃志所愿也。

或曰：卦自姤来，成卦由此一爻之往也。故曰独行愿。

幽人贞吉，中不自乱也。

九二，中不自乱。九二得中，不为六三所乱也。盖以刚居柔，本不当位，兑以说体，故戒之。

眇能视，不足以有明也；跛能履，不足以与行也；咥人之凶，位不当也；武人为于大君，志刚也。

六三，以柔居刚，不中不正，故不足以有明，不足以与行。以六居三，位不当也。

愬愬终吉，志行也。

九四，愬愬畏惧，则终得其吉也。盖志在于行，而不处也，行即履也。行而不处，则远虎尾矣。传发爻外之意，或曰三、四两爻，皆言志者。盖三、四互离，伏坎为志。恐失之泥。

夬履贞厉，位正当也。

九五，位正当者，谓自夬来，谓此爻与位，与夬相当也。

元吉在上，大有庆也。

上九纯健之体，居上卦之上，元吉。在上也，庆即祥也。

天地交，泰；后以财成天地之道，辅相天地之宜，以左右民。

地天为泰而不言地天泰，必曰天地交。泰者，盖天地定位，不可易也，特其气相为流通耳。人君观天地交，泰之象，故以之裁成其道，而辅相赞助之。裁成其道，辅相其宜，所以左右民也。裁成辅相，左右所以通之也。取泰通象。

或曰：自二至四，互体为兑。自三至五，互体为震。以兑金制震木，裁成之象。一曰乾金，故能裁坤，为成物也。震东兑西，左右也，左右有辅相之象。乾为后，坤为民。

按：《大象》或称先王，或称后先王，指人君而言之。后，则通天子诸侯也。后放此。

拔茅征吉，志在外也。

初九，志在外。外谓外卦，阳欲上进也。

或曰：子于《爻辞》之象，既以四为五，妹而归于二，则初无正应。安得进于外，而云志在外哉？曰：易随时取义。不同初与二，同德相与，以进于君者也。

按：言象者，多以志为坎。今本爻无坎，似难强取。盖有以坎取者，故但言卦之情，不可例拘也。

或曰：初之五，则上体有坎为志，但初、五非应耳。

包荒得尚于中行，以光大也。

九二，以光大者，阳为明，故有光象。阳为大，故有大象。光能烛远，大能胜私也。包荒，得尚于中行，举首尾二句言。

无往不复，天地际也。

九三，天地际者，阴阳于此界限，言其不可不谨也。

翩翩不富，皆失实也；不戒以孚，中心愿也。

六四，皆失实者，阳实则富，阴虚则不富也。中心愿者，言其志愿，下从阳也。

以祉元吉，中以行愿也。

六五，中以行愿，行四之愿也。四愿从阳，六五居中，行其愿也。亦详正《经》。

城复于隍，其命乱也。

上六，其命乱者，泰极则否，治极则乱。至乱也。

天地不交，否；子以俭德辟难，不可荣以禄。

天向上而地向下，天地不交之象。君子患难之秋也，故以俭德辟难，天地否塞而不交，君子岂以禄为荣哉？上不能得下，而下亦不以上之禄为荣也。乾为君子，坤为吝啬，俭德也。

或曰：互体有艮巽。巽为入为隐，伏艮为止，辟难之象也。巽有辞逊之义。兑口既伏，有不食禄之象。震蕃鲜，巽见震伏，故不可荣。

拔茅贞吉，志在君也。

初六，所以正固而吉者，无他志，在乾君而已。夫子发爻外之意。

或曰：初志在君。君五也，初之五，互坎为志。

大人否，亨，不乱群也。

六二，不乱群者，言虽包之，而不乱于小人之群也，亦爻外之意。

包羞，位不当也。

六三，包羞以柔居刚，故位不当也。

有命无咎，志行也。

九四，志行，谓九四之志，行乎下三阴也。或曰九四近君宣君命而达之二者，五之二，则互坎为志。

大人之吉，位正当也。

九五，位正当言，刚健中正，为大人，同乎乾也。

否终则倾，何可长也。

上九，何可长也，所以戒小人之辞。言否，不终于否也。何可长也，与屯同屯，不能解否，乃能泰。彼为君子忧，此为君子喜也。

吴氏曰：否泰之机，常相持也，亦常相禅也。先天之卦，泰以否对；后天之卦，泰以否继对，则远而继则近也。先天自乾八卦，便至泰。泰三十二卦，方至否。泰易而否，难也。后天自乾十卦，方至泰。泰一卦便至否，泰难而否。易也虽否而泰，泰而否，有若循环。然泰之中又有否，否之中又有泰，倚伏之机，可畏也。

愚谓：否不终否，否终自有倾之理。今上九不曰否倾，而曰倾否，则倾之者，又有人焉，不可尽诿之天也。乘否之终倾者，覆之，则否无余矣。天下又岂有长否之理哉？先否否也，先天下之忧而忧者也；后喜泰也，后天下之乐而乐者也。

天与火，同人；君子以类族辨物。

天与火同类也，故以之类族。乾阳而离阴，故以之辨物。乾火从其类，故有类族之象。又离为文明，亦有辨物之象。圣人于同人卦，发明同中之异，不使之苟同也。

或曰：金木水土之生，不假人力，惟火之生；假人力，以人同天，故曰同人。又体自姤来，品物咸章之象。

出门同人，又谁咎也。

初九，出门之初，即与人同。未见远近，广狭之情。谁其咎者？谓无相与为异者也。

或曰：初九属震爻，震为大涂，故为出门。

同人于宗，吝道也。

六二，当得五而近，同三不能远。同，故吝。

伏戎于莽，敌刚也；三岁不兴，安行也。

九三，敌刚，言初九也。位又不正，终不能兴，安所行哉！言虽行，而无所之也。

乘其墉，义弗克也；其吉，则困而反则也。

九四，困而反则者，欲其不与五争，而自反于正理也。困心横虑，能反诸理，则吉也。故曰困而反则也。六二应五九，三争之已非义。九四争之，亦非义也。

或曰：九三动，故九四争之；九四动，则上九必争之矣。九四动，互坎也。上九动，则兑也。兑居坎上，困也。乾为天，则又二伏坎为法，亦则也。

同人之先，以中直也；大师相遇，言相克也。

九五，所以胜者，以中直也。克去三四两爻，则二与五相遇矣，故曰言相克也。

或曰：九五以中直者，乾动也。直所应六二，亦本坤直。

同人于郊，志未得也。

上九与三，同为阳刚。然卦惟一阴，众所欲同。今去二既远，不能同二，故志未得也。

或曰：下离伏坎为志，坎伏故志未得。

火在天上，大有；君子以遏恶扬善，顺天休命。

火在天上，离日当中之象。天日清明，物无遁形，故以之遏恶扬善。

或曰：自夬来扬于王庭也，自姤来下本巽。巽为命。巽易而乾，天之休命也。又姤阴恶而夬阳，善遏姤之恶，扬夬之善也。

大有初九，无交害也。

初九，无应，故以无交而有害也。

大车以载，积中不败也。

九二，以积中不败言。盖四阳相迭，有积象而居中，则积于中者不败，谓所载之无咎也。

公用亨于天子，小人害也。

九三，以刚居刚，公用亨之象也。变则为柔，故有小人不克而有害之戒。

匪其彭无咎，明辨晳也。

九四，明辨晳者，不有其有，非有明智者不能也。

或曰：九四居互兑之中，兑口，故有辨。离体，故所辨明。

厥孚交如，信以发志也；威如之吉，易而无备也。

六五，言孚者信，以发六五之志也。威如者恐，其过于柔而乐。易无戒备也。

大有上吉，自天佑也。

上九之吉，自天佑者，以其为九五文明之君所尚也。

地中有山，谦；君子以裒多益寡，称物平施。

地中有山，地与山平，山虽高而屈于地也。君子观谦之象，地与山平，故裒多益寡，称物平施。所谓平者，非无等差也。称物而施，适平而止，所谓执其两端用其中也。坤为均平也。

或曰：坤物所资生艮，成物终始，故以物言。以内外横体观之，外三阴为多，内二阴为寡矣。然自直体观之，则两旁皆五阴也。艮之画，横其中，有互坎焉。坎主冬，冬为权称物也。坎为水，天下之至平。坎又为雨，则施之平者也。

谦谦君子，卑以自牧也。

初六，处最下，故曰卑以自牧，以无正应，故以自言。或曰：上卦为坤，坤为牛，艮为少男，牧牛者也。

鸣谦贞吉，中心得也。

六二，以谦为志，有诸中而形诸外。以鸣谦，知其中心得也。以中心得言者，恐或以鸣为内，不足也。

或曰：六二互坎，故以中心得言。

劳谦君子，万民服也。

九三，万民服，惟有谦德，故足以得人心，所以有终。人道恶盈而好谦也。

或曰：阴为民，坤为众，故曰万民服也。然坤在上卦，岂为万民服乎？曰：卦本自剥来，艮体在上。今自上而下劳，而不伐有功，而不德厚之至也。此民之所以服也。

无不利撝谦，不违则也。

六四，不违则者，能顺夫天下之正理也。

或曰：六四不违者，顺也。顺坤象也。坤有伏乾，乾为则。互坎为律，亦则也。

利用侵伐，征不服也。

六五，征不服者，以六二比三，而不应我也。九三，万民服，以德论也。六五，征不服，以位言也。

鸣谦，志未得也；可用行师，征邑国也。

上六，鸣谦，其志既未能得，不若自治也。

雷出地奋，豫。王以作乐崇德，殷荐之上帝，以配祖考。

初六鸣豫，志穷凶也。

不终日，贞吉，以中正也。

盱豫有悔，位不当也。

由豫大有得，志大行也。

六五贞疾，乘刚也；恒不死，中未亡也。

冥豫在上，何可长也。

泽中有雷，随。君子以向晦入宴息。

官有渝，从正吉也。出门交有功，不失也。

系小子，弗兼与也。

系丈夫，志舍下也。

随有获，其义凶也。有孚在道，明功也。

孚于嘉，吉。位正中也。

拘系之，上穷也。

山下有风，蛊。君子以振民育德。

山下有风为蛊，风以动之，振民也。艮为山，静育德也。此言君子当蛊之时，能振民育德，则可以饬蛊也。或曰：自坤成艮，坤民也。互体有震，振也。自乾成巽，乾德也。互体有兑，兑泽育也。

干父之蛊，意承考也。

初六，干父蛊者，子能干蛊，其意在于承考也。

干母之蛊，得中道也。

九二，得中道者，以刚居柔，刚柔得中也。

干父之蛊，终无咎也。

九三，终无咎者，能干父蛊，所以无大咎也。下体之终，故以终言。

裕父之蛊，往未得也。

六四，欲有所往，必见有吝，则往未可也。

干父用誉，承以德也。

六五，继承以德，故能用誉也。

不事王侯，志可则也。

上九，不事王侯，其志亦可法则也。

或曰：自否来者，上体本乾为则，动而之三，成坎为志。

泽上有地，临。君子以教思无穷，容保民无疆。

泽上有地，地与泽相临也。兑为口，朋友讲习者也，有教象。坤，为民，无疆亦坤也。故君子观泽，上有地之象。教思无穷，容保民无疆焉。

或曰：乾之九二，学以聚之，问以辨之，宽以居之，仁以行之。此卦九二，乃卦之主。教思无穷学，聚问辨也。容保民无疆，宽居仁行也。

咸临贞吉，志行正也。

初九之志，在行吾之正也。

或曰：爻变成坎，为志初之四，成震为行。

咸临吉无不利，未顺命也。

九二，得正应，而言未顺命，何也？以一阳群阴，犹未尽听，必待朋来，而后吉无不利，以其昔未顺命，故有待于咸临也。

或曰：互体震有伏巽，巽为命，坤为顺。

甘临，位不当也；既忧之，咎不长也。

六三，不正本，合有咎。然既能忧之，则二阳浸长，可以进而三阳。

故曰：咎不长也。

或曰：巽为长，巽伏，故咎不长。

至临无咎，位当也。

六四，与初正应，各当其位也。

大君之宜，行中之谓也。

六五，以居中，而能下交九二，故为大君之宜也。行，亦当以五动取义。

或曰：三互震为行。

敦临之吉，志在内也。

上六，志在内者，内二刚也。

或曰：上既极则，反下之初成坎，坎为志。

风行地上，观。先王以省方，观民设教。

风行地上，则尽地之物，无不受焉。故先王以之省方，观民设教。省方观民，风行地上之象。风以动之，教化之也。

或曰：巽为多白眼，省观之象。坤为地，为众，方与民也。观自临来，本有兑口设教之象。故两象皆以教言也。

初六童观，小人道也。

初六童观，小人之道，君子所羞也。

窥观女贞，亦可丑也。

六二，女而阖户，利在正也。君子如此，则丑矣。或谓六二窥五之阳者也，若钻穴隙相窥，所窥者正，亦可丑也。阴为丑。

观我生进退，未失道也。

六三之进退，在九五不在六三，观九五而知可进可退之道，则未为失观之道也。

观国之光，尚宾也。

六四，尚宾。尚者，志尚也。谓其志尚，愿宾于王朝也。

观我生，观民也。

九五，观民之观，去声。君子之道，本诸身，征诸庶民。君所以自观者，以其示大观于民，不敢轻也。

或曰：五与二应，二坤，为民也。

观其生，志未平也。

上九，观九五者也。观九五之生君子也，斯无咎矣。如其未为君子也，上九之志未平。盖此爻为九五之师，任致君之责，耻其君不为尧舜者也。

或曰：上九变，则成坎险。坎又为心，故有志未平之义。

雷电，噬嗑。先王以明罚敕法。

雷电，当作电雷。雷所以动物，电所以照物。罚之明象，电之照法之敕象，雷之动也。

或曰：九四互坎，为律法也。

屦校灭趾，不行也。

初九，灭趾所以使之，不能行也。止而不复行，则善补过矣。

或曰：初九不行者，震为行，应四，四有互艮止也，故有不行之象。

噬肤灭鼻，乘刚也。

六二下乘刚，故遭噬也。

遇毒，位不当也。

六三，位不当而欲以柔噬刚，故遭毒也。

利艰贞吉，未光也。

九四，惟未当位，虽贞吉而尚有难时未光。亨，故也。或曰：四互坎，坎为光，然未当位，则坎成陷矣，故未光也。

贞厉无咎，得当也。

六五，以柔居中，以柔而噬，不用其刚。盖哀矜庶狱者，人君不忍之仁，乃当然之义也。详见正《经》。

何校灭耳，聪不明也。

上九，有耳，不明乎善，故曰聪不明也。耳，聪也。目，明也。今言聪不明者，明非指目，谓耳之所听，不能分别也。聪以听言，明以分别言。

山下有火，贲；君子以明庶政，无敢折狱。

山下有火，以离艮二象。言明庶政，取离之明，无敢折狱，取艮之止。

或曰：互坎为狱。自泰来，上本坤，坤为事，庶政也。噬嗑，四不正，故利用狱。贲，三在狱中得正，故无敢折狱。又丰，九居四震动，故折狱。贲，九居上艮止，故无敢折狱。

舍车而徒，义弗乘也。

初九与四为应，于义当从正应，不当非义。从二，故舍车而徒也。

贲其须，与上兴也。

六二，受贲于上。以卦变言，六自上而来者也。上苟不动二岂受贲哉！故曰：与上兴也。

永贞之吉，终莫之陵也。

九三，虽与二同体，为二所濡，然上非正应，亦不为上所凌侮也。

六四当位，疑也；匪寇婚媾，终无尤也。

六四与初，各当其位，虽有九三之寇可疑，终与初为婚媾也。

六五之吉，有喜也。

六五，贲于丘园，虽无华饰，终成束帛，故有喜也。

或曰：六五艮体，伏兑为说，故以喜言。

白贲无咎。上得志也。

上九，守其质，素而不为文所变，亦自得其素志者也。或曰：上得三者也。三互坎为志。

山附于地，剥；上以厚下，安宅。

山附于地，阳附于阴也。君之所附者，民也。故上以厚下，安宅坤，为地在下者，故以之厚。下艮为门阙，宅也。故以之安宅。《象》取阴剥阳象，取阳附阴也。

剥床以足，以灭下也。

初六，剥自下始，故曰以灭下也。

剥床以辨，未有与也。

六二，剥床以辨者，谓五非正应，无相与者也。

剥之无咎，失上下也。

六三，失上下者，独行从阳，与上下四阴相失，此朋亡之义，故失上下之阴类也。

剥床以肤，切近灾也。

六四及肤，则近灾矣。

以宫人宠，终无尤也。

六五，言能受制于阳，则可无过尤也。

君子得舆，民所载也；小人剥庐，终不可用也。

上九，所谓下乘五阴，众阴为民，民所载也。小人而自剥其庐，只自穷耳。世无君子，小人安能独存？故曰：终不可用也。

雷在地中，复；王以至日闭关，商旅不行，后不省方。

《象》以阳动取义。雷在地中，养动于静也。先王以南至之日闭关，商旅不行，后不省方。皆所以养其德于阴静之中也。阖户谓坤，闭关也。震为大涂，商旅所行也。阖户，故不行，而方亦不省矣。

或曰：伏巽，为近利市三倍，商旅也。巽伏而不行于涂，商旅不行也。巽为多白眼，坤为方，巽伏则不省方矣。取象之密如此！

不远之复，以修身也。

初九，速复于善，修身之道也。

或曰：复自剥来，剥上艮身也。

休复之吉，以下仁也。

六二，中正而下，从于初。初刚已复，克己复礼为仁者也。二能下以从之，故曰以下仁也。

频复之厉，义无咎也。

六三，义无咎，虽咎其频，而亦幸其复也。

中行独复，以从道也。

六四与初九为应，所以从阳者，非从阳也，从道也。况震为大涂，非可行之道乎！

敦复无悔，中以自考也。

六五，居中而能自考验其所行，故敦复而无悔也。或曰：考，成也。坤为成，变艮亦为成。六五居中而复，以之自成，其身诚者，自成也。何悔之有？

迷复之凶，反君道也。

上六复，则合道。迷则反于君道矣，故以其国君凶。

天下雷行物与，无妄；王以茂对，时育万物。

无妄之往，得志也。

不耕获，未富也。

行人得牛，邑人灾也。

可贞无咎，固有之也。

无妄之药，不可试也。

无妄之行，穷之灾也。

天在山中，大畜；君子以多识前言往行，以畜其德。

浑天，天包地。下天之阳，气自地而上，以至于山。山能畜聚，非天在山中乎？乾为言，为行为德，艮能畜之也。或曰：泰之上六变而为九，地下之天，为山中之天。

又互兑，为讲习前言也。互震，为往为行，往行也。

有厉利已，不犯灾也。

初九，能止则不犯灾。初九无过，四非正应，过在彼耳。灾自外至，非肯也。

或曰：初往上体成离而伏坎，坎灾也。恐失之泥。

舆说䡱，中无尤也。

九二，处得中道，上应于五，故无过尤。

利有攸往，上合志也。

九三，以刚往上。虽非正应，以同德合。故曰：上合志，或曰三四相比而相易，则互坎为志。

六四元吉，有喜也。

六四，止刚者也。爻位居柔，以柔道止初之刚，刚柔相应，所以喜也。

或曰：六四互兑为说，故有喜象。

六五之吉，有庆也。

二五相应，故有庆也。

何天之衢，道大行也。

上九，天衢，大道也。时止则止，时行则行也。始焉同德之相畜，终焉其道之同亨。故曰道大行。

或曰：三互震为行。

山下有雷，颐；君子以慎言语，节饮食。

山止于上，雷动于下，颐之象也。震为决躁，艮止之，故慎言语。噬嗑，有饮食之象。颐中无物，故节饮食。节饮食，象山之止物。慎言语，象雷之藏声。慎言语，所以养德。节饮食，所以养体。言语自口而出，饮食自口而入者也。故颐卦以之。

或曰：节自二至五，有颐象。故颐，亦以节言。

观我朵颐，亦不足贵也。

初九与四应者也。初，当下。动已非，养道四舍而观我。从欲而动，两皆不足贵也。阳虽本贵，而皆失其贵矣。

六二征凶，行失类也。

六二行失类者，欲从初，则为颠若。就上则为拂二，与上非其类也。

十年勿用，道大悖也。

六三，道大悖者，以其求养于上。两皆不中不正，有拂于养之道也。

颠颐之吉，上施光也。

六四，能下初之贤，以养德，则足以养人。故曰：上施光也。

或曰：变离有光象。

居贞之吉，顺以从上也。

六五，从上，从上九也。

或曰：互坤为顺。

由颐厉吉，大有庆也。

上九，大有庆者，五以上养，固不免危。然刚柔相济，虽危而吉。

或曰：互坤为庆。

泽灭木，大过；君子以独立不惧，遁世无闷。

泽至于灭木，盖泽溢而浩浩汤汤，时也。可谓大过矣！泽虽灭木，木之屹然者，自若独立不惧之象。天下非之而不顾，举世不知而不悔，故也。

或曰：初六一柔巽于四刚之下，独也。巽为股，立也。巽有伏震，震为惧，巽见震伏，故不惧也。上六，处一卦之外，遁也。大过，游魂卦也。出于世卦之外，遁世也。兑为说，无闷也。卦自遁来，故取遁义。

藉用白茅，柔在下也。

初六，以柔在下，犹以茅而藉地也。

老夫女妻，过以相与也。

九二，过以相与，故过五而求上也。

栋桡之凶，不可以有辅也。

九三，上应乎柔，为泽所灭。阴本为阳之辅，今乃以泽灭木，故不可有辅也。

栋隆之吉，不桡乎下也。

九四，不桡乎下，不系于初之柔也。

枯杨生华，何可久也；妇士夫，亦可丑也！

九五，枯杨生华。老妇士夫，无生育之理，故亦可丑。初六，阴为丑。

过涉之凶，不可咎也。

上六，过涉灭顶，杀身成仁。虽凶，而于义无咎，故不可咎。

水洊至，习坎；君子以常德行习教事。

洊至，习之义。坎为水，水洊至坎，水之上又坎水也。在德不在险，故常德行，设险以守国，故习教事。

或曰：乾再索于坤，而得坎。乾，德也；坤，事也。

习坎入坎，失道凶也。

初六，坎以出险为贵，入坎失道也。

或曰：卦自临来，以六居五，不正矣。下而入初，又不正而陷，故失道也。

求小得，未出中也。

九二，未出坎险之中，故曰未出中，亦取二居中义。或曰：二体互震，故以出言。

来之坎坎，终无功也。

六三，与上为应，两弱相与，来往皆无所益。动则有颠之患，非徒无益，而又害之也。

樽酒簋贰，刚柔际也。

六四比五，五刚四柔，交际之象。详见正《经》。

坎不盈，中未大也。

九五，不盈。不盈则不大，故曰中未大也。坎水流通，散于江海者也。今互艮为山，碍而止焉，则未能大也。中指五也。

上六失道，凶三岁也。

上六，才极柔弱也。失济，险之道所以凶，至于三岁也。

明两作，离。大人以继明照于四方。

明两作，离，离为日，天无二日，故以明两作言之。今日之日，明日之日，相继之象。以君德言之，缉熙光明之象也。故大人以继明照四方，四方取四阳爻而言。或曰：互为兑巽，巽有伏震，离有伏坎，震东兑西，离南坎北也。

履错之敬，以辟咎也。

初九，本正动，则有咎，既能知敬所以免咎。

黄离元吉，得中道也。

六二，柔丽乎中正之爻，言中则正，在其中矣。

日昃之离，何可久也。

九三，日昃之光，不可以久，故曰何可久也。

或曰：三互巽为长，变则成艮而止，故何可久。

突如其来，如无所容也。

九四，无所容，即焚如、死如、弃如之谓。

六五之吉，离王公也。

六五，能不以位为乐，如此则足以为离明之王公矣。天子诸侯，皆有离明之象。故以王公言之。

王用出征，以正邦也。

上九，征九，四者也。折九四之首，则九四变而得正，九四复位，故曰以正邦也。王肃本下有"获匪其丑，大有功也"八字。

周易象义卷十二

象下传

山上有泽，咸；君子以虚受人。

山泽，通气者也。山体内虚，泽气上通，交感也。君子体之，虚其中以受人。

咸其拇，志在外也。

初六，志在外，外谓四也。初六之动在应，九四所感未深，而志已在外矣。

或曰：初、四相交，成坎为志。

虽凶居吉，顺不害也。

六二，顺理而静止，则虽凶而吉，故不以凶为害也。或曰：卦自否来，下体本坤，故以顺言。

咸其股，亦不处也；志在随人，所执下也。

九三，亦不处者，亦欲其往矣。不能上往，退而从下可乎？故曰：所执下也。

或曰：九三近六二，不随二而随初者，二应五，非九三之所能得也。三之初，则变卦为随，之二则下体变坎为志。

贞吉悔亡，未感害也；憧憧往来，未光大也。

九四，未感害者，以未能与初相感为害也。既欲之初，又欲之上，憧憧往来，无所决择，所以未光大也。

或曰：九四之初，则成离，光大也。欲之上，则不成离，故未光大也。一说光大坤象，亦以自否来言之。九四变，亦互坤也。

咸其脢（méi，脊肉；背），志末也。

九五与二本为正应，今说上六少女，而欲感之，志在末也。初为本，上为末，无心于二可也。有心于上可乎？故以志末为戒。

或曰：五之上伏坎，为志末。

咸其辅颊舌，滕口说也。

上六，滕口说，指辅、颊、舌而言之。兑为口舌也。

雷风，恒；子以立不易方。

雷风相薄，此常理也。然迅雷风烈必变人，每至于失，其常君子，则以之立而不易方，不以变而易其常也。或曰：巽股为立，虽有震足，而不欲行，故立不易方。

坤为方卦，自泰来故也。

浚恒之凶，始求深也。

初六，浚恒，夫子以始求深。释之犹世所谓交浅言深也。交浅言深，不可也。始而求深，其能久乎？

九二悔亡，能久中也。

九二，居中而能恒久，故曰久中久，亦恒也。

或曰：九二互乾，即乾之九二也。自强不息，故曰久中。

不恒其德，无所容也。

九三，不恒其德，或承之羞。人而无恒，不可以作巫医，故无所容。

久非其位，安得禽也。

九四，志在五，又以无禽而欲之初。其志不能恒久，位又非正，非其位而不能久，安有得乎？

妇人贞吉，从一而终也。夫子制义，从妇凶也。

六五，以从一言者，妇人从夫者也。无再适之理，从一而终也。夫子制义者也，而从妇，则凶矣。以六应九，有从一而终之义。以五应二，有从妇之象。

振恒在上，大无功也。

上六，大无功者，体本阴柔而欲妄动，所以为凶也。何功之有？三巽体而刚在内，故言德。上震体而柔在外，故言功。

天下有山，遁；子以远小人，不恶而严。

天喻君子，山喻小人。小人浸长，如山之侵。天以下陵上，君子遁，避若天之远山。天，则不可阶也。如此远小人，所谓不恶而严，小人自不敢犯也。

或曰：艮为少男，故小；乾为君父，故严。

遁尾之厉，不往何灾也？

初六，不往何灾，戒小人也。使之勿追逐君子而听其遁，勿犯君子之厉也。

执用黄牛，固志也。

六二，执用黄牛，使之曲留君子，而不使之遁，所以固君子之志也。

或曰：固志者，二固三之志也。二易三成坎，为志。

系遁之厉，有疾惫也；畜臣妾吉，不可大事也。

九三，居下体之终而下系阴柔为有疾，所以惫也。畜臣妾吉，不可大事小吉而已。

君子好遁，小人否也。

四与初为正应，然皆不当位，不过私情相好耳。然当遁之时，君子不可以私，好而不遁也。故君子于其相好而能遁，则吉。不然则爻变为六，成小人之否，可不戒哉！此爻能于私情所好，而知遁者，故吉，而又戒之。

嘉遁贞吉，以正志也。

九五，人君之遁，恐或以高遁为非。大君之正，故曰以正志。谓其虽云高遁，盖尧舜之正道，非私心也，以九五本自中正故也。遁而非正，则予哙矣。

或曰：动伏坎为志。

肥遁，无不利，无所疑也。

上九，无应而无所系累，则不疑。其所行而肥也。

或曰：三有互巽，故有疑象。今居上，则无疑矣。

雷在天上，大壮；予以非礼弗履。

壮于趾，其孚穷也。

九二贞吉，以中也。

小人用壮，君子罔也。

藩决不羸，尚往也。

丧羊于易，位不当也。

不能退，不能遂，不详也。艰则吉，咎不长也。

明出地上，晋。子以自昭明德。

明出地上，方进之日也。进，进不已之象。君子以之自昭明德。自者，所固有也。明德，人之所得于天。虚灵不昧，具众理而应万事者也。但为人欲之阴所晦，不能昭著于外。君子观明出地上之象。进，进不已，则可以明明德于天下矣。

晋如摧如，独行正也；裕无咎，未受命也。

初六变，动则得正而吉。然四在得五，而无意于初，故未受命也。

或曰：九四进，则为巽。巽为命，故初可受命。然四未进，故未能顺受也。

受兹介福，以中正也。

六二，居中得正，与五同德，故受兹介福于王母也。

众允之志，上行也。

鼫鼠贞厉，位不当也。

失得勿恤，往有庆也。

维用伐邑，道未光也。

明入地中，明夷；子以莅众，用晦而明。

明入地中，明夷，君子体坤之象。以莅众，坤，众也，体明入地中之象。用晦而明，离，文明也。《彖》言晦其明，《象》言用晦而明。义稍不同。晦其明，言有明而晦之也。用晦而明，言以自晦而为明也。雷氏曰：明出地上晋明，入地中明夷，可以知浑天之说矣。

君子于行，义不食也。

初九，君子所知者义而已。以义而行，何言之恤也。

六二之吉，顺以则也。

六二，上承六五，用拯马壮，吉。得为臣之则。

或曰：六二上承坤，顺也。动则成乾，则也。

南狩之志，乃大得也。

九三，南狩之志，在于除害。得其大首志，乃大得也。或曰：互坎为志。恐泥。

入于左腹，获心意也。

六四，获暗主之心意而去之，故曰：获心意也。

箕子之贞，明不可息也。

六五，晦而不失其正，故虽遇暗主，而明未尝息也。人臣之明，岂可为暗君息哉？

初登于天，照四国也；后入于地，失则也。

上六，初登于天，可以照四国也；后入于地，失其法则也。

或曰：坤伏乾，乾伏不见，为失则。

风自火出，家人；君子以言有物，而行有恒。

风自火出，火炎上而暖气出焉，即风之象。又世言热则生风，亦风自火，出也。君子观之，知风化所自，出必谨言行。故言贵有物，而行贵有恒。欲齐其家者，先修其身也。

或曰：二之五，则互兑互震。兑为言，震为行也。自初至五，有噬嗑象。颐中有物，言有物也。卦自遁来，无妄之三往四，下震互巽，震巽恒也。恐失之泥。

闲有家，志未变也。

初九，防之于初，志尚未变。天理不为，人欲所变也。或曰：自二以上，互坎为志。恐泥。

六二之吉，顺以巽也。

六二，顺以巽，妇人之道，以顺为正也。

家人嗃嗃，未失也；妇子嘻嘻，失家节也。

九三，以义胜情，虽过严，而未为失；以情胜义，则失正家之节矣。节者，名分之谓。

或曰：言失节者，二坎变互兑。坎兑，节卦也，故取节义。三则不然。

富家大吉，顺在位也。

六四，顺在位，以六居四，得位者也。

或曰：巽体，亦有顺象。

王假有家，交相爱也。

九五，交相爱者，五刚中正而在上，二柔中正而在下。刚柔交应，故交相爱也。

威如之吉，反身之谓也。

上九，有孚威如，有动作，威仪之则者，故曰反身之谓。恐人以威为威猛也。

上火下泽，睽。子以同而异。

见恶人，以辟咎也。

遇主于巷，未失道也。

见舆曳，位不当也；无初有终，遇刚也。

交孚无咎，志行也。

厥宗噬肤，往有庆也。

遇雨之吉，群疑亡也。

山上有水，蹇；子以反身修德。

往蹇来誉，宜待也。

王臣蹇蹇，终无尤也。

往蹇来反，内喜之也。

往蹇来连，当位实也。

大蹇朋来，以中节也。

往蹇来硕，志在内也。利见大人，以从贵也。

雷雨作，解。子以赦过宥罪。

震雷坎雨作，解。君子以之赦过宥罪。赦者不问，宥者宽之，过误者赦，有罪者薄惩之也。此人君解难之道欤！

或曰：坎为狱，震为动，为出，为反生。动而出狱而反生，赦过宥罪之象也。

刚柔之际，义无咎也。

初六，虽柔与四刚应，刚柔相际，义所当然，故无咎也。然以位言之，本皆未当，故以义勉之，使其知变也。

九二贞吉，得中道也。

九二贞吉，乃其得刚中之道，故也。

负且乘，亦可丑也；自我致戎，又谁咎也。

六三，负且乘，亦可丑，阴为丑也；自我致戎，又谁咎？无所归，咎也。以谁对我，发义如此，尚不知变，则吝矣。

解而拇，未当位也。

九四，未当位者，以九居四，以六居初，皆未当位故也。必得九二同德之朋来至，斯孚也。

君子有解，小人退也。

六五，君子有解。既解，则阴柔退听，不为小人所陵也。小人自退，安其所也。

公用射隼，以解悖也。

上六解悖，三不正，悖也。射之，则悖解矣。此卦惟上六得位，故无不利。

山下有泽，损。君子以惩忿窒欲。

山下有泽，损。君子何所取象？以之惩忿窒欲也。损本泰体，损三益上，故为损。君子之所当损者，忿与欲也。少男多忿，少女多欲。忿者气，若山涌；欲者，溪壑无厌。惩者，遏而绝之，如泽之绝山窒者，塞而不流，如山之塞泽也。又兑说，则忿为之惩。艮止，则欲为之窒。

已事遄往，尚合志也。

初九，往则应上体之四，此合志于上之人者也。在四，则岂以下之合志而过损之哉！故酌损之而已。

或曰：初之四，互坎为志。

九二，利贞中，以为志也。

九二中，以为志以刚中为志也。

或曰：承上爻而言，初之四，则二亦互坎为志，恐失之泥。

一人行，三则疑也。

六三，言三则疑者，一阴一阳，不可有二也。三，则疑矣。三指《爻辞》三人行而言。

损其疾，亦可喜也。

六四，亦可喜。初九之喜，即六四之喜也。

六五元吉，自上佑也。

六五在上体，居天位，得佑于天者也。

或曰：六五自五应二，自上应下者也。旧说多因上"佑"字，谓六五为上九所益，非也。此卦本取正应，以明致一之象者。以近上而为上所益，是与六三争偶也。岂卦义哉？如此是失致一之义矣。

或曰：兑为右，故取佑象。

弗损益之，大得志也。

上九，得臣为助，此其所以大得志也。阳为大。或曰：上臣乎五，两爻相易成坎，为得志。

风雷，益。君子以见善则迁，有过则改。

风以散之，雷以动之，所以益物，故为益也。君子观象，乃以之。见善则迁，有过则改，何也？体其益物之象，而益己也。迁善如风之速，改过如雷之决。

或曰：卦自否来，乾善也，坤初不正，过也。迁六于四，见善则迁也。初改六为九，有过则改也。上巽为眼，故取见象，变坤为震，不远而复之象。故以改过言也。

元吉无咎，下不厚事也。

初九，利用为大作，而曰下不厚事。不可厚事，犹言不可厚望之也。上之于下，不可厚劳之，惟大有益于民，则可用其力。事不益而有损者，不可厚劳之也。如此，则无咎矣。

或益之，自外来也。

六二，或益之，自外来者，谓九五益之，盖九五外卦也。

益用凶事，固有之也。

六三，谓固有之，自孚而言也。用事以振凶荒，固有孚于民之理也。

告公从，以益志也。

六四，告公而从，以其有益民之志也。

或曰：公谓三也。三、四相易，成坎为志，恐失之泥。

有孚惠心，勿问之矣；惠我德，大得志也。

九五，有孚惠心，不言而孚，故曰勿问之矣。惠我德，五惠二也。大得志，惠心之有孚也。旧谓勿问，而知元吉，则与释象不合矣。

莫益之，偏辞也。或击之，自外来也。

上九，莫益之，偏辞也。一偏之辞，自我之辞也。击上九者，六三也。九自外而来者也，而不知益三，故为三所击也。自外而来，由三而言也。如九五有孚，惠我德，自二而言也。

泽上于天，夬。君子以施禄及下，居德则忌。

泽上于天，其势不居，必决而下，故卦为夬。君子体之，当施禄以象其雨之沛，不当居德以象其不雨也。居谓积，而不散也。泽上于天，施禄之象。若积而不散，则不可也。故曰：居德则忌。

或曰：上六伏艮，有止而不施之象，故以为忌。又上变成乾，天德不可为首，亦居德则忌之象。

不胜而往，咎也。

初九，本无正应，不度其不可胜而往，所以为咎。

有戎勿恤，得中道也。

九二先事，则当惕及事，则勿忧，以其刚而居中，得中道也。

君子夬夬，终无咎也。

九三，外虽为兑，泽所濡中，不为兑说所动，决所当决，故终无咎。

或曰：九三下卦之终，上六上卦之终，故以终言。

其行次且，位不当也；闻言不信，聪不明也。

九四，以刚居柔，刚决不足，闻言不信。故曰：聪不明，或曰九四变，则坎耳见而离目伏，有聪不明之象。

中行无咎，中未光也。

九五，中未光者，一阴在上，九五虽居中而未光。所以必须决其所当决也。

或曰：九五动而之上，两爻相易，则上体成离。中道光矣。

无号之凶，终不可长也。

上六，夬体已极，兑体已变，似可无用号召矣。然苟不号召以去之，则终必有凶，不可长保也。

或曰：上六不可长者，一阴下，则为姤矣。姤体巽，巽为长，故以不可长言。

天下有风，姤。以施命诰四方。

天下有风，与万物相遇。巽风，天之命令，故后体之以施命。诰于四方，风能动四方者也。九五君位之外，余四阳爻，四方之象。

系于金柅，柔道牵也。

初六，柔道牵，谓柔为二刚所牵系，不能进也。

包有鱼，义不及宾也。

九二，不及宾，一女不可二夫。初既为二，所有不及四也。二主而四宾也。

其行次且，行未牵也。

九三，行虽次且，固不能不怀初，亦终不为初之所牵也。

或曰：初三，皆言牵者，巽绳牵象。

无鱼之凶，远民也。

九四，所以凶者，以其远民，故初为二所得耳。民，谓初在下者也。

九五含章，中正也；有陨自天，志不舍命也。

九五之志，不敢付诸天命之自然而舍之。直欲阳用事，而阴听命也。

或曰：志不舍命者，巽为命，下体柔也。变离伏坎为志。

姤其角，上穷吝也。

上九，言穷吝者，上位为穷，最远于初，不能得初，所以吝也。

泽上于地，萃。君子以除戎器，戒不虞。

泽上于地，万物萃之时，易生变乱。故君子以之除戎器，戒不虞也。

或曰：以象言之，兑，正秋也，为金。又自临来者，互震为器。仲秋教治兵，故除戎器。坤为乱，故戒不虞。

乃乱乃萃，其志乱也。

初六，欲上应四，而疑六三之间已，故志乱也。

或曰：初之四，成坎为志，本坤为乱。

引吉无咎，中未变也。

六二，居中得正，中心之无所变者。相孚乎五，可以牵引朋类，吉而无咎也。

往无咎，上巽也。

六三，上巽，谓往而之四也。

或曰：上谓九四，巽为本体，互巽也。

大吉无咎，位不当也。

九四，以阳居阴位，本不当。今大吉而无咎者，以其与五相萃，善补过也。

萃有位，志未光也。

九五，志未光，以其为九四所间，而未能与二应也。或曰：五之二为坎。坎为孚，为志为光。故爻以孚言，象以志未光言也。

赍咨涕洟，未安上也。

上六，当萃聚之时，独处于外，位未安也。

地中生木，升。君子以顺德积小以高大。

木生于地，自下而升上之象。君子体之，以顺德积小以高大。坤，顺也。巽，亦有顺之义。积小而高大，由微而至著也。坤为积，巽为高，亦升之美也。

允升大吉，上合志也。

初六，上合志，谓与上两阳爻允合也。

九二之孚，有喜也。

九二与五相应，其志交孚，所以无咎，而有喜。

或曰：互兑为说，故曰有喜。

升虚邑，无所疑也。

九三，将升上体，上为虚邑，可以升矣，无可疑者。

或曰：巽为不果，为进退有疑象。上虚下实，阳欲往居，故无疑也。

王用亨于岐山，顺事也。

六四，王用亨于岐山。文王三分天下有其二，以服事殷，顺事也。

或曰：巽，亦为顺，又为事，故以顺事为象。

贞吉升阶，大得志也。

六五、九二，其志相与，故大得志也。

或曰：变坎为志。

冥升在上，消不富也。

上六，若升而不已，阴终消而已，岂能富有大业哉？故曰：消不富阳，为富阴，故有不富之象。

泽无水，困；君子以致命遂志。

泽无水，则涸矣，泽之困也。君子观此象而致命遂志。当困之时，惟知其莫之致而至之，命以遂其道义之志而已。

或曰：互巽为命，坎为心志。

入于幽谷。幽，不明也。

初六，本自不明，今退入于幽谷，愈不明也。

困于酒食，中有庆也。

九二，有庆。谓困之中，有通之理。

或曰：二为中爻，变坤为庆。

据于蒺藜，乘刚也。入于其宫，不见其妻，不祥也。

六三，乘刚为二也；入宫不见其妻，不祥甚矣。

来徐徐，志在下也。虽不当位，有与也。

九四，志在下，下谓初也。虽不当位，有初相与，故虽吝而有终也。

或曰：初坎为志。

劓刖，志未得也。乃徐有说，以中直也；利用祭祀，受福也。

九五始焉，虽未得二，乃徐而有说。利谓二、五，俱利，祭则受福也。

或曰：二坎为志，而非正应，为三、四间，故未得二动相应，成坤为中直。

困于葛藟，未当也；动悔有悔，吉行也。

上六，始未当而终吉者，在于行也。

木上有水，井；子以劳民劝相。

木上有水，以木为器汲水，而上井之用也。北方土深水远，汲之甚劳，故君子以劳民而劝相之。又古者九夫为井，使之稼穑，所谓春省耕，而补不足，秋省敛而助不给，即劳民劝相也。井田，虽与井泉之义不同，然革乃变革之革，而亦取皮革，亦犹此也。

或曰：坎为劳卦，故劳之。互兑，为口劝之也。卦自泰来，泰有辅相之义也。或曰易无用人为，为象者草木之液，自下而上，出其杪。此乃木上有水，自然之象。

井泥不食，下也。旧井无禽，时舍也。

初六，井泥不食。井而有泥，必其底耳，故曰下也。旧井无禽，为时所舍。舍，上声。与乾义不同。

井谷射鲋，无与也。

九二，言无与者，不济于人之用者也。

井渫不食，行恻也；求王明，受福也。

九三，行恻，言行道之人，皆以为恻也。求者，可汲之谓。其求也，异乎人之求之欤！

井甃无咎，修井也。

六四，虽未有及物之功，而实有自修治之道。

寒泉之食，中正也。

九五，寒泉之食，亦曰居中得正而已矣。

元吉在上，大成也。

上六，功用及于生民者，大也。故曰：大成。以大释元，以成释吉也。

泽中有火，革。君子以治历明时。

泽中有火，古为徐氏以为日在咸池之象，得之矣。盖日入于泽，昼变为夜。日出于泽，夜复变昼，革之象也。日之运行，历法之所从始也。日之迟疾，四时之所以成也。故君子以之治历明时，又历至久必差。差则必更，故治历明时，取革之义。

巩用黄牛，不可以有为也。

初九，位在下，当守黄牛之革，未可以有为也。

已日革之，行有嘉也。

六二，行有嘉往，应五则吉也。

或曰：乾为嘉，二往而五来，则体变乾，故有嘉也。

革言三就，又何之矣。

九三，又何之矣。以征凶言之，上则越九五而凶，下就则可也。

改命之吉，信志也。

九四，改命所以吉者，孚信于下之心志也。

或曰：互巽为命，变坎为志。恐泥。

大人虎变，其文炳也。

二、五正应，文明以说也。九五刚君。

君子豹变，其文蔚也；小人革面，顺以从君也。

上六，其文蔚，释豹变也。文蔚，则与文炳不同，阴阳之别也；顺以从君，谓从五，大人五，既虎变上，亦豹变也。或曰：上六动，则成乾。伏坤有顺，以从君之象。

木上有火，鼎。君子以正位凝命。

以木巽火，固取亨饪之义。然鼎之为器，置之不安，则实覆矣。故君子以之正位凝命。一说，鼎国之大宝也。大宝曰位上体离，明南面之位，故以之正位。下体巽为命，故以之凝命令也。

或曰：木上有火，此二体之象也。而又有象焉，中有互乾。乾，金也。金非火不铸，火非木不然。而中有金铸鼎之象，故卦以鼎名。亦通。

鼎颠趾，未悖也；利出否，以从贵也。

初六，颠趾所以出否，未为悖也；以从贵者，得妾以其子也。阴贱阳贵，四为阳贵也。"利出否"三字，冯氏云当作得妾以其子也。

鼎有实，慎所之也；我仇有疾，终无尤也。

九二，有实曰慎，所之者，以我仇有疾言，与四争初，则不可应。五则可当，谨所向也。

鼎耳革，失其义也。

九三，失其义者，失其宜也。谓九三不能得五也。

覆公铼（sù，鼎中食物），信如何也。

九四，折足覆铼，不能胜其任矣。如此上所信任，果如何也。甚责委任之非其人也。

鼎黄耳，中以为实也。

六五，居中得二，为实也。二阳为实。

玉铉在上，刚柔节也。

上九，才刚位柔，乃有节也。

或曰：上与三应者也。三有互兑，动则互坎。由兑至坎，节象也。故以节言。

洊（jiàn，再次）雷，震；子以恐惧修省。

上下皆震，故为洊雷。君子以之恐惧，初九之震，得位而正，有正身之象，故以之修德。九四之震，自临之二，上而之四，不得位，而失正，有不善思改之象，故以之省过。

震来虩虩（xìxì 恐惧），恐致福也；笑言哑哑，后有则也。

初九，恐致福者，恐释虩虩之义。致福，释后笑言哑哑之义。详见正《经》。

或曰：震得乾初爻，故以则言。

震来厉，乘刚也。

六二，乘初刚，故危厉，而有待于跻陵也。

震苏苏，位不当也。

六三，处位不当，又处下震之终，故有死而复苏之象。

震遂泥，未光也。

九四，在上下四阴之中，故未光也。

或曰：九四互坎，坎为光。动未得。非但震足难行，亦以坎险而未光也。

震往来厉，危行也；其事在中，大无丧也。

六五，震往来厉，其行必丧，事得其中，故无丧也；震为反生，故以无丧言之。

震索索，中未得也；虽凶无咎，畏邻戒也。

上六，中未得，谓其近中也。畏邻戒谓四之畏五也。或曰：上六畏邻戒，本自临来，三为兑口，故称戒。震东兑西邻也。

兼山，艮；子以思不出其位。

山上有山，兼山也。止而又止者也。君子观山上有山之象，而思不出其位焉，各止其所而已。艮为门阙，门外有门，故取不出象。

或曰：卦有互坎，故取思象。

艮其趾，未失正也。

初六，未失正者，以六居初，非正也。知止，故未失正也。

不拯其随，未退听也。

六二，固不当进，以听三，三趋于上，亦不肯退听以从二也。

艮其限，危熏心也。

九三，处艮之中而欲动，以不安之势，熏其心也。

艮其身，止诸躬也。

六四，止诸躬，有屈身之象。伛偻，俯伏，止于躬之象。或曰：艮本为身，互兑折之，为躬止，亦艮象。

艮其辅，以中正也。

六五，以中正，于韵方叶。盖中正，犹适中也。以六居五，中也，非正也。

敦艮之吉，以厚终也。

上九，敦厚之极，处卦之终，故曰以厚终也。

山上有木，渐。君子以居贤德善俗。

山上有木，其长以渐。君子观之，以居贤德善俗，进德以渐，善俗亦以渐故也。艮为山，有居，贤德之象。巽为巽入，有化民善俗之象。

小子之厉，义无咎也。

初六，虽曰危厉，于义无咎也。

饮食衎衎，不素饱也。

六二，饮食衎衎，君子和乐之时也。岂饱食终日，无所用心哉？盖厚其身，所以厚天下也。

夫征不复，离群丑也；妇孕不育，失其道也；利用御寇，顺相保也。

九三，离群丑者，九三本在下体，近下两爻之阴。今离二阴，而上与四比也。失道，谓与四非正应也。然卦自否来，本以三、四二爻交，而成夫妇，虽曰失道，犹欲其顺以相保也。巽，亦有顺象。

或得其桷（jué，横平可作桷的树枝），顺以巽也。

六四，得其桷者，上巽之初，巽顺之始也。

终莫之胜吉，得所愿也。

九五与二，阴阳正应，故得所愿也。

其羽可用为仪，吉，不可乱也。

上九，鸿渐于陆，知进知退，容止可观如此，则吉。以其不为，欲进而乱其志也。

或曰：坤为乱，今应艮，九三非坤也。以六居三，则为坤为乱矣。

泽上有雷，归妹。君子以永终知敝。

泽上有雷，将蛰之象。天地生物，于此乎终。归妹者，女之终也。故君子以永终知敝，若不为说所动，不以柔乘刚，则可以有终而无敝矣。凡事皆然，不独归妹为然也。兑为毁折，故有敝象。

归妹以娣，以恒也；跛能履，吉相承也。

初九，娣在妹后，恒道也。跛能履，能承其小君者也。或曰：初兑体也，从三则变，有互乾，天泽履象。三下初，而初随三，兑变巽矣。上体正也，雷风恒象。故曰以恒也。

利幽人之贞，未变常也。

九二，居中未变其常，动则当位为正。能受其正，以受五之眷。以尚乎三，则虽动而亦不变，其夫妇之常道矣。

归妹以须，未当也。

六三，言归妹以须者，以其未当位，故为之戒也。详见正《经》。

愆期之志，有待而行也。

九四，所以有待者，虽曰待时，亦待六五之命也。详见正《经》。

或曰：互坎为志，恐泥。

帝乙归妹，不如其娣之袂良也；其位在中，以贵行也。

六五，归妹，其君之袂。虽不如其娣之袂良，然九二其位在中，非初贱可配，必帝女之贵方可行也。

上六无实，承虚筐也。

上六承虚筐，详见正《经》。又阳实阴虚，三与上皆阴，故无实而承虚筐也。

雷电皆至，丰。君子以折狱致刑。

雷电皆至，其卦为丰。君子观电之明，以之折狱，法雷之威，以之致刑也。

或曰：自泰来，贲与丰皆泰之变，贲之六四之上者也。贲六四互坎有狱，故无敢折狱。此卦六四变而九四，互坎变为互兑。坎欲去而兑刑见，故以之折狱致刑。盖丰之折狱者，九四也。

虽旬无咎，过旬灾也。

旬，均也，谓均敌也。初与四同德，因四近五可也。不因四而近五，过其均敌之人则为灾也。

或曰：爻变小过，故以过旬言。四变成坎，坎为灾。一说旬，十日也。详见正《经》。

有孚发若，信以发志也。

六二为四所蔽，欲其与五相孚，故曰信以发志也。或曰六二伏坎为孚为心，故曰信以发志也。

丰其沛，不可大事也；折其右肱，终不可用也。

以四为之蔽，所见者小，不可大事，右肱人所用也；既折矣，终不可用。

丰其蔀，位不当也；日中见斗，幽不明也；遇其夷主，吉行也。

九四，本不当位，幽而不明。然而吉行者，谓因动而吉也。

六五之吉，有庆也。

六五得二，所以有庆。

丰其屋，天际翔也；窥其户，阒其无人，自藏也。

上六，居高犹屋之高者，故曰天际翔。阒其无人，故曰自藏也。

或曰：天际翔，翚飞之状。上为天位，离为飞鸟，故有天际翔之象。离有互坎，坎为隐伏，自藏之象。

山上有火，旅；君子以明慎用刑而不留狱。

火非山上之物，而在山上，非久处者也。故其象为旅。君子观山上有火之象，非可久之道，故不留狱。然犹恐其志在不留，而失于谨审也。故必明慎之焉。明者，或不慎。慎者，或留狱。故两举之。

或曰：此卦上体似噬嗑。特下体之九自初而三，故成旅，象噬嗑。有互坎，故利用狱。此卦震变为艮，不动而止，互体之坎变矣，故不留狱也。又离为明，互巽不果为慎，互兑为刑，故谓明慎用刑焉。

按：噬嗑、丰、贲、旅四卦，皆以狱言。下震上离为噬嗑，下离上震为丰，下离上艮为贲，下艮上离为旅。然贲互坎而有狱，丰则互坎已变矣。噬嗑，亦互坎而有狱，旅则互坎亦变矣。贲无敢折狱，狱未折也。丰折狱，则无狱矣。噬嗑用狱，狱犹用也。旅不留狱，则无狱矣。然狱可去，而明不可无，故四卦皆有离明之象。然则非明者，不能察狱，是以圣人慎之也。

旅琐琐，志穷灾也。

初六，志意穷迫，盖自取灾。

或曰：初变伏坎，故言志。

得童仆，贞终无尤也。

六二，羁旅之人，所赖者童仆耳。既得之，故无尤悔。

旅焚其次，亦以伤矣；以旅与下，其义丧也。

九三，焚其次，既已伤矣。又丧其童仆。以旅而与下之道，如此其义当丧，谓过刚也。

旅于处，未得位也；得其资斧，心未快也。

九四，未当其位，故虽得资斧，而心未快也。

或曰：离伏坎为心。坎伏，故心未快。

终以誉命，上逮也。

六五，上逮言，自上而逮二也。

以旅在上，其义焚也；丧牛于易，终莫之闻也。

上九，其义焚者，旅人卑，以自牧可也。据人之上，其义已失，有焚巢之象。况依重刚之三乎！丧牛于易，终莫之闻。自丧而不自知也。

或曰：离伏坎，坎为耳，坎伏有不闻之象。

随风，巽；君子以申命行事。

巽，为风。风之与风，前后相随，重巽之象也。君子观随风之象，以申命行事，以巽而入事，乃行也。

进退，志疑也；利武人之贞，志治也。

初六，始焉进退，其志则疑。继而利贞，其志则治，谓不为进退所乱也。

或曰：应四伏坎，坎为志。恐泥。

纷若之吉，得中也。

九二，巽得其中，故虽纷若而无害。若非得中，只过烦耳，安得吉乎？

频巽之吝，志穷也。

九三，频巽以志穷言之，言其懦而无立志也。

或曰：互离伏坎，故言志。

田获三品，有功也。

六四，得上下二阳，故能有功。

九五之吉，位正中也。

九五，刚得中正，所以为吉。贞即中正也。

巽在床下，上穷也；丧其资斧，正乎凶也。

上九，巽而上穷，其凶必矣。正乎问辞，凶也。答辞以其不正而凶也。

丽泽，兑；子以朋友讲习。

兑为泽，坎水而窒，其下水不流，故为泽。内外皆兑，两泽也。两泽相丽，则水流通而相滋，所以为兑。君子观两泽相滋之象，故朋友讲习。同门曰朋，合志曰友。皆取两义，兑为口，两口相讲之义，故讲。兑而又兑，故习习者，重也。

或曰：互离，为飞鸟习者，鸟数飞也。又伏坎，亦为习。

和兑之吉，行未疑也。

初九，去三尚远，未牵于阴，故未疑。若四，则有商兑之疑矣。

或曰：四互巽，则有疑象，初未有疑也。

孚兑之吉，信志也。

九二，刚实居中，与九五同德相孚，其志相信也。

或曰：互离伏坎为志。恐泥。

来兑之凶，位不当也。

六三，位不当，以柔居刚，欲说乎二，不得其正者也。

九四之喜，有庆也。

九四，介乎三，四若不悦，三柔而上承五刚，则说所当说，所以有庆也。

孚于剥，位正当也。

九五，刚中虽正，当乎位亦宜。以阴柔容说为戒也。或曰：九五位正当者，以孚于剥。言剥之卦气，与兑六二正相当也。

上六引兑，未光也。

上六、六三两阴相引，以为说，所以未光。

或曰：三有互离，明也。上六非离，故未光。

风行水上，涣；先王以享于帝立庙。

风行水上，水为之散，涣散之象也。先王观涣之象，而思以聚之，亦惟聚此诚心而已。然《卦辞》言立庙而已。庙，祖考也。今象则兼言享于帝，岂帝亦享于庙哉？祖考配帝者也。所谓宗祀明堂，以配上帝也。祖考之精神，又所以聚上帝之神明者也。

或曰：以象言之，则帝出乎震卦，有互震故也。震为匕鬯，坎为血为酒，所以享于帝者也。

或曰：卦自否来，上乾为帝。

初六之吉，顺也。

初六，言顺应巽故也。

涣奔其机，得愿也。

九二，得四为所凭，则得其所愿也。

涣其躬，志在外也。

六三，以外卦上九为正应，而相与合志者也。

或曰：坎体为志。恐泥。

涣其群，元吉，光大也。

六四，得位承刚，其道光大也。

或曰：六四匪夷所思，不为明夷而晦其心，故光大也。详见正《经》。

王居无咎，正位也。

九五，王居也。故曰：正位，鼎之凝命，所以正位。涣汗其号，亦所以正位也。

或曰：鼎与涣，皆巽体故也。

涣其血，远害也。

上九，处难之外，能远去害，故无咎。

泽上有水，节。君子以制数度，议德行。

泽上有水，水有限节，不盈不涸者也。君子体之，为之制度，而议德行。黄钟之律，生于子，则律度衡起焉。制度之体，坎也。言而为天下，则体夫兑也。兑为口，议之象也，议德行，恐其行之不中节也。

或曰：卦自泰来，下乾为德，互体有震为行。

不出户庭，知通塞也。

初九，不出户庭，近于塞矣。动而正应，未尝不通也。故曰知通塞也。知通塞，则知节矣。爻欲其不出而已，此又发明爻外之意。

不出门庭，失时极也。

言失时之甚者也，或谓极即中也。不出，则凶失时中之义也。

不节之嗟，又谁咎也？

六三，自不知节，无归咎之所也。

安节之亨，承上道也。

六四，得正，安其止节，承上以道者也。

甘节之吉，居位中也。

九五与二，皆居位之中者也。

苦节贞凶，其道穷也。

上六，苦节虽过乎中，以此固守。虽不免凶，盖以贞胜而凶也。其道虽穷，无悔也。

泽上有风，中孚；子以议狱缓死。

初九虞吉，志未变也。

其子和之，中心愿也。

或鼓或罢，位不当也。

马匹亡，绝类上也。

有孚挛如，位正当也。

翰音登于天，何可长也。

山上有雷，小过；君子以行过乎恭，丧过乎哀，用过乎俭。

山上闻雷，其声必小过；于地上之闻，故为小过。君子于事，亦小有所过者。如行过乎恭，丧过乎哀，用过乎俭者是也。

或曰：震，行也。而互巽，行过乎恭也。巽，眼也。而互兑之泽流，丧过乎哀也。卦自临来，上体有坤。自观来，下体有坤。坤，为吝啬。今为小过，则啬而又啬，用过乎俭矣。

飞鸟以凶，不可如何也。

初六，不可如何，所谓吾末如之何也已矣。甚言其凶也。

不及其君，臣不可过也。

六二，臣位。臣当守其分，不可过乎五。五，君也。

从或戕之，凶如何也。

九三，凶如何，叹之也，亦与初六同。

弗过遇之，位不当也；往厉必戒，终不可长也。

九四，位既不当，谓以刚居柔也。终不可长，谓不可长以往。厉为戒，而固守其贞静也。即勿用永贞之意。或曰四互巽，巽为长。故以何可长言之。

密雷不雨，已上也。

六五，以上谓兑泽之雨，已上不能下及二也。

弗遇过之，已亢也。

上六之凶，以阴亢，故凶也。

水在火上，既济；君子以思患而豫防之。

水润下，则火不燥；火炎上，则水不寒。水火相济之象。然水能克火，亦不可不虑其患也。故君子观此象，思患而预防之。坎为心，为难，故曰思患离明，故知豫防。或曰：以变卦言之，既济自泰来，九五下交于二六。

二上交于五，则卦复成泰，上坤体而有互震，豫之象也。故以豫防言。

曳其轮，义无咎也。

初九，不急于济，于义为当。虽曳轮濡尾，而亦无咎也。

七日得，以中道也。

六二，以柔居正，又得中道。故虽丧其茀，而终必复得也。

三年克之，惫也。

九三，虽能克彼，然至于三年。用师不亦惫乎？惫，谓疲敝也。所以为既济者之戒也。

终日戒，有所疑也。

六四，虽当既济，而方入坎险，是以有疑。惟有所疑，是以终日戒也。

或曰：四动则为互巽。巽不果，所以疑也。

东邻杀牛，不如西邻之时也。实受其福，吉大来也。

九五当既济之时，所以吉，大来也。

或曰：吉，大来。盖既济自泰来，九五之来，即泰之大来也。

濡其首厉，何可久也？

上六，濡其首，则不能济。危厉甚矣，何可久乎？

或曰：上六变，则互巽为长，故以何可久戒之。

火在水上，未济；君子以慎辨物居方。

火性炎上，水性润下。虽复同体，功不相成，所以未济也。君子必慎辨物，宜使各居其方。离南坎北，则水火不相息矣。坎为加忧，所以慎也。离为明，所以辨也。火上水下，各居其方也。

濡其尾，亦不知极也。

初六，亦不知极。极谓终极也。谓未济，居诸卦之终也。

九二贞吉，中以行正也。

九二居中，本自否来，不当位。故必动而趋五，则中以行正，乃为吉耳。

未济征凶，位不当也。

九三，征凶，惟其位不当故也。

贞吉悔亡，志行也。

九四，贞吉悔亡，以其志在于行也。行谓动而得正也。或曰下互坎为志。恐泥。

君子之光，其晖吉也。

六五，其晖吉。盖晖者，光中之气也。

饮酒濡首，亦不知节也。

上九，沉湎乎酒，而不知节。则如狐涉水，而濡其首也。或曰：上动之三，互兑为泽，下坎为水，水泽节也。故以节言。不知变，则不知节也。

周易象义卷十三

文言传

《文言》，申乾坤《彖》《象》之言以文之，故曰《文言》，而余卦亦可以例推云。按朱子《本义》，《文言传》在《系辞传》之后。今以《系辞》杂引诸卦爻辞，而《文言》专论乾坤《彖》《象》，恐不合在《系辞》后，故从冯氏本，继于《象传》下云。

元者善之长也，亨者嘉之会也，利者义之和也，贞者事之干也。君子体仁足以长人，嘉会足以合礼，利物足以和义，贞固足以干事。君子行此四德者，故曰乾，元亨利贞。

此一节，本穆姜释"随，元亨，利贞"之言，夫子取之以释乾，微易数字耳。乾之四德，即人之四端也。元为仁，亨为礼，利为义，贞为智。元者，生理之始，即乾之仁为善之长也。亨者，生理之通，即乾之礼有嘉之所会也。利者，生理之遂，即乾之义各得其宜而和者也。贞者，生理之固，即乾之智万事以之而为乾也。贞者，正固也。正固为智者，知是非，则正知斯弗去，则固也。乾，桢乾也。君子法乾之元，仁以长人。仁者，人也。元为万善之长，足以长人也。法乾之亨，而嘉会以合礼，观会通以行其典礼也。法乾之利物而和义，使物物各得其宜也。法乾之贞，固而乾事不为事物之所夺也。如此，则君子即乾矣，故曰乾元亨利贞。乾元亨利贞，犹言性仁义礼智也。以四德配四时，则元者，下卦之乾也。三阳之泰，春也。亨者，上卦之乾也。六阳之乾，夏也。利者，下乾之变也。三阴之否，秋也。贞者，上乾之变也。六阴之坤，冬也。

或谓：元亨利贞，乃不变之占。今取利贞为变可乎？曰：乾之一卦，诸卦之所自生，固以本体之能包也。

初九曰："潜龙勿用。"何谓也？子曰：龙德而隐者也。不易乎世，不成乎名，遁世无闷，不见是而无闷，乐则行之，忧则违之，确乎其不可拔，潜龙也。

初以潜龙为象，不为世之易，不随他变也。不自成其名，不欲自显也。不为世所易，故遁世无闷。不成乎名，故不见是而无闷。乐则行之，行己志也；忧则违之，不为世与名也。才易于世，才成乎名，忧随之矣。确乎不可拔，然后足以为潜龙也。夫子解周公之《小象》如此，或曰以象言之，初变为姤。乾之一世卦也，当世之初，而勿用不易乎世也。二多誉，成名也。初则不成乎名也，初之四成兑说，遁世无闷也。二动则为遁，二为中，二动为庸，近比乎二，所谓依乎中庸。遁世不见，知而不悔也。初动则不当位，四成离离，为见离当位，而初不当位，必为离所非，不见是而无闷也。往而为兑说，乐则行之也。离有伏坎，坎忧既伏忧，则违之也。巽木在下为根，确乎不可拔也。此因象立辞者也。夫子虽以义言其合于象如此。

按：文王、周公之辞，取象可也。夫子《文言》，不过以义理发明之，虽以象推之，亦可以通。恐成牵合傅会，而失之凿耳。但余此书，为明象设，故可以象求者，亦不敢遗，特取其备，以免后学之探索，非胶于象也，学者详之。后皆仿此。

九二曰："见龙在田，利见大人。"何谓也？子曰：龙德而正中者也。庸言之，信庸行之谨闲邪？存其诚，善世而不伐德，博而化。易曰"见龙在田，利见大人"，君德也。

龙德正中。正中犹言适当其中也，九二未可言正故也。庸者，中之用二，动则中之用行矣。位阴不正，故当闲邪。爻阳则实，故能存诚，善世不伐，以其在田，则与世接故也。德博而化人，利见之也。

或曰：以象言之，动则互巽，伏震为声。庸言之，信也。震又为行，庸行之谨也。初已动，二又动则成艮。艮为止闲邪也。伏坎，坎孚维心，亨存诚也。乾之二世，变为同人，善世也。二动则不欲，其多誉不伐也。人利见二化也。又荀九家以乾为言。

九三曰："君子终日乾乾，夕惕若，厉无咎。"何谓也？子曰：君子进德修业。忠信，所以进德也。修辞立其诚，所以居业也。知至至之，可与几也。知终终之，可与存义也。是故居上位而不骄，在下位而不忧，故乾乾。因其时而惕，虽危无咎矣。

终日乾乾，而夕惕若，则何为哉？进德修业而已，忠信所以进德，修辞立诚所以居业，释君子也。知德之可至则至之，知业之可终则终之，至谓至乾之五，终谓终乾之三也。可以与几德，由微而着也。可与存义，可止则止，其当止也。居上位而不骄，在下体之上也。在下位而不忧，在上体之下也。不骄不忧，故危无咎也。九三，但知有德，不知有位者也。

或曰：以象言之，自初至三，成下乾进德也。初至三动，下体成坤。坤为事，又三动，互巽，为行事修业也。动有伏坎，维心亨，忠信与诚也。动又成兑为口，修辞也。变成互离，离明，有知之象。

九四曰："或跃在渊，无咎。"何谓也。子曰：上下无常，非为邪也。进退无恒，非离群也。君子进德修业，欲及时也。故无咎。

九四"或跃在渊"，于时可进可退，于德业则惟有进修而已。四动之五，进而上也。或跃也。动而之初，退而下也。在渊也，上下无常，非为邪也。九四不当位，或疑为邪。然动则得正，非为邪也。进退无恒，非离群也。群谓群阳也，进而之上，非离下之群也。退而之下，非离上之群也。君子进德修业，欲及时而已。欲及时，随时变易，以从道也。如此，故无咎也。九四近五而应下，故有此义。

或曰：以象言之，变巽为进退，亦为事，乾本体为德，巽伏震为恒。

九五曰："飞龙在天，利见大人。"何谓也？子曰：同声相应，同气相求。水流湿，火就燥。云从龙，风从虎。圣人作，而万物睹。本乎天者亲上，本乎地者亲下，则各从其类也。

此言天下之利，见于圣人也。大凡天地之间，同声同气同类者，莫不各以类相感。圣人作而万物睹，盖圣人能尽人物之性，所以皆利见之。

或曰：以象言之，同声相应，雷风相薄也。五变之二，则二互巽下有伏震，同声相应也。同气相求，山泽通气也。二变之五，则五互兑又有伏艮，同气相求也。二、五变成离，各有伏坎，五之二，水润下以坎，流坎下坎为沟渎，水流湿也。二之五，火炎上，以离向离上，离为乾卦，火就燥也。五变则有伏坎为云，二变则互有伏震为龙。五之二，云从龙也。五变互兑为虎，二变互巽为风。二之五，风从虎也。圣人作，九五飞龙也。万物睹，二利见五也。二变互巽，巽属木，天三所生本乎天也。故木向上长，二之五，亲上也。五变互兑，兑属金，地四所生本乎地也。故金向下沉，五之二，亲下也。亲上亲下，各从其类，圣人作，万物睹。万物，谓万有。一千五百二十策，惟乾九五三十六策，得天位，所以利见之也。此节反复推明，以类相从之义。

上九曰："亢龙有悔。"何谓也？子曰：贵而无位，高而无民，贤人在下位而无辅，是以动而有悔也。

上九，当已亢之位，动则有悔。若以象言，则九阳贵也。居上位，不当位，贵而无位也。上位，高也。无应，则为无民。高而无民也。贤人在下位，九三刚正之贤，在下卦而非正应，则上无辅，是以动而有悔，不动其庶几乎！或曰：以象言之，动则成兑。兑为毁折，故曰动而有悔。

"潜龙勿用"，下也。"见龙在田"，时舍也。"终日乾乾"，行事也。"或跃在渊"，自试也。"飞龙在天"，上治也。"亢龙有悔"，穷之灾也。乾元用九，天下治也。

此专以人事论乾也。"潜龙勿用"，身在下也。"见龙在田"，时舍也，非常居也。"终日乾乾"，行事进德修业也。"或跃在渊"，进退自疑，故自试也。"飞龙在天"，在上而为治也。"亢龙有悔"，位穷于上，阳穷于九，故为灾也。用九，虽不可为首，有天德焉，天下治也。

或曰：以象言之，舍犹次舍之舍，二连初动，则伏艮止，三动互巽为行事。

"潜龙勿用"，阳气潜藏；"见龙在田"，天下文明；"终日乾乾"，与时偕行；"或跃在渊"，乾道乃革；"飞龙在天"，乃位乎天德；"亢龙有悔"，与时偕极。乾元用九，乃见天则。

此以天道明乾也。"潜龙勿用"，阳气潜藏，隐伏于下也。"见龙在田"，天下文明，则著见矣。"终日乾乾"，与时偕行，下乾体成，可行则行也。"或跃在渊"，乾道乃革，革下而进上也。"飞龙在天"，乃位乎天德，以九居五，德与位宜也。"亢龙有悔"，与时偕极，上乾已极，可止则止也。乾元用九，乃见天则。刚而不过，乃天则也。

或曰：以象言之，初有伏震，故阳气潜藏，二爻变离。故曰：文明四变互体，先兑后离，泽中有火，有革义。

乾元者，始而亨者也。利贞者，性情也。乾始能以美利利天下，不言所利，大矣哉！大哉乾乎！刚健中正，纯粹精也。六爻发挥，旁通情也。时乘六龙，以御天也。云行雨施，天下平也。

再明元、亨、利、贞也。上文作四德解，此则作两截解，与《彖》意同，始而亨也。以亨解乾元，则所亨者，元以始而亨也。利贞者，性情也。收敛归藏，乃见性情之实也。卦为性，爻为情。乾元，能以美利利天下矣。不指言所利之事，则所利大矣。若坤言利牝马，屯言利建侯，则所利未大也。大矣哉！已，叹矣。大哉乾乎！申叹之也。刚以质言健，以性言中正，以爻位言美。九五也，纯粹精纯，则不杂于阴柔。粹则不杂于邪恶，盖刚健中正之至，极而精者，又纯粹之至精也。六爻发挥，旁通情也。六爻本体，六阳也。旁通，则旁通于诸卦者也。六十四卦，皆乾之旁通。时乘六龙以御天，云行雨施，天下平，申《彖辞》也。天下平，即万国宁也。

或曰：旁通互对，详见《统论》。

君子以成德为行，日可见之行也。潜之为言也，隐而未见；行而未成，是以君子弗用也。

此再赞初九也。以九二之见，对潜言之君子，以成德为行，日可见之行也。此指九二之利见也。潜之为言也之下，正释初九：谓潜，则不然矣。隐而未见，行而未成，其可用哉！

或曰：以象言之，二变成离，则可见初，隐而未见巽隐，而离未见也。虽伏震为行，而乾体未成也，是以君子弗用也。言初之与二不同也，圣人虽本不拘象以言，然以象求之，无不合也。

君子学以聚之，问以辨之，宽以居之，仁以行之。易曰：见龙在田，利见大人。君德也。

此再赞九二大人之德，其义易明学聚、问辨、致知之事，宽居、仁行、力行之事，学问宽居，积于中者，仁行发于外者，位虽在下，而君人之德已著矣。

或曰：以象言之，二动为离，学聚问辨，文明之象。宽以居之，离画中虚之象。仁以行之，乾元之象也。

九三重刚而不中，上不在天，下不在田，故乾乾，因其时而惕，虽危无咎矣。

九三，介上下乾之间，重刚也。居下体之上，不中也。上不在天，不在五也。下不在田，不在二也。故乾乾，因其时而惕，时谓终日与夕也。惟乾乾而惕，虽危而无咎矣。

九四重刚而不中，上不在天，下不在田，中不在人，故或之。或之者，疑之也。故无咎。

九四，亦介上下乾之间，重刚也。不中，谓在上体之下也。上不在天，不在五也。下不在田，不在二也。中不在人，不在三也。近五应初，进退无常，故或之。或之者，有疑故也。进退不果，能无疑乎？惟其疑而自试，故无咎。

夫大人者，与天地合其德，与日月合其明，与四时合其序，与鬼神合其吉凶。先天而天弗违，后天而奉天时，天且弗违，而况于人乎？况于鬼神乎？

此再赞九五之大人也。与天地合其德，以存于中者言之；与日月合其明，以著于外者言之；与四时合其序，以德化之运言之；与鬼神合其吉凶，以治化之迹言之。先天弗违，天与圣人合也。后天奉时，圣人与天合也。天人鬼神，一理而已。其能违乎？

或曰：以象言之，与天合德，谓居五也。与地合德，谓应二也。与日月合其明，谓五变之二成离伏坎也。与四时合其序，谓五变之二，则五有互兑，二有伏震，并上坎离，谓四时也。与鬼神合其吉凶，谓五阳为神，二阴为鬼也。先天而天弗违，谓二居乾五之先而应乎五，后天而奉天时，谓五居乾二之后，而应乎二也。

亢之为言也，知进而不知退，知存而不知亡，知得而不知丧，其惟圣人乎？知进退存亡而不失其正者，其唯圣人乎？

此再论上九也。进已过于五，不能退而应三，知进而不知退也。九虽尚存，将变而六，知存而不知亡也。上虽有九变则丧九，知得而不知丧也。所以然者，以九居上爻，不当位，失其正也。知进退存亡而不失其正者，其唯圣人乎？圣人则知，穷则变，变则通，通则久也。

或曰：以象言之，九变而六，阳变而阴，阳为进，阴为退，乾将变坤，故有丧亡之象。或谓其唯圣人以下言用九也，盖用九无首而吉，乃知进退存亡而不失其正者，亦通。但不可以例坤卦。

坤至柔而动也，刚至静而德方，后得主而有常，含万物而化光。坤道其顺乎？承天而时行。

此申释《象》之辞，至柔至静，以坤之牝，言坤之本体。动而刚，方以坤之马，言以顺承天也。乾动直而有静，专坤静翕而有动辟也。后得主而有常，后顺得，常也。含万物而化光，含弘光，大也。含万物而化其形者，阴含阳故也。坤道其顺乎？至柔至顺也。承天而时，行动以刚，而能承乾也。

积善之家，必有余庆；积不善之家，必有余殃。臣弑其君，子弑其父，非一朝一夕之故，其所由来者渐矣，由辨之不早辨也。易曰：履霜，坚冰至。盖言顺也。

履霜而至于坚冰，非一朝一夕之积，其所由来渐矣。谓由一阴之生，至于六阴，则乾体消矣。所贵于早辨之也。易曰：履霜，坚冰至。盖言顺也。顺其不善积，而至于是也。同一坤顺，顺乎阳，则为承天之德；顺乎阴，则为逆乱之几也。

或曰：以象言之，君父乾也，臣子坤也。阳善也，自复而积至于**乾**矣。姤阴虽生，而阳居大夏，余庆也。阴不善也，自姤而积至于坤矣。复阳虽生，而坚冰方至，余殃也。善不善之积，皆由微而至著，以至于有余庆殃矣。

直其正也，方其义也。君子敬以直内义，以方外敬，义立而德不孤，直方大。不习无不利，则不疑其所行也。

二中正，而在内卦，敬以直内也。二应乎五，五乃外卦，义以方外也。直言内，方言外。详见《爻辞》敬以直内，以敬而为中心之主。直也，义以方外，以义而为制事之宜。方也，敬义立而德不孤。大也，耦画有敬义，夹持不孤之象。不疑其所行，则不习无不利矣。

或曰：以象言之，动互震伏巽。震为行，巽为不果，震见巽伏，则果于行，而不疑矣。曰三以震，伏巽为行而不果。此以震伏巽，为行而不疑，何也？曰：此惟变所适，不可为典要者也。

阴虽有美，含之以从王事，弗敢成也。地道也，妻道也，臣道也。地道无成，而代有终也。

美谓章也。阴虽有此成章之美，然含之以从王事，弗敢自居成功也。乾天而坤地，乾夫而坤妻，乾君而坤臣。故坤不敢成也，地道不居其成功，代乎乾而有终；妻终夫之事，臣终君之事也。不言子者，臣子一也。乾为始，坤为终。《坤卦》所以多言利贞，而少言元亨也。

天地变化草木蕃，天地闭，贤人隐。易曰：括囊，无咎无誉。盖言谨也。

天地交泰则变化，而草木亦蕃，天地否，则贤人亦隐。六四变则下成否体，况四阴为处否之后乎？

或曰：以象言之，四变震为蕃，鲜重坤阖户，闭也。四动互体有坎，坎为隐伏。

君子黄中通理，正位居体，美在其中。而畅于四支，发于事业，美之至也。

此释六五黄裳之义。黄中正位，美在其中。皆以黄言通理，居体畅于四肢，皆以裳言。君子在中，有如是之美，故发于外，亦有如是之美。所谓诚则形，形则著，所性根于心，施于四体，和顺积于中，英华发于外也。此所以为美之至欤！

或曰：以象言之，黄中通理，谓五之二，则坎维心，亨通于理也。位得正而居坤，上体之中，美在其中矣。五动成艮手也，二动成震足也，畅于四肢也。二动伏巽为事，发于事业也。

阴疑于阳必战，为其嫌于无阳也，故称龙焉，犹未离其类也，故称血焉。夫玄黄者，天地之杂也，天玄而地黄。

阴盛而至于上六，成坤矣。坤建亥之月，下有伏乾，故疑于阳，所以敢与阳战也。六阴已极，恐成无阳，故称龙焉。犹未离阴类，故称血焉。二气交感，精为阳，而血为阴也。先儒谓阳始于东北，故色玄，阴始于西南，故色黄。玄黄阴阳之杂，故曰其血玄黄也。

或曰：剥于上而复于下。震为龙，复之初九，纳庚子。子坎位坎，为血震，又为玄黄。

周易象义卷十四

系辞传上

《系辞上》，王弼本篇题也。文王所系卦下之辞，周公所系爻下之辞，谓之《系辞》。夫子作传以释，故亦谓之《系辞》。古注所以不题"传"字者，盖孔子《十翼》通谓之传，此乃传内之篇名故耳。汉儒引之称《易大传》，即此《系辞传》也。近世吴斗南又谓汉河内女子得《说卦》三篇，今止存一篇。盖《系辞》上下两篇，即《说卦》上中篇，而今《说卦》乃下一篇耳。其说亦通，详见上《经》题注。今但从朱子《本义》加"传"字云。

天尊地卑，乾坤定矣。卑高以陈，贵贱位矣。动静有常，刚柔断矣。方以类聚，物以群分，吉凶生矣。在天成象，在地成形，变化见矣。是故刚柔相摩，八卦相荡。鼓之以雷霆，润之以风雨；日月运行，一寒一暑。乾道成男，坤道成女。乾知大始，坤作成物。乾以易知，坤以简能。易则易知，简则易从；易知则有亲，易从则有功；有亲则可久，有功则可大。可久则贤人之德，可大则贤人之业。易简，而天下之理得矣；天下之理得，而成位乎其中矣。

天地者，阴阳形气之实体；乾坤者，易中纯阳纯阴之卦名也。天居乎上而尊，地处乎下而卑，此大易所以先乾而后坤也。定者，谓乾坤二卦之先后定也。卑高者，天地上下之位也。卑者，在下为贱；高者，在上为贵也。凡阳画皆自乾来，阴画皆自坤来。九五乾也，六二坤也。故九五在上，六二在下，则乾坤定贵贱位矣。不曰高卑，而曰卑高者，盖先画下卦，后画上卦故也。乾其静也，专其动也。直坤其静也，翕其动也。辟乾坤，皆有动静也。然动者，乾之常；静者，坤之常也。知动者，乾之常；

静者，坤之常，则乾刚坤柔，于此断矣。

又以卦爻言之，九六动而七八静。然动者刚之常，静者柔之常也。方以类聚，谓乾为阳居西北，而坎居北，艮居东北，震居东，以类聚也。坤为阴，居西南，而巽居东南，离居南，兑居西，亦以类聚也。物以群分者，乾阳物为天，而坎之水、艮之山、震之雷，皆群分于此。坤阴物为地，而巽之木、离之火、兑之泽，皆群分于此，卦画得之，则交错而生吉凶，或以类聚而吉，或以群分而凶。类聚而吉者，阳得阳吉，阴得阴吉者也。群分而凶者，阴不得阳而凶，阳不得阴而凶者也。在天成象，如乾索于坤，而成坎，为月坤索于乾，而成离，为日而震象。出庚兑象，出丁乾象，盈甲巽象，伏辛艮象，消丙坤象，丧乙坎象，流戊离象，就巳也。在地成形，以气质言之，则乾兑金，坤艮土，震巽木，坎水离火也。以鸟兽言之，则乾马、坤牛、震龙、巽鸡、坎豕、离雉、艮狗、兑羊也。卦爻之八者，交错而变化见矣。若乾变而化为坤，坤变而化为乾之类是也。此以上皆先言天地造化而后言卦爻，言卦爻因造化而生也。是故以下又因上变化之言，推其变化之用。刚柔相摩，谓乾以刚摩柔，而生震坎，艮坤以柔摩刚，而生巽离兑。此言八卦之所从生也。八卦相荡，谓八卦交错相荡。而八卦之上，各生八卦，此六十四卦之所从生也。鼓之以雷霆，言震艮也。润之以风雨，言巽兑也。日月运行，言坎离也。一寒一暑，言乾坤也。何也？震为雷。而横渠言雷出于石，故曰：言震艮也。巽风也，兑泽之气为雨，故曰言巽兑也。

风，亦言润者，风盖佐雨者也。日离月坎，故曰言坎离也。六阳成乾而为夏，寒往而暑来也。六阴成坤而为冬，暑往而寒来也。故曰言乾坤也。然日月运行，寒暑之所以成，则坎离者，又所以为乾坤之用也。乾道成男，所谓震为长男，坎为中男，艮为少男也。坤道成女，所谓巽为长女，离为中女，兑为少女也。此以上言卦爻之中有造化也。

自乾知太始以下，又言乾坤之所以为乾坤，而人之所以中乎乾坤，而与天地并为三才也。乾知太始，先儒谓知为主，若今所谓知郡知县者，似亦有理，但恐古人不如此解。知字耳先儒之意，谓乾为天，不应如人之有知，故为是解，而不知夫以性情谓之，乾以主宰谓之帝，易言天地之心，天地之情，可以情性言，可以心情言。下系以乾为知险，坤为知阻，独于此不可以知言乎？夫子谓：知我者，其天乎？非以天言知乎？盖乾元万物资始，万物之生始于子，而万物之成始于午。乾先子而居亥，先午而居巳，非太始而何？

乾之性，惟在始物，故曰乾知太始也。坤元，万物资生，坤作于建午之月，而成于建亥之月，皆所以佐乾而成利贞之功者也。故曰：坤作成物也。乾知始物，一健而已。即其所知，便能始物，而无所杂，不亦易乎？故曰：乾以易知也。坤之成物，一顺而已。凡其所能，顺乎阳而不自作，不亦简乎？故曰：坤以简能也。人之所为，如乾之易，则其心明白，而人易知；如坤之简，则其事要约，而人易从。易知，则与之同心者多，故有亲；易从，则与协力者众，故有功。有亲，则存诸中者不替，故可久；有功，则著乎外者自广，故可大。德则得乎己者，业则成于事者。可久则贤人之德，可大则贤人之业也。有可久之德，而又有可大之业，则可以为贤人矣。此言贤人之法乾坤也。

若夫由易简，而天下之理得，则圣人之德也。天下之理得，而成位乎中，与天地参，至此则圣人之业也。盖上以易体乾而为德，以简体坤而为业，未至于化者也。此则合乾坤易简而为德，合乾坤易简而为业，所以方尽圣人之能事，而圣人亦乾坤也。贤人德可久，而业可大，圣人德久大，而业亦久大也。易简，指乾坤两卦，言天下之理，指六十四卦言也。成位其中，以二五言，盖三画皆以中画为中故也。

此章先言由造化而生卦爻，次言以卦爻而寓造化，末言乾坤易简，人能体之，则由贤以至圣，而与天地参也。

圣人设卦观象，系辞焉而明吉凶，刚柔相推而生变化。是故吉凶者，失得之象也；悔吝者，忧虞之象也；变化者，进退之象也；刚柔者，昼夜之象也。六爻之动，三极之道也。是故君子所居而安者，易之序也；所乐而玩者，爻之辞也。是故君子居则观其象而玩其辞；动则观其变，而玩其占。是以自天佑之吉，无不利。

此承上刚柔吉凶变化而言。设卦非谓作卦也，设者，设立之设，犹今术家所谓假令之类。盖文王之系卦，非是始作，又非筮得，特将卦爻设立而观其象，犹所谓假令得某卦，则有某象也。故设卦而观其卦之象，以系其辞焉。系之以辞，所以明其吉凶也。按下文当有悔吝字，此以吉凶二字包悔吝也。刚柔相推而生变化，刚爻动则变为柔，柔爻动则变为刚。以刚推柔，以柔推刚。刚柔相推变也，刚既变柔，则化为柔，而刚体不见柔；

既变刚，则化为刚，而柔体不见化也。故曰：刚柔相推而生变化。然此皆指圣人系辞之意也，非占者之变也。如乾初九变则下卦成巽，坤初六变则下卦成震之类也。是故以下再申释之。吉凶者，失得之象也。失则凶而得，则吉也。然不曰得失，而言失得者，卦爻当吉矣。而失则亦凶，卦爻当凶矣，而得则又吉。互言之，所以使人之趋吉避凶也。

悔吝者，忧虞之象。忧者，忧于中也；虞者，虞于外也。卦有吉凶，则悔吝之大者也。悔吝者，吉凶之小者也。吉凶者，理之确然者也。悔吝者，吉凶之几也。悔者，吉之几；吝者，凶之几。悔者，阳善之心复萌；吝者，阴柔之心未决也。悔吝而能忧虞，则悔者可至于吉，吝者亦可未至于凶矣。变化者，进退之象。六爻，则刚推柔，则变刚而化为柔。既变刚而化为柔，则刚退而柔进矣。柔推刚则变柔而化为刚，既变柔而化为刚，则柔退而刚进矣。刚柔者，昼夜之象。刚者阳明，故为昼象；柔者阴晦，故为夜象也。刚而柔，柔而复刚；昼而夜，夜而复昼也。此即所谓刚柔相推而生变化也。

六爻之动三极之道者，有两说：以上下同体而观之，则初、二为地，三、四为人，五、上为天也。以上下异体而观之，则初为地，二为人，三为天，四为地，五为人，上为天也。不言三才，而言三极者，天此太极也，地此太极也，人此太极也。三才之道，亦太极而已矣。极者，至也，太极即道也。

君子所居而安者，《易》之《序》谓卦之位也，初、二、三、四、五、上也。此位有序不动者也，故所居而安也。所乐而玩者，爻之辞，谓九与六也。九、六行乎六位之间，故谓之爻而有辞焉，九六所以变化动者也，故君子乐而玩之也。此以成卦之位与爻言也。君子居则观其象而玩其辞，即是重上文而言之也。动则观其变而玩其占，变谓卦爻之变，如七八不变，而九、六变，君子观其变卦，而玩其占，以见之于用也。大凡卦变与变卦不同，卦变谓某卦自某卦来也，变卦乃是占筮而得某爻之类。朱子发误以卦变为变卦，不可不辨也。末复结之曰，自天佑之吉，无不利也。君子取决于易，如此则能上合天心，而下得人事之宜矣。所以自天佑之而吉，无不利也。此二句虽大有上九《爻辞》，圣人但借用之耳。先儒或便以此作大有上九解，则不通矣。

此章明刚柔变化吉凶之理，而兼言君子观变玩占之事也。按《系辞》

有一段再三言是故者，多是申明前义之未尽者，后放此。

《象》者，言乎象者也；爻者，言乎变者也；吉凶者，言乎其失得也；悔吝者，言乎其小疵也；无咎者，善补过也。是故列贵贱者存乎位，齐小大者存乎卦，辨吉凶者存乎辞，忧悔吝者存乎介，震无咎者存乎悔。是故卦有小大，辞有险易；辞也者，各指其所之。

易与天地准，故能弥纶天地之道。仰以观于天文，俯以察于地理，是故知幽明之故；原始反终，故知死生之说；精气为物，游魂为变，是故知鬼神之情状。与天地相似，故不违；知周乎万物而道济天下，故不过；旁行而不流，乐天知命，故不忧；安土敦乎仁，故能爱。范围天地之化而不过，曲成万物而不遗，通乎昼夜之道而知，故神无方而易无体。

易指易书而言，易中之道，与天地相准。盖作易，圣人与天地参，故所作之易，其道甚大，与天地齐平，而无差等也。惟其相准，故能弥纶天地之道。弥者，遍包之义；纶者，条理之义。谓于天地之道，遍包而不遗，有条理而不紊也，先儒所谓包络者也。仰以观于天文，如日月之运行，风霆之动荡；俯以察于地理，如山泽之流峙，水火之燥湿，皆因其至著之象，而知其至微之理。先儒所谓体用一源，显微无间，即所谓幽明之故也。

或曰：幽明即昼夜也。火在天上，则为大有，仰观于天而知明之故也。明入地中明夷，俯察于地而知幽之故也。亦通。

原始反终，故知死生之说，以一岁言之。一阳之复，阳之生也，始也。六阴为坤，生意息矣。非终乎？以一月言，震象出庚，明之生也，始也。坤象丧乙，则魄其死矣，终也。然生意似息，而一阳之月，天地生物之心，见于复，则生生者，未尝息也。月魄虽丧，然旁死魄而生明，则日月运行，亦未尝息也。此死生之说，先儒或以自一世而至，六变为游魂者，卦之终也。至七变而反，为归魂者，卦体复也。始者，生也。终者，死也。反其死而复于生，知此，则知死生之说也，亦通。

精气为物者，气聚为物。先儒谓精聚为物，得乾为首，得坤为腹，得震为足，得巽为股，得坎为耳，得离为目，得艮为手为鼻，得兑为口。及其散也，二、五之精，各还其本。魂阳反于天，魄阴归于地。其生也，气日生而滋，息物生既盈；气日反而游散，至之谓神，以其伸也。反之为鬼，以其归也。鬼神情状，无余蕴矣。然以易言之，则自一阳之复，至六阳之乾，则乾之伸也，神也。自一阴之姤，至六阴之坤，则阴之屈也，鬼也。方神之伸，则乾道变化，品物流形，精气之为物也。反鬼之归，则魂归于天，魄反于地，而成坤矣。死生之说，鬼神情状，皆不逃乎圣人之易矣。与天地相似，故不违。

以下言圣人也。圣人与天地合其德，故与天地不相违也。知周乎万物，而道济天下，圣人尽人物之性，而参天地之化育。夫焉有所倚，故不过也。以易言之，则与天地相似者。以乾坤言也，知周乎万物者，以万有一千五百二十之策而言之也。不违，即爻位之相应也，不过即二、五之得中也。旁行而不流，六爻发挥，旁通其情，旁行也。知进退存亡，未尝失其正，不流也。乐天知命，故不忧乐，则行之忧，则违之知至，至之知终，终之也。此以乾言也。安土敦乎仁，故能爱安贞之吉，应地无疆而承天时，行以资生之元，合资始之元，而厚德载物也。此以坤言也。范围天地之化而不过者，范如冶者，铸金之模，范围犹梓，人量材之有围，径有其范，则金随其大小而成器，用其围，则木随其大小而适用。圣人范围天地之化，亦如是也。

天地之化，本自流行，所以范围之者，以易言之也。圣人取天地之化，纳之于易道之中，如匠者之取金木，而归其范围之内也。有范围，则不过矣。不过者，《中庸》所谓天地位焉者也。位天地，则能育万物，故曰曲成万物，而不遗曲。《中庸》所谓致曲之曲，曲谓各顺万物之性而成之，非直致也。物之不齐，物之情也。苟不曲成而致曲焉，是率天下而路也。此圣人所以曲成之也。曲成，则无遗矣。譬如坦涂之中，一直而行，非不可也。然左右必有所遗，至于曲，则无不遍矣。无一物之不体，故曰曲成不遗也。

以易言之，则天地之化，亦指乾坤。言万物，亦指策数言也。通乎昼夜之道，而知昼夜即幽明生死鬼神之谓也，明也，生也，神也，昼之谓也。幽也，死也，鬼也，夜之谓也。或曰：坎离之升降，昼夜也。离上坎下为未济，昼而夜也。坎下离上为既济，夜而昼也，亦通。范围天地而不过也，曲成万物而不遗也，通乎昼夜之道而知也。故神无方，而易无体，两两相易者，易也；合一不测者，神也。合一而无方，相易而无体，天高地下，不为无方；至于神，则无方矣。天圆地方，不为无体，至于易，则无体矣。盖天地万物，昼夜皆有方有体者也。我能范围，则超乎范围之表。曲成，则出乎万物之上，通乎昼夜，则知阴阳互根之妙。此其所以为无方无体也。

此章言易道至大至妙，圣人用易至于如此之大且妙也。

一阴一阳之谓道。继之者善也，成之者，性也。仁者见之谓之仁，知者见之谓之知。百姓日用而不知，故君子之道鲜矣。显诸仁，藏诸用，鼓万物而不与圣人同忧。盛德大业至矣哉！富有之谓大业，日新之谓盛德，生生之谓易，成象之谓乾，效法之谓坤，极数知来之谓占，通变之谓事，阴阳不测之谓神。

一阴一阳之谓道。此指太极而言也。一阴矣，而又一阳。一阳矣，而又一阴。阴不可无阳，阳不可无阴，所以然者，道也。道，太极也。继之者善，继谓续续不已，所谓亨也。善即所谓元也。继之者善，犹言其亨之者，元也。成谓成其禀赋利也，性即所谓贞也。成之者性，犹言其利之者贞也。善之继者，元之所以为亨也。性之成者，贞之所以为利也。先儒谓元亨诚之通，利贞诚之复。诚者，天之道故也。若此段以易释之，则一阴一阳之谓道，即乾元坤元也。继之者，善成之者性，即乾坤元亨利贞也。此元亨本善之继，利贞即性之成，人性之所以善也。

然以四德而配四端，则仁其元也，知其贞也。仁者，见其继之者善，但谓之仁，知者见其成之者性，但谓之知，亦犹今之解易四德者。或以元包四者而主元，或以贞为事乾而主贞，即是仁者见之谓之仁；知者见之谓之知也。百姓日用而不知。人莫不饮食，鲜能知味。此君子之道，所以鲜能也。仁者，知者，尚止见其一偏，不见其大全，况于日用而不知道者乎？虽然仁者元，则阳也；知者贞，则阴也。上章乐天知命本乎乾，安土敦仁本乎坤，则仁阴而知阳，何也？曰：《中庸》言诚之之事，则先致知而后力行，人道也；言至诚之事，则先仁而后知，天道也。上文自圣人言之，人道也；此自阴阳变化言之，天道也。显诸仁，藏诸用，显之于仁，即所谓继之者，善。阳之辟也，藏之于用，即所谓成之者性；阴之阖也，其在易则六爻之动者，可得而见之。六爻之静者，不可得而窥其际也。鼓万物而不与圣人同忧，盖天地无心而成化，圣人有心而无为，天地以其心普万物而无心，圣人以其情揆万事而无情。普则无忧，揆则不免于忧也。

易无思也，无为也。圣人则思。曰：睿睿作圣者也，盛德大业，至矣哉！言易中之德业也。富有之谓大业者，富有谓大而无外也。万一千五百二十之策，不亦富乎？日新之谓盛德，日新谓久而无穷也。阳生阴，阴生阳，如环无端，不日新乎？生生之谓易，谓一卦可变六十四。六十四各变六十四，则成四千九十有六，生生不穷也，无非自变而生也。故曰：生生之谓易，成象之谓乾，效法之谓坤。乾始三画，以象三才，故曰成象坤，则以耦配奇，效法乎乾，故曰：效法极数，知来之谓占，极数谓极天地之数，成大衍而吉凶之兆，可以前知，此之谓占。通变之谓事，通变谓因，爻之变而通之，举而措之，是之谓事。

盖占必用变者，纵爻不变，亦因其变，而知其不变，故一言蔽之曰：变也。阴阳不测之谓神，先儒谓两在故不测，阴中有阳，阳中有阴也。若以卦变论之，则爻之阳者，以九而占，则变为阴，变有伏。又复为阳爻之阴者，以六而占，则变为阳，变而有伏，则又复为阴，不可测之神也。姑举一端而言之，如乾之初九，本是阳爻初九，变则为巽成阴爻，巽又伏震，则又成阳爻，此之谓不测也。

此章自一阴一阳而下，言造化流行之易，显诸仁以下，言造化之见于易、书，皆一阴一阳之道也。

夫易广矣大矣！以言乎远则不御，以言乎迩则静而正，以言乎天地之间则备矣。夫乾，其静也专，其动也直，是以大生焉；夫坤，其静也翕，其动也辟，是以广生焉。广大配天地，变通配四时，阴阳之义配日月，易简之善配至德。

夫易者，阴阳之变也。广以量言，坤之阴也，取其有容而厚载也。大以质言，乾之阳也，取其本体之甚大也。以言其远，则不可御。自乾言之，极其所至，放之而准也。以言其迩，则静而正，自坤言之，以其至静而寂然不动，不偏不倚者也。以言乎天地之间，则无所不备，又合乾坤言之，所谓无一物之不体者也。此叹易之广大也。然未言其本于乾坤，又推原其所以然之故，直指乾坤言之。

盖乾坤者，易之门也。夫乾其静也，专其动也。直先儒所谓不专一，不能直遂也，此以大而能生者也。夫坤其静也，翕其动也。辟先儒所谓不翕聚，不能发散也。此以广而能生者也，承上文生生之谓易而言之也。乾，奇也。故曰专曰，直皆自其奇者言之也。坤，耦也。故曰翕曰，辟皆自其耦者言之也。广大配天地，变通配四时，阴阳之义配日月。易简之善配至德，此言乾坤能配此四者也。观此言，则知乾坤者，乃指阴阳健顺之性而言，而非直指天地矣。

乾之大，配天之大；坤之广，配地之广也。变通配四时，自复而乾，自姤而坤，包十二月配四时也。阴阳之义配日月，谓乾之二、五，变坤则成离，坤之二、五，变乾则成坎，配日月也。以上言易配天地也。易简之善配，至德言乾易坤简，配圣人之至德也。此言易之配人事也。此易皆指易书，言乾坤亦主二卦之义言。

此章言易之广大，本于乾坤，而能配乎三才也。

子曰：易其至矣乎！夫易，圣人所以崇德而广业也。知崇礼卑，崇效天，卑法地。天地设位，而易行乎其中矣。成性存存，道义之门。

易其至矣！叹易道之极，其至至，即所谓太极也。惟其易有太极，此其所以为至也。夫易如此，其至圣人，故以此而崇德广业也。德至于崇而后为至极，不崇非至也。业至于广而后为至极，不广非至也。圣人之德业，乾坤也。知崇效天，欲其德之崇如天也。礼卑法地，欲其业之广如地也。穷理，则知崇如天，而德崇循礼，则礼卑如地，而业广。首章言天尊地卑，而章末归之久，大贤人之德也。此章言知崇效天，礼卑法地，为圣人之德业，盖因前章而申言之也。

天地设位，而易行其中。先分言天地，此又合而言之，犹首章分言易简，而又合言之也。天位乎上，知之崇也。地位乎下，礼之卑也。圣人以易位乎其中，知如天，礼如地，所以成位，而与天地参也。成性存存，道义之门。盖知与礼，皆成之者，性所固有，性中一天地也。知与礼，所以存存也。道义之门，言道义由此出矣。知礼取其存乎性者，而言道义，取其出乎性者，而言道出乎性，所谓率性之谓道也。义出乎性，此所谓义非指四端而言，谓行而宜之之义也。知礼以其性之体，言道义以其性之用，言若自易推之，则知崇效天者，乾也。礼卑法地者，坤也。成性存存，道义之门，即所谓乾坤，易之门也。乾道变化，坤道其顺乎乾坤，道之门也。乾利者，义之和，坤义以方外，乾坤义之门也。

此章言圣人以易而崇，广其德业。盖承广大而言之也。

圣人有以见天下之赜（zé，幽深奥妙），而拟诸其形容，象其物宜，是故谓之象。圣人有以见天下之动，而观其会通，以行其典礼，《系辞》焉以断其吉凶，是故谓之爻。言天下之至赜，而不可恶也；言天下之至动，而不可乱也。拟之而后言，议之而后动，拟议以成其变化。鸣鹤在阴，其子和之；我有好爵，吾与尔靡之。子曰：君子居其室，出其言善，则千里之外应之，况其迩者乎？居其室，出其言不善，则千里之外违之，况其迩者乎？言出乎身，加乎民；行发乎迩，见乎远；言行，君子之枢机。枢机之发，荣辱之主也；言行，君子之所以动天地也，可不慎乎？

同人，先号咷，而后笑。子曰：君子之道，或出或处，或默或语。二人同心，其利断金；同心之言，其臭如兰。初六，藉用白茅，无咎。子曰：苟错诸地而可矣，藉之用茅，何咎之有？慎之至也。夫茅之为物薄，而用可重也。慎斯术也以往，其无所失矣。劳谦，君子有终，吉。子曰：劳而不伐，有功而不德，厚之至也。语以其功下人者也。德言盛，礼言恭；谦也者，致恭以存其位者也。易曰：自天佑之，吉无不利。子曰：佑者，助也。天之所助者，顺也；人之所助者，信也。履信思乎顺，又以尚贤也，是以自天佑之，吉无不利也。不出户庭，无咎。子曰：乱之所生也，则言语以为阶。君不密则失臣，臣不密则失身；几事不密则害成。是以君子慎密而不出也。子曰：作易者，其知盗乎？易曰：负且乘，致寇至。负也者，小人之事也；乘也者，君子之器也。小人而乘君子之器，盗思夺之矣；上慢下暴，盗思伐之矣。慢藏诲盗，冶容诲淫。易曰：负且乘，致寇至，盗之招也。

旧谦卦下以乾上九，文言继之。今按文言重出，是谓衍文。而下章大有上九，一爻无所附丽，应是错简。今以大有一爻补于其中，而乾之上九，更不重出。赜，谓縠乱也。圣人见天下之縠乱，而拟诸形容，以象其物宜，如《说卦》所陈诸卦之象而取之，是故谓之象。动谓变动也，典常也。礼则天理之节文，而人事之仪则也。会谓理之所聚处，通谓理之常行无碍。处圣人见天下之动，而观其理之所聚，而求其当行者，以行其天理节文之常，系之以辞，而断吉凶，是故谓之爻。

所谓象者，但据卦位所得之象而言之，爻者据其爻之变动言之，此所以不同也。盖自初至上者位也，或九或六者爻也。言天下之縠乱，似可厌恶矣，而不见其可厌恶者。言天下之至动，若为所乱矣，而未尝有所乱也。拟之而后言，谓拟诸形容也。议之而后动，谓见天下之动而观会通，以行其典礼也。拟议以成其爻中之变化，因以下七爻例之。盖下七爻皆拟而后言，议而后动者也。中孚九二，兼言动言之；同人九五，谨言者也；大过初六，谨动者也；谦九三，谨言者也；大有上九，谨动者也；节初九，谨言者也；解六三，谨动者也；中孚九二爻，义本卦明矣。此又以言行枢机言之，言行枢机不可不谨，故因鹤鸣子和之义，取千里外之，从违言之也。同人九五，所谓二人，言九五与六二也。其利断金，言至诚可以通金石也。其臭如兰，谓其言之，气味相投也。大过初六，于本卦已详。此则言谨慎之至，以明谨动也。谦九三，亦于本卦已详。此则因谨言而发，故曰：语以其功下人。曰：德言盛礼，言恭有德之言，则盛有礼之言，则恭也。旧此处乃乾上九，《文言》合是衍文而下，大有一章无所附丽，当是此处错简，故以补之。

盖大有上九，履信思顺。履者，此身之举动；思者，此心之发动也。其义则已详本卦矣。节之初九，不出户庭，本卦已释，此则谓言语为乱之阶。故君不密，则失臣；臣不密，则失身；几事不密，则害成。所以谨言也。解六三爻，义亦于本卦已详。此又言慢藏之诲盗，冶容之诲淫。盖坎为盗，六三动则互兑为少女之说，故以诲盗诲淫言之，欲其谨动也。先儒但以此章七爻为言卦之用，不知皆因拟之，而后言议之，而后动两语发之。所以初一爻，则兼明言动之谨。而下六爻，则以谨言谨动，相间发义，此则先儒所未及也。

或曰：以象言之，中孚初至三互兑，为口言也。二至四互震，震为行，行也。三至五互艮，艮为门阙。四至上互巽，巽为木室与机也。同人五之二，则互兑口，有号咷与笑之象。兑为金为毁折，互巽为草为臭，故以其利断金，其臭如兰言之也。谦上体坤而伏乾，且有互坎，而下体有艮，且伏兑焉。互坎伏乾，则劳而不伐有功，而不德者也。下体有艮伏兑，则艮为躬，**兑为口**，礼言恭之象也。三得位者也，故曰：致恭以存其位也。

又按：以大有补乾上九，与张文饶《述衍数》合，详见下系。

此章，因论爻象而以谨言动，明爻义也。

天一、地二、天三、地四、天五、地六、天七、地八、天九、地十。天数五，地数五，五位相得而各有合。天数二十有五，地数三十，凡天地之数五十有五。此所以成变化而行鬼神也。大衍之数五十，其用四十有九。分而为二以象两，挂一以象三，揲（shé，按定数点查物品）之以四以象四时，归奇于扐（lè，古筮法，数蓍草卜吉凶，将数剩零蓍草夹在指间）以象闰；五岁再闰，故再扐而后挂。乾之策二百一十有六，坤之策百四十有四，凡三百有六十，当期之日。二篇之策，万有一千五百二十，当万物之数也。是故四营而成易，十有八变而成卦。八卦而小成。引而申之，触类而长之，天下之能事毕矣。显道神德行，是故可与酬酢，可与佑神矣。子曰：知变化之道者，其知神之所为乎！

天一至地十，原在后章。朱子谓其错简，移至于此章之首。又本象天数五，以下旧在再扐而后，挂之下乾之策之上。朱子取而移于本章之首，而继于天一地十之下。朱子之说当矣。

今从之天一至地十，此《河图》数也。天数五：谓天一、天三、天五、天七、天九也。地数五：谓地二、地四、地六、地八、地十也。五位相得，而各有合。相得者，谓天一与地二相得，天三与地四相得，天五与地六相得，天七与地八相得，天九与地十相得也。有合者，谓天一与地六合而居北，地二与天七合而居南，天三与地八合而居东，地四与天九合而居西，天五与地十合而居中也。先儒谓：天一生水，地六成之；地二生火，天七成之；天三生木，地八成之；地四生金，天九成之；天五生土，地十成之是也。

凡天地之数五十有五者，合天一至地十积之，共得五十有五，此《河图》之数，所以成变化而行鬼神者也。盖天地之变化，鬼神之屈伸，皆不出乎《河图》之数也。自大衍之数五十，至天下之能事毕矣。明揲蓍之法，然天地之数五十有五，而大衍之数五十，其用四十有九，与天地之数，似乎不合，古今诸儒，莫有得其说之的当者。多谓大衍虚，天数之五，而其用又虚，大衍之一，皆不自然。余尝深思而得其说，专述于《大衍》一书，而辨之矣。今于此言其略：

盖天地之数五十有五者，天地之积数也。大衍之数五十，其用四十有九者，天地之衍数也。一与二成三，二与三成五，三与四成七，四与五成九，五与六成十一，六与七成十三，七与八成十五，八与九成十七，九与十成十九。以其偶数言之，为五者五，而得五十；以其奇数言之，则三、五、七、九、一、三、五、七、九，共得四十九。大衍置偶数而用奇数，故四十有九也。若挂天一而再以天数合之，则五与七合成十二，老阳之奇也。七与九合成十六，少阴之奇也。九与十一合成二十，少阳之奇也。十一与十三合成二十四，老阴之奇，亦老阴之策也。十三与十五合成二十八，少阳之策也。十五与十七合成三十二，少阴之策也。十七与十九合成三十六，老阳之策也。故四象之奇之策，皆自此变焉。

至于分二揲四之象，皆寓乎中，以至三百八十四爻，万有一千五百二十之策，旁通曲畅，无不贯通，难以详述。姑即其大数言之，学者欲知，当于《大衍索隐》考之，则得之矣。

自分而为二，以下言揲法也。揲法，古今亦多不同，有六说焉，惟近世王忠辅之说得之。其六说者，毕中和、刘禹锡、朱子之法，其策得万有一千五百四。横渠、伊川之法，其策得万有二千六百七十二，皆与万有一千五百二十之策不合。张辕一法，庄绰一法，蔡季通一法，虽各得万有一千五百二十之策，而张辕，则误以二二之偶为一揲之奇，三五之奇为两揲之偶，及用挂一于其间。庄绰则三揲，皆用四十九数而挂一，俱不在奇耦数中。季通则辄废挂一之一蓍，又从而别挂之。殆非圣人所谓其用四十九者，故惟王氏忠辅之法，为合于理。其法止揲左而不揲右。初则信手中分之，此分而为二也。置右手之半于大刻之内，不揲以象地之静；取左手一蓍，置于格东一小刻，而不用此挂一象三也。次以左手之蓍四，四而揲之于右，象天在上而动运而西也。此揲之以四也。末后一揲余一，则以右手三蓍归之，足成一揲，此奇也。余二则以右手六蓍归之，足成二揲，此耦也。余三则以右手一蓍归之，足成一揲，此奇也无余，则以右手八蓍归之，足成二揲，此耦也。此名奇也。或奇或耦，置于格东之次一刻，此归奇于扐，以象三年之闰也。

是为一变，乃以右手余蓍，与先所置大刻者并而为一，或四十四蓍，或四十蓍，信手中分之，置右手之半，于大刻不揲亦不挂，一直以左手之蓍四，四揲之于右末后，一揲余一余二余三或无余，则以右手之蓍如前归之，足成奇耦，置于格东次二刻，此闰后一扐为二变也。乃以余蓍与先第二次所置大刻者，并而为一，或四十蓍或三十六蓍，信手中分之，置右手之半，于大刻不揲亦不挂，一直以左手之蓍四，四揲之于右，末后一揲，余一余二余三或无余，则以右手之蓍如前归之，足成奇耦，置于格东次三刻，此闰后再扐为三变而爻成。乃以右手余蓍与第三所置大刻者，并而为一或三十六蓍，或三十二蓍，或二十八蓍，或二十四蓍，此名策也。本揲之以四，故四六为老阴，四七为少阳，四八为少阴，四九为老阳，然取先所置，挂一及三扐之蓍，并入策数，复再分挂，以求次爻，所谓再扐而后挂也。此再扐而后挂，象再闰也。

乾之策，老阳策也。每爻三十六，六爻得二百一十六。坤之策，老阴策也。每爻二十四，六爻得一百四十有四，凡三百有六十。此以变爻言，若以少阳、少阴不变言，则乾六爻各得二十八通，谓一百六十八坤，六爻各得三十二通，谓一百九十二，亦成三百六十。今言乾二百一十有六，坤百四十有四，止以二老变爻论尔。当期之日，以气盈论之，一岁三百六十五日有奇。以朔虚论之，一岁三百五十四日有奇。三百六十，举其中数言也。二篇之策，万有一千五百二十有三，说以老阴老阳言之，老阳得六千九百一十二，老阴得四千六百八，共万有一千五百二十，此一说也。以少阴、少阳言之，少阳得五千三百七十六，少阴得六千一百四十四，亦为万有一千五百二十。此又一说也。然以揲蓍每一爻合，得变数言之，则为老阳者八，得二百八十有八；为老阴者八，得一百九十二；为少阳者二十四，得六百七十有二；为少阴者二十四，得七百六十有八。共得策千九百二十七。六爻六之，则为万有一千五百二十，此又一说也。

先儒但取前二说，而不问揲蓍变数之合不合，故揲蓍变数与二篇之策不同，岂理也哉？故知揲法，惟杨氏为当也。今犹恐其法，学者有所未解，别列诸图，以便学者之参考焉。万有一千五百二十，当万物数者，非谓万物止有此数，亦言其大数尔。如岁之气盈朔虚，非三百六十也。又归奇于扐以象闰，五岁再闰，故再扐而后（卦）[挂]。先儒多谓，三岁必一闰。又两岁再闰，周而复始。朱子画为定图，亦止如此。于历法未深考也。惟韩伯康谓，十九年七闰，为一章。五岁再闰者二，略举大凡者得之而未详。

余考之历法，自入章之始，三岁而逢首闰，又三岁而逢次闰，又三岁而逢第三闰，为三岁一闰者三，然后两岁始逢第四闰，此两载逢闰之后，又三岁而逢第五闰，又三岁而逢第六闰，为三岁一闰者二。然后两岁又逢第七闰。盖一章之中，通有七闰，三岁一闰者五，两岁一闰者二。尔若以五岁再闰言之，则第三闰之三岁，第六闰之三岁，俱在五岁之中，则谓三岁一闰者三，五岁再闰者二也。然则挂扐所以象闰者，非谓三岁一闰之后，必有五岁之再闰也。不过言闰有三岁而一者，有五岁而再者，故其一扐象其一闰者，以再扐象其再闰者尔。详见《索隐》。

若夫四营，旧谓分一挂二揲四归奇，其营为四也。后二变不挂，则止成三营，不知所谓再扐后挂者，正以后二变不挂，故有是言尔。若以左右手为再扐，中间既不分而为二，自然不挂，何待有是言乎？惟其后二变不挂，故云再扐而后挂也。盖四营者，以每揲之间必有四者之不同，或余一、或余二、或余三、或无余，其所经营，不出于此四者耳，故必经夫三变而后能成一爻，六爻则有十八变，然后成卦。引而伸之，触类而长之，则六十四卦自此而成。六十四卦之变，亦自此而成。如启蒙所谓四千九十六卦，皆触类而长者也。触类而长，至四千九十有六，天下之能事毕矣。

显道神德，行者道因辞显，行以数神，可与酬酢，谓互为宾主，反复相变也。可与佑神，可助神明之德也。夫子又赞之曰：知变化之道者，其知神之所为乎？谓大衍卦爻变化之道，非人力所能为也。

或曰：后两变不挂，朱子所辟。今何故取之？曰：蓍以得策为重，如后两变皆挂，则不能得万有一千五百二十之策，是老阳少阴，皆多二百五十六卦，而老阴少阳，皆少二百五十六卦。其大体有碍，故不敢从也。曰：二篇之策，自以六十四卦九六而言，何必求合蓍爻之策乎？曰：蓍犹形也，卦犹影也。蓍既偏枯而不全，欲令其卦之全，其犹形不全，而责影之全也。可乎？曰：老阳老阴止八，而少阳少阴各二十四，不为偏枯乎？曰：以四象而论之，其变若不齐，以八卦而论之，其变正等也。

此章言大衍之数，卜筮之法。盖文王作易之旧，夫子特因而明之尔。中间闰数，皆以冬至为岁首，非夏正也。学者详之。

易有圣人之道四焉：以言者尚其辞，以动者尚其变，以制器者尚其象，以卜筮者尚其占。是以君子将有为也，将有行也。问焉而以言，其受命也如向，无有远近幽深，遂知来物，非天下之至精，其孰能与于此？参伍以变，错综其数；通其变，遂成天地之文；极其数，遂定天下之象。非天下之至变，其孰能与于此？易无思也，无为也，寂然不动，感而遂通天下之故。非天下之至神，其孰能与于此？夫易，圣人之所以极深而研几也。唯深也，故能通天下之志；唯几也，故能成天下之务；唯神也，故不疾而速，不行而至。子曰易有圣人之道四焉者，此之谓也。

前章言君子居，则观其象，而玩其辞，动则观其变，而玩其占，以象辞为一事，以变占为一事尔。今此章则分辞、变、象、占为圣人之道四，而其下以辞、占为一事，变象为一事，互相发明也。先儒谓以犹大象君子之以，以者，用也。以言者，所告之事也。求诸易之言，则有辞玩辞，则知言之所指矣。以动者所举之事也，求诸易之动，则有变观变，则知动之所之矣。制器以利用，求诸易以制器，则有象观象，则器之制度在其中矣。卜筮以占事，求诸易以卜筮，则有占玩占，则筮之吉凶在其中矣。制器如十三卦与鼎井是也。卜者龟而非易也，兼言之者，卜筮之理一也。犹下章云莫大乎蓍龟也，是以君子将有所作为、将有所行动问焉。而以言问者，问诸蓍也，以言即上之以言也。其受命也如响，易受圣人之命，而告于人，如响之应声也。无有远近幽深，遂知来物，或远或近，或幽或深，皆可以知方来事物之吉凶也。非天下之至精者，安能如此乎？所以极深者，至精也。此一节指尚辞尚占，言参伍以变谓用易之始，求数之原也。

天数五，地数五，以五而参之，得数五十有五者，初考核也。衍而得偶数五十，奇数四十有九者，再考核也。以此奇偶之数，而生四象之策。数者，三考核也。三考其天五地五之数以变之，故参伍以变也。错综其数，如一与二合为三，以至十七与十九合为三十六之类是也。通其参伍之变，而天地之文章章可见，非成乎极，其错综之数，而象于此，而辨非定乎如此，非天下之至变者，不能与于此也。所以研几者，至变也。此指尚变尚象言之，然尚辞尚占尚变尚象，此皆易之用也。

盍亦求易之体乎？易无思也，无为也，寂然不动，感而遂通，天下之故，无思无为，即无极而太极也。寂然不动，太极之静也。感而遂通，天下之故，太极之动也。若以蓍卦言，则蓍卦之示人，未尝有心也。所谓无思无为也，寂然不动，蓍之未揲也。感而遂通，蓍之变化，若以人心言，则无思无为者，吾心之无极而太极也。寂然者，感之体，感通者，寂之用也。以人心之太极，自为感，自为应，而蓍之神，即心之神也。非天下之至神，其孰能与于此哉？

再申言之，曰：夫易，圣人所以极其至深之理，研其几微之事者也。惟其极深，故能通天下之志，即上文所谓天下之至精者也。惟其研几，故能成天下之务，即上文所谓天下之至变也。唯其至神，故不疾而速，不行而至，言心之至神，会易之至神，不疾而自速，不行而自至，所以能通天下之志，而成天下之务也。末复结之曰：易有圣人之道四焉者，此之谓也。文法与乾《文言》上九"其唯圣人乎"文法同也。

此章言易有圣人之道四，而又以四者贯之于无思无为之至神也。

子曰：夫易何为者也？夫易开物成务，冒天下之道，如斯而已者也。是故圣人以通天下之志，以定天下之业，以断天下之疑。是故蓍之德圆而神，卦之德方以知，六爻之义易以贡。圣人以此洗心，退藏于密，吉凶与民同患；神以知来，知以藏往。其孰能与于此哉？古之聪明睿知，神武而不杀者！夫是以明于天之道，而察于民之故，是兴神物以前民用。圣人以此斋戒，以神明其德夫。是故阖户谓之坤，辟户谓之乾，一阖一辟谓之变，往来不穷谓之通；见乃谓之象，形乃谓之器，制而用之谓之法，利用出入，民咸用之谓之神。是故易有太极，是生两仪，两仪生四象，四象生八卦，八卦定吉凶，吉凶生大业。是故法象莫大乎天地；变通莫大乎四时；县象著明莫大乎日月；崇高莫大乎富贵；备物致用，立成器以为天下利，莫大乎圣人；探赜索隐，钩深致远，以定天下之吉凶，成天下之亹亹者，莫大乎蓍龟。是故天生神物，圣人则之；天地变化，圣人效之；天垂象，见吉凶，圣人象之；河出图，洛出书，圣人则之。易有四象，所以示也；《系辞》焉，所以告也；定之以吉凶，所以断也。

上章言圣人通天下之志，成天下之务，故此章因而发明之。夫易，何为者也？盖开物成务，冒天下之道，如斯而已者也。开物，谓参伍以变，错综其数，成天地之文，而定天下之象也。成务，谓惟几，故能成天下之务者也。开物言作易之始事，成务言作易之终事。先儒谓：冒者，包而有之也。惟其开物于先，成务于后，故能包乎天下之道而有之也。惟易能成天下之务，故圣人以之通天下之人，其所欲为之志，以之定天下之人，所作之事业，以之断天下人心之所疑。此言圣人之用易也。盖通天下之志，即开物之道。定天下之业，即成务之道也。断天下之疑，即冒天下之道也。

因此又言易之用。盖蓍之德圆而神，四十九蓍奇阳之数，变通不测，故圆而神，卦之德方，以知六十四卦阴耦之数，各有定象，故方以知六爻之义，易以贡易谓变易，贡谓告也。六爻之义，因其四营成易，以告于人也。或曰：贡犹献也。如书献卜之谓，其义俱通。圣人以此洗心退藏于密，吉凶与民同患。夫圣人之未作易也，忧患后世可谓深矣。及其既作易也，则蓍之神、卦之知、六爻之易，有以代圣人之口而献其象，以告天下圣人。前民忧患之心，可以一洗而退藏于无思无为，寂然不动之中矣，而圣人方且吉凶与民同患焉，所谓感而遂通天下之故者也。

盖易无思无为，寂然不动，感而遂通者也。若圣人以此洗心退藏于密，而吉凶不与民同患，则岂圣人纯亦不已之心哉？故云为动作，亦且求之蓍龟焉。此其所以为圣人也。此应通志定业断疑而言之也，神以知来蓍之德也，即圣人之德也。而圣人犹自问诸蓍，知以藏往，卦之知也，即圣人之知也，而圣人犹自问诸卦。故曰：其孰能与于此哉？古之聪明睿知，神武而不杀者，夫聪明睿知神武，言圣人之作易神且知也。而曰不杀，则是可以洗心藏密，而不自神其神，不自知其知也。不自神其神，不自知其知，是不有其有也。不自有其有，是神武而能不杀者也。此应蓍卦之神，知而言之也。

明于天之道故知，神物之可兴，察于民之故，故知民用之不可不开其先也。圣人以其神物之能前民用，故使人以此斋戒，以神明其德也。神明者，谓蓍龟也。湛然纯一之谓斋，肃然警惕之谓戒，使人于此斋戒，以考其占，以一心之神明，而通乎蓍龟之神灵也。既言一心之神明，又复推原易之所以为神明者。阖户之谓坤，辟户之谓乾，阖户即所谓寂然不动也，辟户即所谓感而遂通也。一阖一辟，谓之变阖而辟，辟而阖，静复动，动复静，易之变也，往来不穷。阖则往辟则来，往而来，来而往，此易之通也。见乃谓之象，象即此易之见于外者，形乃谓之器，器即此易之形而下者，制而用之谓之法，圣人之制用，无非此易也。

利用出入，民咸用之谓之神；或出或入，无所不利，百姓之日用，无非此易也。然易之所以为易者，太极也。太极者，总天地万物之理而名之，所谓极至之理也。有太极则生两仪，有两仪则生四象，有四象则生八卦。此以揲蓍言之，分而为二，两仪也。揲而得老阳、老阴、少阳、少阴，四象也。既得四象，则乾坤震巽坎离艮兑，由此生焉。此以蓍策言之也。先儒以此为加一倍法，以伏羲八卦言之，谓太极生一奇一耦为两仪，两仪之上各加一奇一耦成四象，四象之上加一奇一耦成八卦者，固同此理。特此章，则自揲蓍而言之耳。

八卦既生，则或吉或凶，由此而定矣。吉凶由此而定，则天下可以趋吉避凶，大业由此生矣。此言八卦定吉凶，显是揲蓍事。若伏羲八卦，则且示成象，未见其为定吉凶故也。既言生大业，遂言，其所以为大者，有六焉。以言乎法象，则莫大乎天地矣。以言乎变通，则莫大乎四时矣。以言乎县象著明，则莫大乎日月矣。天地以乾坤言四时，以震兑离坎言日月，专以坎离言也。崇高莫大乎富贵，此以卦之五位言也。备物致用立成器，以为天下利，莫大乎圣人。此以圣人用易，言即下篇十三卦所陈也。探至赜之象，索至隐之理，钩深而致，其远以定天下之吉凶，成天下之亹亹者，莫大乎蓍龟！易但用蓍兼龟言之，犹上章言卜筮也。既言大业矣，又复以圣人之则效象者，言天之生，神物谓蓍龟也。圣人，则之天地变化，谓乾坤也，圣人效之，天垂象，见吉凶日月之行，或盈或缺，坎离也。圣人象之河出图，洛出书，圣人则之，曰《河图》者，天一至地十者是也。《洛书》者，戴九履一，左三右七，二四为肩，六八为足者是也。先儒或误以《河图》为《洛书》，《洛书》为《河图》，至朱子而后正之。然其所谓刘牧误置，则未详也。

刘牧之前，其误久矣。《易卦》本取《河图》，非取《洛书》，特与《洛书》旁通耳。至此又言易有四象，所以示也，言阴阳老少也。《系辞》焉，所以告也，言卦爻之辞也。定之以吉凶，所以断也，言大业以吉凶而生也。此三句，又应上易有大极一节也。此下旧有犬有上九一爻，似因吉之一字附之。若以此章言，则言圣人作易用易之大旨，不当单引此一爻，以为结朱子，以为恐当在。前七爻章，横渠谓当在下，系今按乾上九《文言》重出，而此章无所附丽，正是错简，故以补于上章。读易者，其详之。

此章因开物成务，而推原圣人作易用易之事也。

子曰：书不尽言，言不尽意。然则圣人之意，其不可见乎？子曰：圣人立象以尽意，设卦以尽情。伪《系辞》焉，以尽其言，变而通之，以尽利。鼓之舞之，以尽神乾坤，其易之缊邪？乾坤成列，而易立乎其中矣。乾坤毁，则无以见易。易不可见，则乾坤或几乎息矣。是故形而上者，谓之道形而下者，谓之器化而裁之，谓之变推而行之，谓之通举而措之天下之民，谓之事业，是故夫象圣人有以见天下之赜，而拟诸其形容，象其物，宜是。故谓之象，圣人有以见天下之动，而观其会，通以行其典礼。《系辞》焉，以断其吉凶，是故谓之爻，极天下之赜者，存乎卦，鼓天下之动者，存乎辞，化而裁之，存乎变，推而行之，存乎通神而明之，存乎其人默而成之，不言而信，存乎德行。

章首先设问而自答之书，不尽言，圣人之言，书所不能尽也。盖言无穷，而书有限也。言不尽意，圣人之意，言又不能尽也。意无穷而言有限也。圣人之意，形于言；圣人之言，托于书。书既不能尽，圣人之言，言又不能尽。圣人之意，则圣人之意，终不可得而见乎？夫子则以五"尽"字答之：圣人之立为象者，所以尽其意也。立象如设卦所陈之象是也，设为卦者，所以尽情伪也。设卦如六十四卦之往来变迁也，《系辞》焉，所以尽其言，如文王《卦辞》，周公《爻辞》，言无不尽也。变而通之以尽利，变通谓某卦某爻变之，某卦所以利天下后世也。鼓之舞之以尽神，谓其辞之鼓舞，鼓之于此，舞之于彼，莫知其然，所以尽天下之至神也。

然则圣人之作易，可以尽情伪，可以尽利，可以尽神，又岂止于尽言尽意而已哉？卦象莫大乎乾坤，故又以二卦言之。乾坤，其易之缊缊，谓所包畜者，六十四卦之变，皆在于乾坤之中。凡阳皆乾，凡阴皆坤也。画卦定位，二者成列，而易之体立矣。乾坤毁谓卦画不立，则无以见变通之妙。无以见变通之妙，则乾坤之用亦为之息矣。此以乾坤言之，然阴阳形而下者也，太极形而上者也。有太极而后有阴阳，形而上者谓之道。太极也形而下者谓之器。阴阳也即此太极之理，因其阴阳之化而裁制，则谓之变。推此太极之理而行之，则谓之通。举此理而措之天下之民，谓之事业。事业无非太极也，乾坤可毁，太极不可毁也。两两对立者，执方之器也。生生不穷者，变通之道也。见天下之赜，而拟诸其形容，象其物宜者象也。见天下之动，观会通以行其典礼，《系辞》以断吉凶者爻也。此两语前已见。盖变通事业者，易之道，象与爻者，易之器也。

既以七"谓"字言易矣，又以六"存"字言之。极天下之赜存乎卦，即所谓见天下之赜，谓之象者也；鼓天下之动存乎辞，即所谓见天下之动，谓之爻者也；化而裁之存乎变，推而行之存乎通，皆因上文言之，但上文止言其所以立名，此则言其所以寓之理也。神而明之存乎人，即上所谓神明其德也。默而成之，不言而信，存乎德行，即上所谓无思无为，寂然不动，与夫退藏于密者也。《中庸》言天道，而归之无声无臭，此篇论易道而归之不言而信，则有言不若忘言矣。非天下之至诚，其孰能与于此哉！

此章始谓以言尽易，终谓不以言尽易。盖明易之道虽寄于辞，而又当会易意于忘言之妙也。

周易象义卷十五

系辞传下

　　八卦成列，象在其中矣；因而重之，爻在其中矣；刚柔相推，变在其中矣；《系辞》焉而命之，动在其中矣。吉凶悔吝者，生乎动者也，刚柔者，立本者也；变通者，趣时者也。吉凶者，贞胜者也；天地之道，贞观者也；日月之道，贞明者也；天下之动，贞夫一者也。夫乾，确然示人易矣；夫坤，隤（tuí）然示人简矣。爻也者，效此者也；象也者，像此者也。爻象动乎内，吉凶见乎外；功业见乎变，圣人之情见乎辞。

　　八卦成列，乾一，兑二，离三，震四，巽五，坎六，艮七，坤八也。因而重之，谓八卦之上，各加八卦，成六十四卦也。八卦成列，相对交错，六十四卦之象，已在其中矣，因而重之，则三百八十四爻，奇耦九六，在其中矣。刚柔相推于六位，则虽未《系辞》，而六爻之变，已在其中矣。此三句，言伏羲之易也。

　　《系辞》焉而命之？谓文王作《卦辞》，周公作《爻辞》，以命其吉凶，虽未筮得九六，而九六之动已在其中矣。吉、凶、悔、吝，辞之所命也，生乎卦爻之动者也，谓占用九六也。刚柔者，立本者也，此谓奇耦之画也。变通者，趣时者也，此谓九六之变也。立本者，一定不易者也；变通者，随时变易者也。吉凶者，贞胜者也；贞者，正而常也。圣人用易，虽曰趋吉避凶，然贵乎常，正变化推移。吉者，固以常正，而吉凶者，亦或以常正而凶，君子于此岂可专趋吉避凶哉？但知常守其正道耳。若但趋吉避凶，则当否剥之时，君子将为小人之从矣。常守其正道而胜，固可以吉，守其正道而凶，亦不避焉。但以正道胜耳，如大过之上六，与节之上六是也。知乎此，然后善明易，然后善用易也。因而明贞之义，曰天地之道，贞观者也。日月之道，贞明者也。天下之动，贞夫一者也，天地以常正之道而示人者也，日月以常正之道而明照者也。天下之动，亦以一理为常，守之正也。此言吉凶非所计，但贵乎能守其常正耳。

以易卦象推之，天地之道，指乾坤言也；日月之道，指坎离言也；天下之动，指六十四卦变动而言也。又推明天地之所以贞观，盖乾确然示人以易，是乾以易为贞也。坤隤然示人以简，是坤以简为贞也。确然者，阳刚之健；隤然者，阴柔之顺也。爻者效此则效，亦以简易为贞也。象者像此则象，亦以简易为贞也。爻象动乎内，内谓本卦也。吉凶见乎外，外谓之卦也。功业见乎变，即动乎内之变；圣人之情见乎辞，即吉凶见乎外之辞。爻象动，则吉凶见矣。然圣人之功业因变而见，所以变凶为吉者，圣人之功业也。圣人之辞，所以寓圣人之情者也。因其辞以观其情，则知圣人之与民同患矣。吉凶贞胜，守正道而凶，固不避也。圣人吉凶与民同患，功业因变而生，亦不听世道之终凶也。此圣人之所以为圣人也。不言圣人之心，而言圣人之情者，专以圣人与民同患者言之也。

此章申言上篇乾坤易简之理，而推言贞悔之道。盖天下之动，惟贵乎贞，而不当以悔累其心。圣人与民同患，则自能变凶为吉，不使贞者之有悔也。

天地之大德曰生，圣人之大宝曰位。何以守位？曰仁。何以聚人？曰财。理财正辞，禁民为非曰义。古者包牺氏之王天下也，仰则观象于天，俯则观法于地，观鸟兽之文，与地之宜，近取诸身，远取诸物，于是始作八卦，以通神明之德，以类万物之情。作结绳而为网罟，以佃以渔，盖取诸离。包牺氏没，神农氏作，斫木为耜，揉木为耒，耒耨之利，以教天下，盖取诸益。日中为市，致天下之民，聚天下之货，交易而退，各得其所，盖取诸噬嗑。神农氏没，黄帝、尧、舜氏作，通其变，使民不倦；神而化之，使民宜之。易穷则变，变则通，通则久，是以自天佑之，吉无不利。黄帝、尧、舜垂衣裳而天下治，盖取诸乾、坤。刳木为舟，剡木为楫，舟楫之利，以济不通，致远以利天下，盖取诸涣。服牛乘马，引重致远，以利天下，盖取诸随。重门击柝，以待暴客，盖取诸豫。断木为杵，掘地为臼，臼杵之利，万民以济，盖取诸小过。弦木为弧，剡木为矢，弧矢之利，以威天下，盖取诸睽。上古穴居而野处，后世圣人易之以宫室，上栋下宇，以待风雨，盖取诸大壮。古之葬者，厚衣之以薪，葬之中野，不封不树，丧期无数，后世圣人易之以棺椁，盖取诸大过。上古结绳而治，后世圣人易之以书契，百官以治，万民以察，盖取诸夬。

是故易者，象也；象也者，像也。彖者，材也。爻也者，效天下之动者也。是故吉凶生而悔吝著也。

因上章功业见乎变，而明圣之功业也。天地之大德曰生，有天地然后万物生焉，是天地之大德曰生也。圣人之大宝曰位，成位乎其中，居五位者也。乾元坤元，天地之所以生也。元在人为仁，故圣人之守位曰仁也。万物者，天地之所以生，以养万民者也。财乃天地所生之物，故圣人以之聚人焉。然万物生于天地之间，苟取之不以道，用之不以节，岂其义哉？故必理财正辞，禁民为非，乃可谓之义也。正辞正理，财之辞也。财者，人之所争，苟不禁其非，则财非所以生民，反所以祸民矣。

将以明聚人理财之事，故以十三卦制器尚象者言之。古者包牺氏之主天下也，仰则观象于天日月风云之类，俯则观法于地山泽水火之类也。观鸟兽之文，与地之宜，鸟兽之文如震为苍龙，离为朱鸟，兑为白虎，坎为玄武之文也。地之宜谓四方四维，八卦之位，山泽高卑，五土之宜。近取诸身，如乾为首之类；远取诸物，如乾为马之类。于是始作八卦，以通神明之德。谓知吉凶来物，无不通也。以类万物之情，谓以远近爱恶，类其情也。作结绳以为网罟，以佃以渔。盖取诸离者，佃以罗鸟兽，渔以网鱼鳖，明两作离、两目相承之象。边实中虚、结绳为目之象。其体中虚、为物所丽之象。上古结绳而治，是伏羲以前已有结绳矣。作为罔罟者包牺也，包义既取重离，则因而重之者，已在包义，非文王矣。神农氏斫木为耜，揉木为耒，耒耨之利，以教天下。盖取诸益，耜者耒首，耒者耜柄，斫木木之削，锐者揉木，木之曲者，因而为之顺之，性也。震巽皆木上动下，入耒耜之象。

天下之益，莫大于稼穑，故取诸益。日中为市，致天下之民，聚天下之货，交易而退，各得其所。盖取诸噬嗑者，日中为市，上明而下动也。离明，万物相见，有聚货之象。震动，有交易之象。噬嗑，与市同音，嗑与合同音，故取市合之象。《周礼》有三市，此独言日中者，意古今不同欤！此益与噬嗑二卦，则神农氏之所取也，盖为罔罟，鲜食也。为耒耜，艰食也。艰鲜既奏于是，有懋迁有无之事焉。黄帝、尧、舜通其变，使民不倦者，通其变，因其穷而通之也，故能使之不倦。神而化之，因时立政，而民皆不知其所以然也。故能使之得宜变者，作其兴起之心化者，顺其自然之理，此易道也。易穷则变，变而后通行，通行而后永久。黄帝、尧、舜所以垂衣裳而天下治者，同此道也。

乾坤变化而无为，黄帝、尧、舜亦通变神化，而天下自治。取诸乾坤者，取其变也。垂衣裳，取乾坤取无为象上衣，乾而下裳坤也。刳木为舟，剡木为楫，以下皆通变宜民之事，然非专指黄帝、尧、舜而言。其曰后世圣人者，统而言之也。上言取乾坤者，以时运变迁而器用之不可不备也。体易之大全，此言取诸他卦者，则一器之各具一理也。易中之一义。其曰盖取诸此者，非必观此象，而后为此器也，亦以况圣人制作出自然之理而已。刳木为舟，剡木为楫，取诸涣者，刳木为舟，虚其中者，因而为舟，剡木，木之上锐者，因而为楫。《涣卦》木在水上，舟楫之象，以济不通。济涣之意，服牛乘马，取诸随者，服牛乘马，因其性也。下动上说，随顺人意也。重门击柝，取诸豫者，豫备之意。又坤为阖户，有重门象，一阳动于中，有击柝象也。断木为杵，掘地为臼，取诸小过者，断木，木之断者；掘地，地之成窟者。小过之卦，下止上动，臼杵之象也。弦木为弧，剡木为矢，取诸睽者，弦木，弦弯之木也。睽之上爻，有张弧说弧之义。弧矢之用，以睽离为用故也。又睽乖，然后以威服之也。以上七卦，则黄帝、尧、舜之所取也。

上古穴居而野处，所谓有巢氏之时。后世圣人，易之以宫室，上栋下宇，以待风雨，取诸大壮者，宫室有壮固之意。大壮二阴在上，四阳在下，刚以承上，柔以覆下，有上栋下宇，象栋屋，脊栋也，直承而上，故曰上栋。宇谓橡两垂而下，故曰下宇也。古之葬者，厚衣之以薪，葬之中野，不封不树，丧期无数，即孟子所谓"其颡有泚"之时，衣之以薪，则未有棺椁也。封谓积土为坟，树谓种木以标其处。丧期无数者，哀尽则止也。后世圣人为之制礼，然后棺椁有度，则丧期可知矣。养生不足以当大事，惟送死可以当大事。故臼杵之利，取于小过，不敢过于厚也；棺椁之利，取诸大过，宁过于厚也。或曰：棺椁取柔包刚之义。上古结绳而治，后世圣人，易之以书契，取诸夬者。三皇以前，未有文字，大事结其大绳，小事结其小绳，姑以为志。尔民淳事简，故如此而足。迨其后也，非易之以书契不可，言有所不能理，则造书以记之。事有所不能信，则造契以信之。皆明夬之义也。后世圣人，不指言其名意失传，而未知所始乎？孔安国谓伏羲造书契，亦以意言之耳。朴卿吕氏之说如此。以上十三卦，皆通德类情之事也。

既传十三卦，复结之曰：易者，象也。象也者，像也。言圣人取象于卦以制器，因其象似而取之者也。《象》者，卦之材而效其动也，吉凶生而悔吝著者。先儒谓罔罟捕兽也，而或为兽伤；耒耜植稼也，而或有水旱；市以交易，或以启事；衣裳辨分，或以启僭；舟楫能载，亦能覆；弧矢能威，亦能败；牛马驾车，有时而脱鞅。书契防欺，有时而伪作。凡此之类，皆吉凶生而悔吝着也。

或曰：以象变言之，离为目，固罔罟之象。佃者取禽，渔者取鱼，离为雉，佃也。兑为泽，而巽为鱼，渔也，故取诸离也。神农斫木为耜，揉木为耒，盖取诸益者。益，下震上巽而互艮互坤。震为稼，巽为木，艮为手，坤为土。以手用木，入土种稼，耒耜之象，故取诸益也。日中为市，致天下之民，聚天下之货。交易而退，各得其所。盖取诸噬嗑者，震下离上，离日在上，日中也。震有伏巽，震为大涂，巽为近利市，三倍为市也。本自否来，上乾下坤。坤为众，致天下之民也；乾为金玉，聚天下之货也。乾之九五易坤之初六成噬嗑，而初得位，交易而退，各得其所也。故取诸噬嗑也。黄帝、尧、舜通其变，使民不倦，善用易者也。

神而化之，乾也；使民宜之，坤也。易穷则变，变则通，通则久。言黄帝、尧、舜之通其变，默合乎易中用九用六之理也。垂衣裳而取乾坤者，乾在上为衣，坤在下为裳，已见上文。刳木为舟，剡木为楫，以济不通，致远以利天下，取诸涣者，下坎上巽，木在水上，固舟楫之象。而互艮，手取运楫之象也。伏有兑金，所以刳之也。服牛乘马，引重致远，以利天下。盖取诸随者，随自否来。乾为马为远，坤为牛为重，坤初之上为引重，乾上之初为致远。互艮为背，互巽为股，股在马背，乘马也。巽为绳，艮之少男，以绳驱之，服牛也。故取诸随也。重门击柝，以待暴客。盖取诸豫者，豫下坤上震，而互艮、坎。坤为阖户，艮为门，重门也。坎为坚木，震为声，击柝也。坎为盗，暴客也。故取诸豫也。斫木为杵，掘地为臼，臼杵之利，万民以济。取诸小过，下艮上震，互有兑、巽。兑金断巽木，而动于上，杵也。兑金掘艮土，而止于下臼也。故取诸小过也。弦木为弧，剡木为矢，弧矢之利，以威天下。盖取诸睽者，下兑上离，互有坎，坎坚木也，又为弓。离为矢，用兑金而弦，剡之也。故取诸睽也。

上古穴居而野处，后世圣人易之以宫室，上栋下宇，以待风雨。取诸大壮者，下乾上震，互有兑。震木在上为栋，乾天在下为宇。伏巽风而仰兑泽，待风雨也。故取诸大壮，棺椁取诸大过者，下巽上兑，而互有乾巽。木在下而口向上乾，人居中棺之象也。

或曰：大过无反对，自为反对，上下反对，皆木有棺椁之象，故取诸大过也。书契取诸夬者，下乾上兑，乾金而兑，亦金符契也。乾居亥而兑居酉，奎主文章而居戌，壁主图书而居亥。盖乾兑间为书契之象也。一曰夬以乾金为言，于内兑金为决，于外书以刀决之，故为书契之象。一曰乾为天**兑为口舌**书契者，其代天之口舌乎！亦通。百官以治，万民以察，则以**乾金兑口**，居王庭而宣布治道之象也，故取诸夬也，此则以象变言之也。又有以卦变言，上古者，谓大壮自遯来，遯上古之时也。遯下艮伏兑，上乾伏艮土，兑穴，穴居也。天际之地，野处也。大过，亦自遯来，遯上古之时也。上乾为衣，互巽为木，薪也。衣之以薪之象。天际之土，葬中野也。坤震俱伏，不封不树，坤虽丧无坎离日月，丧期无数也。夬自姤来，姤上古之时也，巽为绳，乾为上，治故结绳而治。其言象非，不可通。但章指言，后世圣人，制器尚象非，主上古而言，恐失之凿，故不敢从也。

况十三卦如前取象，已近于凿，但以象推求，不容不然耳。何可又以卦变言上古乎？

又按：张文饶曰，十三卦始于离，自离至益十二位，自益至噬嗑四十三位，自噬嗑至乾四十四位，自乾至涣五十八位，自涣至随二十二位，自随至豫六十三位，自豫至小过四十六位，自小过至睽四十位，自睽至大壮六十位，自大壮至大过五十八位，自大过至夬十五位，自夬至离五十一位，总五百十二位。此十三卦，盖明律吕数也。阳爻四十二者，六律数也。阴爻三十六者，六吕数也。故太玄律吕，本数共七十有八也。总五百一十二，则八卦各变六十四之数，故先天律吕，声音变数，极于五百一十二位也。卦有十三实，象十二，事坤，附**于乾**也。盖律吕之数，十二当月，十三当闰，非正数也。其说甚长，此稍明白，姑载于此。

此章因功业见乎变，而论圣人聚人之事，故以十三卦之制器尚象者明之。

阳卦多阴，阴卦多阳。其故何也？阳卦奇，阴卦耦。其德行何也？阳一君而二民，君子之道也；阴二君而一民，小人之道也。

易曰："憧憧往来，朋从尔思。"子曰："天下何思何虑？天下同归而殊途，一致而百虑，天下何思何虑！日往则月来，月往则日来，日月相推而明生焉；寒往则暑来，暑往则寒来，寒暑相推而岁成焉。往者屈也，来者信也，屈信相感，而利生焉。尺蠖之屈，以求信也；龙蛇之蛰，以存身也。精义入神，以致用也；利用安身，以崇德也。过此以往，未之或知也。穷神知化，德之盛也"。易曰："困于石，据于蒺藜；入于其宫，不见其妻，凶。"子曰："非所困而困焉，名必辱；非所据而据焉，身必危。既辱且危，死期将至，妻其可得见邪？"易曰："公用射隼于高墉之上，获之，无不利。"子曰："隼者，禽也；弓矢者，器也；射之者，人也。君子藏器于身，待时而动，何不利之有？动而不括，是以出而有获，语成器而动者也。"

子曰："小人不耻不仁，不畏不义，不见利不劝，不威不惩，小惩而大诫，此小人之福也。"易曰："'屦校灭趾，无咎。'此之谓也。""善不积不足以成名，恶不积不足以灭身。小人以小善为无益而弗为也，以小恶为无伤而弗去也，故恶积而不可掩，罪大而不可解。易曰：'何校灭耳，凶。'"子曰："危者，安其位者也；亡者，保其存者也；乱者，有其治者也。是故君子安而不忘危，存而不忘亡，治而不忘乱，是以身安而国家可保也。易曰：'其亡，其亡，系于苞桑。'"子曰："德薄而位尊，知小而谋大，力小而任重，鲜不及矣！易曰：'鼎折足，覆公餗，其形渥，凶。'言不胜其任也。"子曰："知几其神乎？君子上交不谄，下交不渎，其知几乎？几者，动之微，吉之先见者也。君子见几而作，不俟终日。易曰：'介于石，不终日，贞吉。'介如石焉，宁用终日？断可识矣！君子知微知彰，知柔知刚，万夫之望。"子曰："颜氏之子，其殆庶几乎？有不善，未尝不知；知之，未尝复行也。易曰：'不远复，无祇悔，元吉。'""天地絪缊，万物化醇；男女构精，万物化生。易曰：'三人行，则损一人；一人行，则得其友。'言致一也。"子曰："君子安其身而后动，易其心而后语，定其交而后求；君子修此三者，故全也。危以动，则民不与也；惧以语，则民不应也；无交而求，则民不与也；莫之与，则伤之者至矣。易曰：'莫益之，或击之，立心勿恒，凶。'"

此下。盖因首章"贞夫一"之旨，以明一致之理。阳卦谓震坎艮也，阴卦谓巽离兑也。然阳卦，则一阳爻而二阴爻。阴卦则一阴爻而二阳爻，所谓阳卦多阴，阴卦多阳也。其故何也？盖阳卦以奇为主，阴卦以耦为主故也。然而阳为君，阴为民，阳卦以一君而统二民，则君子之道也。阴卦以一民而奉二君，则小人之道也。阳为君，盖阳卦自乾来，乾为君故也。阴为民，盖阴卦自坤来，坤为民故也。因是以明致一之义，故首举咸卦之四言之，憧憧往来朋从，尔思咸九四之《爻辞》也。夫子谓，天下何思何虑，天下之动，贞夫一者也。何以思虑为哉？必思而后从，则其所从者亦狭矣。道本同归而一致，天下自殊涂而百虑殊涂，因憧憧往来而言百虑，因朋从尔思而言也。又因憧憧往来而明往来之理，日月往来而明以之生，日月无思也。寒暑往来而岁以之，成寒暑无思也。往者，为屈来者，为信屈，信相感，而利以之生，何以思虑为哉？此谓往来之理同归也。

尺蠖之屈，将以求信；龙蛇之蛰，将以存身。当其信，则尺蠖之微，亦屈以求信；当其屈，则龙蛇之大，亦蛰以存身。此谓屈信之理一致也。精义入神以致用，利用安身以崇德。此又言人之于往来，屈信之理，同归一致也。精义入神以致用者，凡所以精于义理，而入于神妙者，非忘物也，将以致用也。凡所以利于致用，而安其身者，非狥物也，所以崇我之德也，出而致用，入而崇德，皆屈信往来之理也。内外交相养，互相发也。过此以往，未之或知。先儒谓尽力于精义，利用而交养，互发之机自不能已。自是以上，亦无所用其力矣。至穷神知化，乃德盛仁熟而自致也。然未之或知者，往而屈也。自致者，来而信也，是亦感应自然之理，所谓阴阳推行，有渐为化，合一不测，为神是也。

若以咸卦象论之，九四动则成坎，离坎为月，而离为日，日月相推之象也。坎为寒，离为暑，寒暑相继之象也。互乾为龙，互巽为蛇，蠖龙蛇屈伸之象也。此一节所以明同归一致之理也。然其要在精义入神，利用安身两语下，自变量爻皆申，此一段之余意也。困之六三，解之上六，噬嗑之初九、上九，否九五，皆自安身言也。鼎之九四，因安身而转归精义也。豫六二，复初九，自精义言也。能精义，则知其致之一，故举损之六三以继之，知致之一而后能安其身，故又举益之上九以继之也。

今复以诸爻分释之。困之六三，不能安其身者也；困于石，则非所困而困焉者也，名必辱矣。据于蒺藜，则非所据而据焉者也，身必危矣。既辱且危，死期将至，故入其宫，不见其妻，凶。解之上六，则以己身之安而，治其不安者也；隼在高墉之上，则不安者也。君子藏器于身，待时而动，则能安其身久矣，故其动无不利也。括，谓括结，而有滞碍也，动而不括，则所向无滞，是以出而有获也。噬嗑之初九、上九皆不能安其身者也，小人不以不仁为耻，不以不义为畏，其安为不仁不义之归。不见利，则不劝；不威之，则不惩。君子小惩而大戒，正欲使之安其身，故屦校灭趾，在君子观之，亦不安矣。而使小人之知戒，是乃所以安小人也。善不积不足以成君子之名，恶不积不足以灭小人之身。小人以小善为无益而弗为，故无一毫之善；以小恶为无伤而不去，故至于恶积而不可掩，罪大而不可解，向使因惩而能戒于初九，则不至于何校灭耳之凶矣。

否之九五，因其不安以图其安者也。能知危者，所以安其位；能知亡者，所以保其存；能知乱者，所以有其治；君子安不忘危，存不忘亡，治不忘乱，其亡其亡，系于苞桑，所以危而能安也。鼎之九四，折足而覆公餗，不安亦甚矣。盖以其德薄位尊，力小任重故也。然必曰知小而谋大者，则以其无研精于义之功也，故此又因其身之不安，而责其义之不精，所以引入精义处也。若夫豫之六二，则君子之精义入神者也。故曰：知几其神乎？六二君子上交于三而不谄，下交于初而不渎，其知几者乎？几者动之微，吉之先见者也。非精义入神，其孰能知之？君子见几而作，不俟终日，知微知彰，知柔知刚者，万夫之望者也。故曰：介于石，不终日，贞吉。此成德事也。

若夫以用功言之，复之初九，不远复，无祗悔，如颜子者，盖近之矣。有不善，未尝不知，知之未尝复行，其亦见几而作者乎？此不远之复，所以为元吉也。然利用安身固本，于精义入神，而精义入神者，盖由能知天下一致之理也。知损之六三，所谓三人行，则损一人；一人行，则得其友者，正所以言致之一也。致一者，以我之一致彼之一者也，两者相交，致而合为一者，诚之至也。天地之合其致，则以气之一也。男女之合其致，则以情之一也。万物化醇，而本于天地之致一，万物化生而本于男女之致一，研义之精而至于此，则有入神之妙矣。然恐学易者，一向好高，而不知实践诸身也。又以安身之事，结之益者损之对也。损之六三，精义事也；益之上九，安身事也。君子安其身而后动，易其心而后语，定其交而后求，修此三者，故能全也。

易谓和易，不能安其身而危以动，则民不与矣。不能易其心而惧以语，则民不应矣。不能定其交而欲求，则民莫之与矣。莫之与，则伤之者至，故莫或益之，或击之，所以然者，以其立心勿恒而致凶也。大抵天下之理，贞夫一者也。此章首以阳，一君二民明所主之，不可不一，继以咸之朋从者言之，明此心之不可不一，继又以损之致一者言之，明天地男女之未尝不一，而中间则以安身精义两端迭明之。盖安身者力行之事，精义者致知之事，皆不可不主乎一，此圣人所谓贞夫一者也。学者，其可不用心焉。

张文饶曰：上系自中孚九二，至同人九五，通十七卦一百爻；自同人九五，至大过初六，通十六卦八十七爻；自大过初六，至谦九三，通五十二卦三百九爻；自谦九三，至乾上九，通五十一卦三百四爻；自乾上九，至节初九，通六十卦三百五十爻；自节初九，至解六三，通四十五卦二百六十七爻；自解六三，至中孚九二，通二十二卦一百二十二爻：总二百六十三卦。除迭者七卦，则二百五十六卦，总一千五百四十三爻。除迭者七爻，则一千五百三十六爻者，即《经世卦气图》二百五十六卦之爻也。下系自咸九四，至困六三，通十七卦九十六爻；自困六三，至解上六，通五十八卦三百四十六爻；自解上六，至噬嗑初九，通四十六卦共二百六十六爻；自噬嗑初九，至上九，共六爻；自噬嗑上九，至否九五，通五十六卦三百三十爻；自否九五，至鼎九四，通三十九卦二百二十八爻；自鼎九四，至豫六二，通三十一卦一百七十九爻；自豫六二，至复初九，通九卦四十八爻；自复初九，至损六三，通十八卦一百五爻；自损六三，至益上九，通二卦十爻；自益上九，至咸九四，通五十四卦三百一十七爻：总三百三十卦，除迭者十卦，实三百二十卦也，总一千九百三十一爻。除迭者十一爻，实千九百二十爻，得三百二十卦之爻也。

先天卦数，一、三、五、七，阳数也。若一十六，则四四也。总八卦而二百五十六，与上四卦乾兑巽坎之数，同二、四、六、八者，阴数也。若二十，则五四也。总八卦，而三百二十，与下四卦离震艮坤之数同，故知《系辞》暗具先天数也。又曰：上系叙七爻者，明天用七也。七者，天变之赢。其实为二百五十六卦，得六十四卦之四，则天用四象也。下系叙十一爻者，明地用十一也。十一者，五六天地之合也。其变为三百二十卦，得六十四卦之五，则地用五行也。故《先天图》左四卦乾兑离震，变三十二卦，得数二百二十四，约之每卦而七，左者阳也。阳之用，升为天之礼，则上四卦得数二百五十六也。右四卦巽坎艮坤，变三十二卦，得数三百五十二，约之每卦而十一，右者阴也。阴之用降，为地之体，则下四卦得数三百二十也。其说甚长，不能尽载。今姑择其明白者，载之于此。若以此说推之，则大有上九正当补上，系中乾上九一爻。盖谦九三，至乾上九，通五十一卦三百四爻；乾上九，至节初九，通六十卦三百五十爻。共通得一百一十一卦，六百五十四爻，今以大有补之，则谦九三，至大有上九，通六十四卦，三百八十二爻。大有上九，至节初九，通四十七卦二百七十二爻，亦共通得一百一十一卦六百五十四爻，以大有上九补乾之上九，亦与文饶之数合，则文饶之说，似不可废。

此章因上文"贞夫一"，而反复推明"夫一致"之理，上系引诸爻以明言动，下系引诸爻以明知行学者，莫急于此也。

子曰：乾、坤，其易之门邪？乾，阳物也；坤，阴物也。阴阳合德而刚柔有体，以体天地之撰，以通神明之德。其称名也，杂而不越，于稽其类，其衰世之意邪？夫易，彰往而察来，而微显阐幽。开而当名辨物，正言断辞则备矣。其称名也小，其取类也大，其旨远，其辞文，其言曲而中，其事肆而隐。因贰以济民行，以明失得之报。

乾坤，易之门，六十四卦之变易，皆自乾坤二卦而出也。乾，阳物也；坤，阴物也。乾坤虽以性言，然寓于阴阳，则可以物言也。道即器，器即道之谓也。凡六十四卦，刚柔之体，皆合德于乾坤之二卦也。故圣人作易，以体天地之撰，以通神明之德。撰，造作也。如"异乎三子者之撰"之"撰"，犹言天地之所为也。谓刚柔相推而生变化者，体者以卦爻体之也。神明之德，谓无有远近幽深，遂知来物者。通者，以卦爻通之也。其称名也杂，虽杂，然而陈，然不过稽考其类，如《说卦》中八卦之象，各以其类也。此即上系所谓言天下之至，动而不可乱之意也。其衰世之意邪？以其详吉、凶、悔、吝之变，非风俗淳厚之世所有故也。或以此衰世指文王与纣之事，则失之拘矣。

夫易，彰往而察来者也。彰其已往之事，察其方来之变，如所谓神以知来，知以藏往之谓也。天下之事有显者，有幽者，显者易玩，故其辞微而隐，所以使人之深求而后得也。幽者难通，故其辞阐之明，所以使人一见而易知也。开谓开阐卦爻，而各当其名，各辨其物，谓六十四卦之象，明其为阴物阳物也。正言断辞，正言犹必也。正名之正，正其言，正其卦爻之义也。断其辞，定其卦爻之占也。如此可谓备矣。其称名也小，其取类也大，如茅茹、苋陆、鼫鼠、豚鱼之类，物名之小，而其取类皆本乎阴阳，则大也。此申释当名辨物也，其旨远，其辞文，如"或跃在渊"，而有可进可退之义。"黄裳元吉"，而有守中居下之义。此申释断辞也。其言虽曲，而于理则中，如泰之"包荒，用冯河，不遐遗；朋亡，得尚于中行"，之类，言虽曲而理，则中也。其辞虽肆而其言则隐，如姤之以杞，包瓜含章，有陨自天之类，事虽肆而言则隐也。此申释正言也。因民心之疑贰，以济其行，以明失得之报者，此总结也。民心或失或得，而有所疑，故明其失得之报，以不疑其所行也。

　　此章详言圣人作易，当名辨物，正言断辞之旨。

　　易之兴也，其于中古乎？作易者，其有忧患乎？是故履，德之基也；谦，德之柄也；复，德之本也；恒，德之固也；损，德之修也；益，德之裕也；困，德之辨也；井，德之地也；巽，德之制也。履，和而至；谦，尊而光；复，小而辨于物；恒，杂而不厌；损，先难而后易；益，长裕而不设；困，穷而通；井，居其所而迁；巽，称而隐。履以和行，谦以制礼，复以自知，恒以一德，损，以远害，益以兴利，困以寡怨，井以辨义，巽以行权。

　　中古谓文王也，作易者，其有忧患，谓在羑里之时也。包牺虽重六十四卦而未有辞，文王始系之辞，则易之兴也。何以知其忧患邪？于九卦之义知之也。履德之基，上天下泽，定分不易，然后其德有以为基，而立谦德之柄，卑以自牧，所当执持而不失者也。复德之本，不远之复，善由此而生者也。恒德之固，久于其道，非物欲所能变动也。损德之修，惩忿窒欲，所以修身也。益德之裕，迁善改过，所以长善也。困德之辨，致命遂志，所以验其德也。井德之地，无丧无得，不改其所止也。巽德之制，巽顺于理，所以制事宜也。此初陈九卦，但辨其名也。

　　履和而至兑说之和，至乾健也。谦尊而光，以九居三，三居下体之上，而艮为光，明尊而光也。复小而辨于物，少阳之震下，生甚微而不为坤阴所混也。恒杂而不厌，日月往来，四时变化，代明并育不相厌也。损先难而后易，损其忿欲，其初甚难习，熟使易也。益长裕而不设，见善则迁，充其善心，非假作为也。困穷而通其刚，虽掩而不失其亨，井居其所而迁井虽不改，而往来井井能及物也。巽称而隐，行权称物而隐伏不露也。此再陈九卦所以明其义也，每句皆以两字相反成文也。

履以和，行知和，而和不以礼节不可行也。谦以制礼，礼自卑而尊人，不以谦制不能行礼也。复以自知有善不善，必自知之，所以不远复也。恒以一德始终惟一不贰，以二不参以三也。损以远害，损于自奉，则不害物，物亦不害之也。益以兴利，推己之益，因而利物，其利博也。困以寡怨，行有不得，反求诸己，又何怨也。井以辨义，己虽不迁，而能济物，人己有辨也。巽以行权，权事之宜，知所轻重也。此三陈九卦所以明其用也。然辨之一字在三陈之中，皆有而所辨不同。初以困为辨，中以复为辨，终以井为辨。困之辨，辨己也；复之辨，辨物也；井之辨，辨人己也。圣人处忧患，而明此九德，始于履，履践于己也。终于巽，巽顺乎人也。有履践不能巽顺，或过于刚健，有巽顺而不能践履，故过于柔顺。刚健柔顺，贯乎始终，此文王之所以为文王也。

张文饶曰：上《经》履当十，谦当十，五复当二十四，总四十九，天地之数五十。五之中去一、二、三之真数，六以为地之用也。下《经》恒当二，损当十一，益当十二，困当十七，井当十八，巽当二十七，总八十七，数则九九之外，得天之六以为用也。通一百三十六，即自一至十六之积数也。十六数者，自一至十得五十五，则天地本数也。自十一至十六得八十一，九九也。若上《经》用至离，则为三十，共成十五，止用复者，存六也。下《经》止用至震，则为二十一，共成八十一，加用至巽者，用六也。是故天数七七存六，以与地，地数九九，用六以承天也。又曰：九卦之位，积一百三十六，即十六位之积数三陈之，则四十八位矣。六十四卦之中，去一用三，即八卦之变六十四，而八卦之爻四十八之理，自履至巽，共得四十八数，自乾至履，而九自巽至未济而七，始终共去十六为不用，之一上《经》上存一九以为体，而用七下《经》下存一七以为体，而用三九天地相依，故七九互存也。又曰：上《经》用三，下《经》用六者，天以三分，终于六而成，天之用始于三成于六也。又曰：总九卦之爻，阳爻二十有六，三之而七十有八，则律吕之体数阴数也。阳以阴，数为体也。阴爻二十有八，三之而八十有四，则七宫周十二律之用数，阳数也。阴以阳数为用也。其说甚长，今姑取其稍明白者，载之于此，学者详之。

此章三陈九卦，以明圣人处忧患用易之道也。

易之为书也，不可远为道也。屡迁变动，不居周流，六虚上下，无常刚柔，相易不可为典要，唯变所适。其出入以度外内，使知惧又明于忧患，与故无有师保，如临父母，初率其辞而揆其方，既有典常，苟非其人，道不虚行。

易之为书，不可远者，犹言不可须臾离也。其为道也屡迁，所谓随时变易以从道也。变动不居，至唯变所适，言其道之屡迁也。六虚者，卦之六位也。变动者，九六也。九变而成八，六变而成七，不定居而周流乎！六位之虚也，六位止言其位，而不言具刚柔之爻，故以虚言也。上下无常，周流六虚，刚柔相易，变动不居也。惟其无常而相易，故不可为典要，谓其无定准也。唯变之所适而已，此明道之屡迁也，自其出入以度外内，至道不虚行，明易之不可远也。出谓爻之自内而之外者也，入谓爻之自外而之内者也。度犹过也，由此度彼，由彼度此之谓也，此即所谓周流六虚也。其度内外而变动不居，所以使人之知惧也。其辞之所系，明于忧患，与其所以然之，故虽无有师保之严，亦如临父母之侧，言其训戒，虽不严厉，而其忧患后世之深，如父母之于子也。入易之初，但循其卦爻之辞，以揆其向方，既皆有典常之可据，所谓言天下之至，动而不可乱，观其会通以行其典礼者也。然必待其人而后行，所谓人能弘道，非道弘人，所以勉人之不可远乎易也。

此章言易之道，虽屡迁而人不可远之也。

易之为书也，原始要终以为质也。六爻相杂，唯其时物也。其初难知，其上易知：本末也，初辞拟之，卒成之终。若夫杂物撰德，辨是与非，则非其中爻不备。噫！亦要存亡吉凶，则居可知矣。知者观其《彖辞》，则思过半矣。二与四同功而异位，其善不同：二多誉，四多惧，近也。柔之为道，不利远者；其要无咎，其用柔中也。三与五同功而异位：三多凶，五多功，贵贱之等也。其柔危，其刚胜邪？

易之为书，原始要终，以为质者，始于初爻终于上爻，以成一卦之体质也。六爻相杂，或阴或阳，惟其时物之宜也。其初吉凶未定，故其辞多拟议，而难知其终，则吉凶已成，故其辞决定而易知也。本末也者，初为本而终为末也。若夫杂物以下，则举中爻言之，揉杂八卦之物，撰定六爻之德，辨其德与位之当否，则非其中爻不备也。中爻即所谓互体也，虽以互体为象，然亦要其六爻之存亡吉凶而观之，则其义居然可知。又岂以中爻为限哉？若知者于此观其《彖辞》，则思过半矣。又岂以六爻为限哉？盖《彖》或论二体，或论一二爻之相易故也。虽言不专泥于中爻，然中爻亦不可不知也。二与四同功而异位，同功谓同为柔，而又同一互体也。而其善则不同，二与五应则多誉，四与五近则多惧也。誉固善也，戒惧亦善也。以柔居二视四为远于五，若不利矣，然其所以多誉，而其要无咎者，以其用柔而得中也。三与五同功而异位，同功谓同为刚而又同一互体也。而其位亦不同，三处下位之极，则多凶，五体尊位则多功也，三贱而五贵故也。至于三之所以多凶者，盖以柔处之，则不当位而危以刚居之，则重刚不中，亦为太胜，故多凶也。二、四、三、五同为中爻，而其所居不同，则有誉惧凶功之异也。此合六爻而发明，以初、上对言，二、四对言，二、五对言。盖初难知，不如上之易知，四多惧不如二之多誉，三多凶不如五之多功也。然此亦大概论爻位耳。六十四卦不尽如此，特举其多者耳。

此章合六爻而分别位之缓急也。

易之为书也，广大悉备：有天道焉，有人道焉，有地道焉。兼三才而两之，故六；六者非他也，三才之道也。道有变动，故曰爻；爻有等，故曰物；物相杂，故曰文；文不当，故吉凶生焉。

易之为书也，广大悉备，有天道焉，阴与阳也；有人道焉，仁与义也；有地道焉，柔与刚也；兼三才而两之，故为六爻。六者非他，三才之道，六位是也。有所变动，故曰爻谓九六也。九六奇耦，随其六位所居以为等，故曰物物指阴阳言之也。物相杂则有文章，故曰文文不当，故吉凶生焉。当则吉，不当则凶，但言不当者，文势然也。如上系润之以风雨，不言散也。

此章盖论爻位之相得不相得也。按上章则专论六位，此章则专论爻位之当否。盖推考卦爻之要也。

易之兴也，其当殷之末世，周之盛德邪？当文王与纣之事邪？是故其辞危。危者使平，易者使倾；其道甚大，百物不废。惧以终始，其要无咎，此之谓易之道也。

易之兴，在文王羑里之时，盖殷之末世，而周之盛德也。而其辞危，夫子殷后虽美文王之盛德，亦不能不感伤乎殷之末世也。以其辞危，知其为文王与纣之事也。其辞危如所谓操心，危之危危者，使平危险也。平，则不险矣，故其心危惧者，易之辞使之平夷而无忧也。易险夷之夷也，其心平夷，自以为安者，易之辞使之倾危而知惧也。其道甚大，无一物之不具，惧之以终始之爻，欲使天下后世之无咎而已，此文王作易之道也。

此章夫子发文王命辞之意，盖文王之心，夫子知之矣。

夫乾，天下之至健也，德行恒易以知险；夫坤，天下之至顺也，德行恒简以知阻。能说诸心，能研诸侯之虑，定天下之吉凶，成天下之亹亹者。是故变化云为，吉事有祥；象事知器，占事知来，天地设位，圣人成能；人谋鬼谋，百姓与能。八卦以象告，爻《彖》以情言；刚柔杂居，而吉凶可见矣。变动以利言，吉凶以情迁，是故爱恶相攻而吉凶生，远近相取而悔吝生，情伪相感而利害生。凡易之情，近而不相得则凶；或害之，悔且吝。将叛者其辞惭，中心疑者其辞枝，吉人之辞寡，躁人之辞多，诬善之人其辞游，失其守者其辞屈。

此再以乾坤之易简明之。夫乾天下之至健也，德行恒易矣。易者，每事坦夷，多至于不知险，则其健有时而息矣。岂足为至健哉？马之致远而不知险，则必至于蹶矣。坤天下之至顺也，德行恒简以知阻。简者，每事率略多至于不知阻，则其顺有时而失矣。岂足为至顺也哉？牛之引重而不知阻，则必至于惫矣。乾坤，则能以易简说诸心，以险阻研诸虑，所以能定天下之吉凶，成天下之亹亹，说诸心所以能定，其吉凶研诸虑所以能成其亹亹也。亹亹者，方来未已之意，言事之日生日至者也。知险知阻，乾坤之知也；能说能研，乾坤之能也。是故以下又以圣人作易言变化，云为谓以易之变化而见之于言动也，即上所谓以言者尚其辞，以动者尚其变，上分而言之，此合而言之也。

吉事有祥，几者动之。微吉之先，见至诚之道，可以前知者也，此则兼言动而言之也。象事知器，所谓以制器者尚其象也；占事知来，所谓以卜筮者尚其占也。天地设位，而圣人居中，以成其能，象其奇偶，而致其用，圣人之能事，所以成天地之能事也。不惟成天地之能事，而吉凶与民同患，尽人谋也。与鬼神合其吉凶，尽鬼谋也。易之中，人谋鬼谋，无所不尽，虽百姓日用而不知，可与能焉，与如《中庸》所谓夫妇之愚不肖可与知，与行之与，也是则圣人，又能成百姓之能事也。

八卦以象告，指上下各体而言之也。刚柔杂居而吉凶可见，即上章所谓物相杂，故曰文而吉凶生焉者也。变动以利，言如爻象之中，所谓无不利之类也。吉凶以情迁，谓如《象》以此爻为吉，而象以此爻为凶，《象》以此爻为凶，而象以此爻为吉之类是也。爱恶相攻而吉凶生，远近相取而悔吝生，情伪相感而利害生，皆指爻位相与而言之也。爻位相与，爱者攻其所恶，恶者攻其所爱。爱胜恶则吉，恶胜爱则凶也。远取远则多吝，近取近则多悔也。情感情则利生，伪感伪则害生也。凡易之情，近而不相得则凶，或害之，悔且吝。此以比爻言之也。近而不相得则凶者，如坎之三离之四是也，或害之如解之三夬之四是也。盖远近相取，悔吝固生，而近不相得，则尤有切近之灾故也。因言情伪之相感，而遂以六辞终之。

将叛者，有离叛之志，故其辞惭也；中心疑者，其心疑乱，故其辞枝也。吉人静止，故其辞寡，躁人轻动，故其辞多。诬善之人其心妄，故其辞游失。其守者，其心穷，故其辞屈也。卦爻之辞，亦犹是也。将叛者，其辞惭，渐之六三是也。中心疑者，其辞枝，睽之上九是也。吉人之辞寡，讼之九五是也。躁人之辞多，离之九三是也。诬善之人其辞游，无妄六三是也。失其守者，其辞屈，蒙之六三是也。然六辞之中，吉居其一，而躁、叛、疑、诬、失居，其五犹吉，居其一，而悔、吝、凶，居其三也。六辞之别，圣人因情伪相感，利害生而及之也。先儒又谓，自四相言之，可以见圣人之知险知阻，自六辞言之，可以见圣人之能说诸心，能研诸虑也。

此章以象变占辞，推演圣人之知能也。

按：上系始于乾坤之易，简而终之，以不言而信。下系始于乾坤之易，简而继之，以吉人之辞寡。皆欲使人以心会易，而造乎忘言之妙也。又上系之言，皆铺叙易道之广大；下系之言，则指爻象之精要，学易者，尤不可不知也。

周易象义卷十六

说卦传

　　昔者，圣人之作易也，幽赞于神明而生蓍（shī，草名），参天两地而倚数，观变于阴阳而立卦，发挥于刚柔而生爻，和顺于道德而理于义，穷理尽性以至于命。

　　昔者，圣人之作易，谓文王也。幽赞于神明而生蓍者，神明能知吉凶，而不能告人。圣人生蓍，以通神明之德，所谓口代天言，是幽赞于神明也。生蓍，犹言生爻也。参天两地而倚数者，以卦画言之，阴阳本各一画。阴之一画，虚其中而为二，则两也；阳之一画，实其两而成三，则参也。由此而倚数，三其三，故老阳为九；两其三，故老阴为六；两其二而一其三，故少阳为七；两其三而一其二，故少阴为八也。观变于阴阳而立卦变，即十八变而成卦之变，观其七、八、九、六之数而生卦也。发挥于刚柔而生爻者，发挥即六爻发挥之发挥，七、八、九、六成质，而为刚柔；七、八不变而九、六变，故因其变而生爻也。和顺于道德，而理于义，以下两句，先儒多只作性理解，于易卦未尽。盖此道，乃乾道坤道之道德，乃卦之德方以知之。德义乃六爻之义，易以贡之义。以乾言之，健其道也。元、亨、利、贞其德也。潜见惕跃，飞亢其义也。卦有二体，七、八、九、六之不同，和会顺从，其卦之道，卦之德，而立《象辞》。卦有六爻，远近承乘，爱恶之不同，理之使有条而不乱也。穷理尽性以至于命者。上"理"字是虚字，此"理"字是实字。穷一卦六爻之理，尽一卦六爻之性，乃至于命。自初至上，自潜至亢，消息盈虚，天命存焉。程子尝指柱而言曰：此木可以为柱，理也；其曲直者，性也；其所以曲直者，命也。以此推圣人作易之旨，无余蕴矣。

此章总言圣人作易之事。

昔者，圣人之作易也，将以顺性命之理。是以立天之道曰阴与阳，立地之道曰柔与刚，立人之道曰仁与义。兼三才而两之，故易六画而成卦；分阴分阳，迭用柔刚，故易六位而成章。

性命之理，太极之动静也。天之阴阳，地之柔刚，人之仁义是也。圣人作易，顺此性命之理而已。故立两画于上以象天，立两画于下以象地，立两画于中以象人，所谓兼三才而两之，故易六画而成卦者也。分阴分阳，谓六位也。初、三、五为阳位，三、四、六，为阴位也。迭用柔刚，谓六爻，或用九之刚，或用六之柔也。刚柔迭用，此六位之所以成章也。以画言，则谓之六画；以位言，则谓之六位；以爻言，则谓之六爻。上言兼三才而两之，则天地与人，各以二画分。今言分阴阳，迭用柔刚，则六位皆为阴阳六画，皆为柔刚也。不言仁义者，仁义即阴阳柔刚之理也。或曰：迭用柔刚，但指六位言，如初刚二柔，三刚四柔，五刚上柔，阴阳相间，为迭用柔刚，亦通。

此章专言圣人立六爻之事。

天地定位，山泽通气，雷风相薄，水火不相射。八卦相错。数往者顺，知来者逆，是故易逆数也。

此邵子所谓先天八卦者也。天地定位，乾正南而坤正北也。山泽通气，兑东南而艮西北也。雷风相薄，震东北而巽西南也。水火不相射，离东而坎西也。天地以上下直对水火，以东西横对雷风，山泽以四角斜对，此先天图之卦位也。即造化之形象，观之天上地下，日东月西。山起于西北，泽钟于东南，雷盛于阳方，风盛于阴方，理之自然者也。若自八卦所生之序言之，则乾一、兑二、离三、震四、巽五、坎六、艮七、坤八也。又以其序，错置于逐卦之上，则六十四卦之序得矣。乾居首，坤居终，复、姤居中。以八卦之位言，则如上文天地定位，以至水火不相射是也。推之六十四卦，则复北当冬至，离东当春分，姤南当夏至，坎西当秋分。故复居阳首，而乾终之姤居阴首，而坤终之。以生卦之序考之，则自复至乾，皆已往之卦也，故曰数往者顺；自姤至坤，皆未来之卦也，故曰知来者逆。此以先天六十四卦圆图而言之也。然而以厥初生卦之序言之，则自乾一以至坤八，皆是未生之卦，皆逆数者也。故曰：易逆数也。以上皆邵子旧说，诸儒发明如此。

愚按：汉儒传易，有所谓飞伏之说。谓乾伏坤，坤伏乾，艮伏兑，兑伏艮，震伏巽，巽伏震，坎伏离，离伏坎者。近世诸儒多以为术数之学，于易无据，殊不知自此章来也。天地定位，乾坤相伏也；山泽通气，艮兑相伏也；雷风相薄，震巽相伏也；水火不相射，坎离相伏也。数往者，顺知来者，逆易逆数者，由乾而变坤。自坤而言，则乾为往矣，故曰数往者，顺也。然坤又伏乾，则乾又为来，以其将来，而先伏于此，已逆知之矣，故曰知来者，逆也。然易之伏卦，多取其动爻言之，则是数其方来者也。故曰易，逆数也。先儒以此章为论先天图，固已得之。而不知飞伏之卦，亦自此章来也。

或曰：既取先天图之说，而又以伏卦言之，得无定论乎？曰前易有太极一章，可以为大衍求策之象，今又以先天图为画卦之序。盖易道不可以一端尽也，学者详之。

此章言先天卦位而为京房伏卦之本源也。

雷以动之，风以散之；雨以润之，日以晅之；艮以止之，兑以说之；乾以君之，坤以藏之。

此亦以先天八卦对待而言其动也。但上章则言先天八卦之位，此则言画卦之序也。雷以动之，初画之奇也。风以散之，初画之耦也。雨以润之，中画之奇也。日以晅之，中画之耦也。艮以止之，上画之奇也。兑以说之，上画之耦也。乾以君之，三画之奇也，坤以藏之，三画之耦也。震巽坎离以其象言；艮兑乾坤，以其卦言。动止说，以其性言；散润晅，以其功言。君以其道言，藏以其德言也。然则两相对待，亦有上伏卦义也。下放此。

此章明八卦之用，然先以上、中、下画之序而言，此则以下、中、上画之序而言也。之字，皆指万物而言也。

帝出乎震，齐乎巽，相见乎离，致役乎坤，说言乎兑，战乎乾，劳乎坎，成言乎艮。万物出乎震，震，东方也。齐乎巽，巽，东南也。齐也者，言万物之洁齐也。离也者，明也。万物皆相见，南方之卦也；圣人南面而听天下，向明而治，盖取诸此也。坤也者，地也。万物皆致养焉，故曰致役乎坤。兑，正秋也，万物之所说也，故曰说言乎兑。战乎乾，乾，西北之卦也，言阴阳相薄也。坎者，水也，正北方之卦也，劳卦也，万物之所归也，故曰劳乎坎。艮，东北之卦也，万物之所成终而所成始也，故曰成言乎艮。

此后天八卦之方位也。以形体谓之天，以主宰谓之帝。帝，即所谓妙万物之神也。帝出乎震，春分震卦用事，位乎正东，启蛰之时。勾者初萌，甲者初坼也。齐乎巽，立夏，巽卦用事，位乎东南，仁厚之气为之披拂，洪纤之类毕萃也。勾者，毕出萌者，尽达齐也，相见乎离。夏至，离卦用事，位乎正南，文明之地，皆相见也，致役乎坤。立秋，坤卦用事，位乎西南，万物将成，坤为养之，犹臣之致役于君者也，说言乎兑。秋分，兑卦用事，位乎正西，华者就实，万物告成，其性皆说也，战乎乾。立冬，乾卦用事，建亥之月，为六阴之坤。阴阳相薄，于是乎战也，劳乎坎。冬至，坎卦用事，位乎正北，酬酢万物，而倦勤之时，所谓劳也。劳至于倦，劳之至也，成言乎艮。立春，艮卦用事，岁功自此而成也。兑艮二卦，加言字者，文势，当然非有他义也。说言乎兑，成言乎艮，犹云说者，谓之兑成者，谓之艮也。既以八言而明八卦之义，又从而申之。万物出乎震，先言帝，此言万物者，神妙万物而为言，帝不可得而见所见者，万物也。齐言万物，洁齐者，洁犹新也。初焉，草昧而不齐，污秽而不洁，至此而后洁也。

离，万物相见于南方，圣人南面而听天下，向明而治，所以取此也。坤言地而不言方者，万物致养于地，非致养于西南之方，故取其质言也。兑言正秋，而不言西者，万物以秋而成，取其时而不取其方也。乾，阴阳之相薄者，卦气之亥为阴，卦位之亥为阳也。坎为万物所归，归根复命之时也。艮万物之成，终成始者，前乎万物以之成其终，而后乎万物以之成其始也。此言天之生物于一岁者也。以人事喻之，日出乎震，君子夙兴之时也。洁齐于巽，君子洁齐而后相见也。齐者，所以齐不齐，取洁齐之象也。相见乎离，则昼有为之时也。致役于坤，坤，妻道也，在中馈而酒食是议以奉君子者也。故时至于申，谓之晡也。说乎兑兑豢之说，我口以饮食既成，有和乐之道也。战乎乾乾，西北之卦，屋漏西北之地，时至于亥，君子处屋漏之时也。向晦入息，夫妇相亲，阴阳相薄之象，理欲交战之候也。阳不为阴所胜，则无俱伤之患，斯不愧屋漏矣。自夙至暮，终日应酬，能无劳乎？劳而倦矣。坎为子，子为半夜，君子载寝之时也。寐熟而自寤，时至于艮夜之终，而日之始也。劳者复苏而倦者复勤矣，以是求之天人之道，一而已矣。

按：此乃后天八卦方位，盖本《河图》之数。《河图》一六居北，而为水坎之位也；二七居南，而为火离之位也；三八居东，而为木震之位也；四九居西，而为金兑之位也。坤艮为土，以其生者言之，火生土，土生金，而土在火金之间，故坤居西南也。以其克者言之，则木克土，土克水，而土在水木之间，故艮居东北焉。然坤艮皆土，而坤西南艮东北者，坤为阴土而西南阴方也；艮为阳土而东北阳方也。乾为金，巽为木，金能生水，故乾先乎坎而居西北。木能生火，故巽先乎离，而居东南，然乾兑皆金，而兑正西乾西北者，盖兑为阴，金亦为阴，以阴居阴，则得其正位也。震巽皆为木，而震正东巽东南者，盖震为阳，木亦为阳，以阳居阳，则得其正位也。或曰：坤阴土，故在离兑二阴卦之间；艮阳土，故在坎震二阳卦之间。巽阴木也，故近南而接乎离之阴。乾阳木也，故近北而接乎坎之阳也，亦通。

或问：乾天坤地，今止各居一方。或谓长子代父，长女代母，而乾坤处无为之地者，然乎？曰：太极生两仪，两仪生四象，四象生八卦。天地，两仪也，而乾坤八卦之名耳，以纯阳纯阴取象于天地耳。

此章言后天八卦之用，然以帝出乎震言，则见乾之足以包坤，而天之足以包地也。

神也者，妙万物而为言者也。动万物者莫疾乎雷，挠万物者莫疾乎风，燥万物者莫熯乎火，说万物者莫说乎泽，润万物者莫润乎水，终万物始万物者莫盛乎艮。故水火相逮，雷风不相悖，山泽通气，然后能变化既成万物也。

此所谓神，即前章所谓帝也。帝以其主宰言，神以其妙用言，然前章之帝，专主乎天。而此章之神，兼包乎地，何也？以其下言六子不及乾坤，故知神之一字，包乾坤也。大哉乾元！万物资始；至哉坤元！万物资生。非妙万物而为言乎？下以六子言之，则乾坤之神，行乎六子之中者也。动万物者，莫疾乎雷，至终万物始万物莫盛乎艮，其序与后天合，水火相逮，至山泽通气，其对待与先天合，盖合先后天而一之者也。动万物者，莫疾乎雷震之出也。挠万物者，莫疾乎风巽之齐也。燥万物者，莫熯乎火离之见也。说万物者，莫说乎泽兑之说也。润万物者，莫润乎水坎之归也。终始万物，莫盛乎艮者，艮之盛也。五卦以其象言，而艮独以卦言者，终始万物，艮之事非山之事也。水火相逮即上，水火不相射也。雷风不相悖，即上雷风相薄也。山泽通气与上同辞，然后能变化既成万物，变化谓乾成万物，谓坤也。乾道变化，而坤作成物也。上文以神包乾坤而言，此则以乾坤而终之也。

愚按：阴阳有流行，有对待。以其阴阳流行者言之，虽若先后之有序。以其阴阳对待者言之，未尝不相为用也。后天八卦言其流行之用，先天八卦言其对待之体也。夫子恐学者以先后天卦位不同，而疑圣人之有两易，故于此贯通之。知此则知随时变易之道矣。

此章合先、后天卦而言。

乾，健也，坤，顺也，震，动也，巽，入也，坎，陷也，离，丽也，艮，止也，兑，说也。

乾三阳，故健。坤三阴，故顺。震一阳，动于二阴之下。巽一阴，入于二阳之下。坎一阳，陷于二阴之中。离一阴，丽于二阳之中。艮一阳，止于二阴之上。兑一阴，说乎二阳之上。动陷止，皆主乎健阳之类也。入丽说皆主乎顺阴之类也。凡物健，则能动，顺则能入健顺。其体也，动入其用也。健遇顺，则陷顺遇健，则丽陷丽者，其势也。健者，始于动而终于止顺者，始于入而终于说阳之动，志于得所止阴之入。志于得所说止说者，其志也。自此以下，卦序皆以乾一、坤二、震三、巽四、坎五、离六、艮七、兑八为次。盖以阴阳纯卦，初中终爻之阴阳为序，而阳先乎阴也，然皆以对待言之也。

此章言八卦之性。

乾为马，坤为牛，震为龙，巽为鸡，坎为豕，离为雉，艮为狗，兑为羊。

此以八卦象八物。以卦义言：善行而健者，马也；能载而顺者，牛也；动于重渊之下者，龙也；顺时而伏入者，鸡也；质躁而外污者，豕也；质野而外明者，雉也；前刚而能止外者，狗也；内狠而外说者，羊也。

或曰，以天文言之：天开于子午者子之冲，先天乾在正南，午为星日马，转而为后天之西北，在子之先，而西北之星有天廏（jiù）焉。地辟为丑未者丑之冲，先天坤在正北，丑为牵牛转而为后天之西南，居未之后而属土，牛土畜也。先天之震本在东北，而后天在正东，皆苍龙之宿也。先天之巽本在西南，而西南之宿有昴（mǎo，星宿名）鸡焉。后天转而东南属木，而有翼宿，木畜而翼者，鸡也。先天之坎本在正西，西方之宿奎为天豕，后天转为正北，北方之宿有室豕焉。先天之离本在正东，东有天鸡，后天转为正南，南为朱鸟，又有野鸡雉也。先天之艮本在西北，宿有娄狗，后天转而东北，有狗国狗星焉。先天之兑本在东南角，主角兽后，天转而正西，宫白羊在焉。以此推象，虽若可通，尚未免牵强耳，后之君子，其更详之。

此章以八卦远取诸物也。

乾为首，坤为腹，震为足，巽为股，坎为耳，离为目，艮为手，兑为口。

此以八卦之象吾身者言也。首会诸阳属乾，腹藏众阴属坤，足主下六经为震，手主上六经为艮，耳轮陷内为坎，目睛附外为离，巽下开为股，兑上开为口。或曰：首实而居上，腹虚而容物，足居下而善动，股居下而善随耳。以阳在内而聪目，以阳在外而明手在上而止，物口在上而说也。又，人觉则神在目，寐则神在耳，故觉则用目而视，离日主昼也。寐则用耳，而寐坎月主夜也。坎阳陷于阴，故耳居阴而能听；离阴丽于阳，故目资阳而后视也。又以医书考之一身之荣卫，还周会于手。太阴一日之阴阳，晓昏会于艮时，故艮在人为手。亦通。

麻衣以艮为鼻，巽为手。以鼻为面之山，手象风之动。而先儒有衍其说者，曰乾首，坤腹，天地定位也。坎耳离目，水火相逮也。艮鼻兑口，山泽通气也。巽手震足，雷风相薄也。

愚按：艮为鼻，荀九家亦有之。巽为手，则以震为足，而对言之也。于义虽通，但与《说卦》不同，学者详之。

此章以八卦近取诸身也。

乾，天也，故称乎父；坤，地也，故称乎母。震一索而得男，故谓之长男；巽一索而得女，故谓之长女；坎再索而得男，故谓之中男；离再索而得女，故谓之中女；艮三索而得男，故谓之少男；兑三索而得女，故谓之少女。

以人道言，六子之生于乾坤也。索，犹言搜求也。此言揲蓍立卦之法，谓揲蓍以求爻也。六子皆生于乾坤，故乾称父，而坤称母。六子皆以初爻为长，中爻为中，终爻为少。而阳为男，阴为女也。盖以造化言之，震、坎、艮，皆乾之气；巽、离、兑，皆坤之气。所谓乾道成男，坤道成女也。

此章以父母六子论八卦之象。

乾为天，为圜，为君，为父，为玉，为金，为寒，为冰，为大赤，为良马，为老马，为瘠马，为驳马，为木果。

此下又申言八卦之象，所谓类万物之情也。本一章，今以八卦分之，庶学者易见。

乾为天，天者积阳纯气也。为圜，凡物之圜者动而不能自已，乾之健也。天体浑，故为圜也。为君，首出庶物，主宰万化也。为父，万物化生所资始也。为玉，纯粹也。为金，刚而精，且能变也。为寒，位在西北之亥，建戌之月，寒气总至。乾为亥，则寒至之后也。为冰，建亥之月，水始冰也。为大赤，卦当建巳之月，盛德在火，得火之色，而大于火者也。为良马，阳壮于春也。为老马，阳老于夏也。为瘠马，阳为秋气所薄也。为驳马，驳者，色之杂，冬阴之盛，阳为阴所杂也。为木果，生生之本，乾之仁所寓也。乾为圆果之形也。荀九家：为龙，为直为言者。自易中取乾，为六龙其动也。直，庸言之，信修辞立诚之义也。愚按：此段为天，为圜，为君，为父，指乾之义言也。为玉，为金，指乾之德言也。寒，为冰，指乾之方位言也。为大赤，指乾之卦气言也。为老马，为良马，为瘠马，为驳马，指乾之四德运行于四时而言也。为木果，指天之生生不息而言也。或曰：五刚健，得位为良马；初三阳，居阳位为老马；二四阳，居阴位为瘠马；上阳极而亢，为驳马。上九剥之硕果不食，下生初九之震，木果也。天与君父，乾之本象，余则触类长之也。

坤为地，为母，为布，为釜，为吝啬，为均，为子母牛，为大舆，为文，为众，为柄。其于地也为黑。

坤为地，厚德载物也。为母，万物资生也。为布，土王四时布于四方也。为釜，化生成熟也。釜以腹贮物，而得成熟。孕乾之气于腹，至成熟而字育也。为吝啬，静而翕且阖户焉，无阳之施也。为均，地之平也。为子母牛，坤本为牛，为母，配乾而生震坎艮之三子，子母牛也。为大舆，大舆物之厚载者也。为文，奇则一而无文，耦则杂而成文也。坤，土色黄，杂于离、赤、兑、白之间，成文章也。为众，八卦之中，耦画最多者也。为柄，居物之后也。其于地也，为黑，至阴晦冥之色也。九家：为牝，为迷，为方，为囊，为裳，为黄，皆自坤卦中求而补之者也。为帛，为浆，蚕、桑、酒、浆，皆妇人所沼之事也。愚按：为地，为母者，坤之本象，其余则触类而长之者也。

震为雷，为龙，为玄黄，为旉，为大涂，为长子，为决躁，为苍筤竹，为萑苇，其于马也，为善鸣，为馵足，为作足，为的颡。其于稼也，为反生，其究为健，为蕃鲜。

震为雷，阳在内者，不得出，则奋击而为雷霆。震，阳在内者也。为龙震，属东方苍龙也。或谓龙自潜而跃，震之阳在下，故为龙。虞翻本作驪，朱子发作貗，苍龙尾也。为玄黄，得乾坤之初气，杂天地之色也。为旉（fū，花朵），旉古萼字，花萼也，取春生之象。为大涂，万物之所出也。或曰：国中三道：曰涂、震、直房，心有三涂也。为长子，已见前。为决躁，重阴闭塞，郁而求出，故决躁也。为苍筤竹，为萑苇苍，东方之色，竹与萑苇，皆中虚在上，而下根盘固于地，象刚在下，而柔在上也。其于马为善鸣。震者，乾之初画，故为马善鸣，取雷声也。为馵（zhù，马后足白色）足，馵者，马左足白，震，居东为左阳，在下为足，白其色，阴在外也。为作足，作足者，前后各一蹄举也。今人谓之鹿立，一阳在下之象也。为的颡，马之白额，阴在上也。其于稼，为反生，稼，春耕之所种也。其质，亦中虚而根坚于质者也。反生者，死而复生，一阳动于下，有反生之象。盖一岁再熟之稻也。其究，为健者，长子肖乾父也。为蕃鲜，草木茂盛，春之象也。九家：为王，为鹄，为鼓。帝出乎震，王之象。鹄，即古鹤字，声闻于天也。鼓有声而远者，皆取为雷之象。愚按：为雷，为龙，为长子，乃震之本象，其余则触类长之者也。

巽为木，为风，为长女，为绳直，为工，为白，为长，为高，为进退，为不果，为臭。其于人也，为寡，发为广颡，为多白眼，为近利市三倍，其究为躁卦。

巽为木，木根巽入于地也。以震为竹对言，则竹上虚弱而下根实木，则上坚实而下根开也。木曰曲直，亦巽入之象也。为风，风能入物，虽罅隙无不入，故为风也。为长女，已见前。为绳，直绳者，所以取直，工人用以弹画制木，而直其曲者也。为工，又能因其曲直之性而制器也。为白，凡木之青取其枝叶之在外者也。至其本质，则未尝不白也。为长者，木有参天之势，故长也。为高，高亦长义，长以其木体言。高，以自下而望者，言或曰：东南地卑，天去地最高。或曰：近天有刚风焉，故最高也，亦通。为进退，阴初生自下而上，在二阳之下，志欲进，在二阳之后，又欲退也。为不果，进退则疑而不果决。乾为木果，则果决而发生，巽为不果，则无果决之志也。或曰：风行或东或西，故不果也。为臭，臭因风发者也。其于人也，为寡，发为广颡，乾首初变故也。或曰：寡发，亦谓坎血，而塞其上，血不上行，故为寡发也。虞翻作宣发，谓黑白杂也。愚谓：风能落木之叶，有寡发之象。广颡者，阴小阳大，上二阳而下一阴，犹频之小，而额之广也。为多白眼，巽为白，离画出于下，故离目不正，为多白眼，或曰宣发者，肺之风。白眼者，肝之风也。为近利市三倍，巽为入，入市之象。或曰：日中为市，离之象，而巽近之，近市也。三木，数也。或曰：明堂天市，在寿星之分，巽其当之矣。其究为躁物，极则反。巽本柔缓，决躁震也。然震，其究为健，而巽其究为躁者，阴能从阳，阳不能从阴也。九家：为扬，为鹳。为扬者，风之能飞扬也。鹳，水鸟能知风雨者，或曰：震为鹳，阳禽也。巽为鹳，阴禽也。愚按：此卦为风，为长女，乃其本象。其余则触类长之者也。

坎为水，为沟渎，为隐伏，为矫揉，为弓轮。其于人也，为加忧，为心病，为耳痛，为血卦，为赤。其于马也，为美脊，为亟心，为下首，为薄蹄，为曳。其于舆也，为多眚，为通，为月，为盗。其于木也，为坚多心。

坎为水，坎北方之卦故也。阳在内，而内景明者，水也。为沟渎，为隐伏，沟则水之通流而入川者，渎则水之通流而入海者，隐伏则水之潜行于地中者。或曰：《系辞》巽称而隐则巽，亦为隐。《杂卦》兑见巽伏则巽，亦为伏。此独以坎言，何也？盖巽以隐伏为用，坎以隐伏为性也。为矫揉，为弓轮。矫者矫曲，而使之直；揉者揉直，而使之曲。弓与轮，皆矫揉而成者也。或曰：矫揉，水之性，因物而制形也。愚谓：坎为月弓者，上下弦之象。轮即望月之象也。其于人也，为加忧重险，故加忧也。为心病，心宜虚中，实则病也。又坎水，而心为火，以水沃火，心之病也。为耳痛，耳体虚，实则痛也。又心肾相依坎水，既病其心，则肾伤而耳痛，为血卦，血行于一身之中，如水行于地中也。为赤赤，亦血之色也。其于马也，为美脊，坎乾之中画，故为马中画一奇，而上下二耦，二耦如四足，而中其脊也。坎为阳，则美矣。为亟心亟急也。中刚，故为亟心，在外为脊，在内为心也。上虚，故下首，下虚故薄蹄，陷其蹄，欲进不能，故曳也。其于舆也，为多眚。舆，坤也。坤变而成坎陷，故多眚，车行险地，亦多眚也。为通一阳，贯乎二阴之中，通透之象。为月中画阳日，而在阴中也。月受日之光，故为月也。为盗，盗有阴伏之情，而潜于夜者也。水，亦潜行而，月亦行乎夜也。其于木也，为坚多心，水能生木者也。水行乎木之心。或曰：六画重坎，刚在二体之中心之多坚者也。九家：为宫，为律，子为黄钟之宫，十二律之所从生也。若以宫室法律言，则一奇居二耦，画之中在宫之象。而水能平准，法律之象也。为可水随，所至大小曲直高低之地，无不得其平，无不适其可也。为栋水避燥就湿，去高取卑，有栋之象。丛棘以下，皆自诸卦中见之，大抵丛棘蒺藜桎梏，险而陷之象。狐，则兽之涉水者也。愚按：为水为月，乃坎之本象，余则触类长之也。为月当在为水之下。

离为火，为日，为电，为中女，为甲胄，为戈兵。其于人也，为大腹，为乾卦，为鳖，为蟹，为蠃（luǒ，螺），为蚌，为龟。其于木也为科上槁。

离为火，火，南方之卦也。又阳在外，而阴在中，外景之照也。为日，日者，天之火也。为电，亦取其明照也。为中女，已见前。为甲胄，坚者在外也。为戈兵，火能锻金，离以一阴居乾中，而变乾体，火锻金之象，故为戈兵也。其于人也，为大腹中虚，而阴在内娠之象也。为乾卦，日与火皆能暵（hàn，热）物者也。为鳖，专于视也。为蟹，躁于动也。又蟹与鳖，皆包黄内坤也。为蠃，能掩其外如甲胄也。为蚌，内含明也。为龟，龟者神物，能知方来，亦内明者也。蚌以珠为明，龟以灵为明也。又龟，亦火灼而后灵，故于离取焉。或曰：龟为北方玄武之宿，坎交离也。总而言之，是介虫者，皆以外刚中柔取象者也。且五者，皆大腹之虫也。其于木为科上槁。科，谓木之中空者也。离有木象者，木生火也。九家：为牝牛，因离卦取之，离阴而来自坤，故为牝牛也。愚按：为火为日，乃离之本象，余则触类长之也。

艮为山，为径路，为小石，为门阙，为果蓏，为阍寺，为指，为狗，为鼠，为黔喙之属。其于木也为坚多节。

艮为山，艮属土为止。土止于上山也，为径路，登山之径也。为止，非通衢大涂也。艮之一阳，自下而上，行而不止者也。为小石，艮本少男，为小，而山之所以为山者，以土石为之也。为山而又为石者，山兼土石而言石，则专指而言者也。为门阑，于外者也。上实下虚，若宇之上合而下开者也。为阙，两耦下开，有两观之象也。又艮主东北，当启闭之际，亦门阙之象也。为果蓏，阴气将上，而其实可以生生不息者，果蓏也。艮自乾来，乾为圜果蓏之形也。或曰：乾果，木果也。艮，果蓏，草果也。乾，纯阳，木果中核。艮杂于阴，草果中虚也。为阍，寺阍人守王宫中门之禁，止物之，不应入者也。寺人掌王之内人，及宫女之戒令者也。皆为禁止乎外，而卫其内之柔者也。为指，指止于上者也。又艮，一奇二耦，通成五画，有指之数，而一奇在上，如掌中，两耦在下，似指也。为狗，为鼠狗，已见前。与鼠对言，则狗御止于外者也。鼠，则阴伏于内者也。止害于外者，狗；有害于内者，鼠也。为黔喙之属。艮在东北，有黑青间色，黔也。艮与兑，对口开于上，故为兑喙锐乎外，故为艮也。其于木也，为坚多节，木根于土，故艮居震卦之后，亦有为木之象。艮，阳挺于外，则木之有节者也。九家：为鼻，鼻，面之山也。为虎，山兽也。为狐，黔喙之属也。或曰：尾，火虎心月，狐皆居寅艮位也。愚按：此为山，为石，乃艮之本象。余则触类长之者也。

兑为泽，为少女，为巫，为口舌，为毁折，为附决。其于地也，为刚卤，为妾，为羊。

兑为泽，坎水而窒其下，水之所聚，故为泽。少女，见前。为巫，为口舌，兑上开为口，中刚。为舌，口舌所以言也。口开于上，巫则腾口说告，在上之神明者也。为毁折，为附决，兑，西方之卦，西方为金刚，则必折。又正秋，则摧落其春生者，为毁折也。为附决，阴虽在上，实附乎阳，而从其决者也。又兑既为口，下耦如齿，附口以决物者也。其于地也，为刚卤兑西，而坤西南，依于地者，泽中之刚者，为金下二奇也。柔者，卤上耦画也。坎阳，水能生物，兑阴，水为卤，不能生物也。为妾，少女从娣者也。又少女而说，人妾之象也。为羊，已见前。虞氏作羔，训为女使。郑氏作阳，训为养无家女，则又下于妾者也。然其说未知所据，不敢从也。九家：为常，为辅颊。常，即古裳字，亦取自坤来，若以为庸常之常，则未通。项平甫以为常当作商，即商兑辅颊，口旁也。愚按：为泽，为少女，乃兑本象，余则触类长之者也。

此章类万物之情，以明八卦，或谓以重卦之象言。今按：诸卦多以三画本卦言者，鲜有以重卦言者，盖亦因八卦之性之象，推广者也。然其中或有卦所有，而此所无，亦有卦所无，而此所有者，盖引而伸，触类而长，不可胜穷，此但举其凡耳。易道百物不废，万有一千五百二十之策，以当万物，岂止是哉？或问：卦之取象如此，不一圣人《系辞》，何所拣择，取其一象而遗其他象哉？曰：圣人命辞，亦必先详卦义爻义，合乎卦义爻义者，然后取之。非但专拘于象，特取其象，以明吾之义耳。盖始焉命卦之名，固因象而取义，终焉至于命卦之辞，则又因义取象也。如此观易，思过半矣。

序卦传

有天地，然后万物生焉。盈天地之间者唯万物，故受之以屯。屯者，盈也，屯者，物之始生也。物生必蒙，故受之以蒙。蒙者，蒙也，物之稚也。物稚不可不养也，故受之以需。需者，饮食之道也。饮食必有讼，故受之以讼。必有众起，故受之以师。师者，众也。众必有所比，故受之以比。比者，比也。比必有所畜，故受之以小畜。物畜然后有礼，故受之以履。履而泰，然后安，故受之以泰。泰者，通也。物不可以终通，故受之以否。物不可以终否，故受之以同人。与人同者，物必归焉，故受之以大有。有大者，不可以盈，故受之以谦。有大而能谦必豫，故受之以豫。豫必有随，故受之以随。以喜随人者，必有事，故受之以蛊。蛊者，事也。有事而后可大，故受之以临。临者，大也。物大然后可观，故受之以观。可观而后有所合，故受之以噬嗑。嗑者，合也。物不可以苟合而已，故受之以贲。贲者，饰也。致饰然后亨，则尽矣，故受之以剥。剥者，剥也。物不可以终尽，剥穷上反下，故受之以复。复则不妄矣，故受之以无妄。有无妄然后可畜，故受之以大畜。物畜然后可养，故受之以颐。颐者，养也。不养，则不可动，故受之以大过。物不可以终过，故受之以坎。坎者，陷也。陷必有所丽，故受之以离。离者，丽也。（王昭素本此，下云"丽必有所感，故受之以咸。咸者，感也。"）

有太极而后有两仪。今但自有天地言之者，恐人或求道于空虚也。天地之先，圣人罕言之，故法象必自天地始也。天地，即乾坤也。不言乾坤而言天地者，乾坤其性，天地其形也，亦指其定体者言之也。有天地然后万物生焉，所谓二气交感化生万物也。盈天地之间者，唯万物，故受之以屯。屯者，盈也。万物始生，郁结不通，盈塞乎天地之间。唯其盈所以塞，唯其塞所以屯也。卦继以屯，所以亨其屯也。物生必蒙，故受之以蒙。蒙者，蒙也。物之稚也。物生而稚不能亨通，若有所蒙蔽也。所以蒙者，即屯之所谓草昧也。惟其蒙昧，则必待其开明也。卦继以蒙，所以发其蒙也。物稚不可不养，故受之以需。需者，饮食之道。物之稚而无以养之，则夭阏不遂，故不可以不养。卦继以需，以饮食养之也。饮食必有讼，饮食有得有不得，或得之多，或得之寡，则争心起矣。此饮食之必有讼也。卦继以讼，所以息其讼也。讼必有众起，故受之以师。讼必有党有证，故有众起之义。卦继以师，所以用其众也。众必有所比，故受之以比。众莫适为主，必择其可比者，以亲比之。继卦以比，以至众比至寡也。比必有所畜，故受之以小畜。畜者，聚也。彼来比我，我必聚之。继以小畜，所以聚其众也。物畜然后有礼，故受之以履。履者，礼也。物畜聚不无大小之别，尊卑之等，不可无礼，以为节文。卦继以履，所以行吾礼也。履而泰然后安，故受之以泰。有礼则安，卦继以泰行之而安也。泰者，通也。物不可以终通，故受之以否。泰有安义有通义，继履而言安之义也，对否而言通之义也。卦继以否，惧物不可以终通也。物不可以终否，故受之以同人。天地不交，则为否，上下相同，则为同人。继以同人，所以去其否也。与人同者，物必归焉，故受之以大有。物归之，则所有者大矣。继以大有，能有其所有也。有大者，不可以盈，故受之以谦。有大易至于自大，自大则盈，卦继以谦，则不至于自大矣。有大而能谦必豫，故受之以豫。所有虽大而不自，大谦则和，卦继以豫，和自谦而致也。豫必有随，故受之以随。谦而和矣，众之所随。卦继以随，以和而得众也。以喜随人者，必有事，故受之以蛊。蛊者，事也。众心乐，则事之蛊坏者，可饬。卦继以蛊，所以饬其事之蛊者也。有事初后可大，故受之以临。临者，大也。临非训大，阳为大，以大临小者也。有事则可大，可大，贤人之业也。卦继以临，所临者大也。物大然后可观，故受之以观。小则所观者小，不足以为观大，则所观者大，所以可观。卦继以观，所以示天下之大观也。可观而后有所合，故受之以噬嗑。可观则必能合众，众合而观可也。或者间焉，必噬嗑之而后继。以噬嗑所以去其间而合之者也。物不可以苟合，故受之以贲。物相杂则有文，况于合乎？合不可无文也。卦继以贲。贲者，所以文之也。贲者，饰也。致饰然后亨，则尽矣。犹言无余味也。卦继以剥，所以忧其尽也。剥者，剥也。卦名为剥，击之剥卦，义为剥落之剥，乃尽之义也。物不可以终尽，剥穷上反下，故受之以复。剥至于尽，阳刚上穷，穷于上则反于下，卦继以复，幸其阳之复也。复，则不妄，故受之以无妄。复者以二气言之，则阳之复，以吾心言之，则善性之复，复则无妄，无妄则诚焉。继以无妄，由思诚而入于至诚也。有无妄然后可畜，故受之以大畜，诚能尽物之性。凡有血气者，莫不尊亲矣。继以大畜，所畜者，大也。物畜然后可养，故受之以颐。物生有万，贵乎并育，卦继以颐。颐所以养物也，不养，则不可动，故受之以大过。民得所养，然后能动，继以大过，所以动众，而举大过人之事也。物不可以终过，故受之以坎。过义又转为过犹不及之过，事若大过，必至陷溺，卦继以坎，所以忧其陷也。陷必有所丽，故受之以离，陷于坎险之中，必有所附丽，理之自然也。卦继以离，欲其丽乎中正也。

王昭素本又曰：丽必有所感，故受之以咸。咸者，感也。相离，贵乎相感以诚。咸者，感也，感之以诚也。晁氏以道谓因后人忘有上下《经》之辨，故去之。愚谓：此说诚然。但虽有此三句，亦不害为上下《经》也。若无此三句，则上下《经》离而不合，成两书矣。加此三句，然后贯上下《经》为一经也。

右上篇

有天地然后有万物，有万物然后有男女，有男女然后有夫妇，有夫妇然后有父子，有父子然后有君臣，有君臣然后有上下，有上下然后礼义有所错。夫妇之道，不可以不久也。故受之以恒。恒者，久也。物不可以久居其所，故受之以遁。遁者，退也。物不可以终遁，故受之以大壮。物不可以终壮，故受之以晋。晋者，进也。进必有所伤，故受之以明夷。夷者，伤也。伤于外者，必反其家，故受之以家人。家道穷必乖，故受之以睽。睽者，乖也。乖必有难，故受之以蹇。蹇者，难也。物不可以终难，故受之以解。解者，缓也。缓必有所失，故受之以损。损而不已必益，故受之以益。益而不已必决，故受之以夬。夬者，决也。决必有所遇，故受之以姤。姤者，遇也。物相遇而后聚，故受之以萃。萃者，聚也。聚而上者谓之升，故受之以升。升而不已必困，故受之以困。困乎上者必反下，故受之以井。井道不可不革，故受之以革。革物者莫若鼎，故受之以鼎。主器者莫若长子，故受之以震。震者，动也。物不可以终动，止之，故受之以艮。艮者，止也。物不可以终止，故受之以渐。渐者，进也。进必有所归，故受之以归妹。得其所归者必大，故受之以丰。丰者，大也。穷大者必失其居，故受之以旅。旅而无所容，故受之以巽。巽者，入也。入而后说之，故受之以兑。兑者，说也。说而后散之，故受之以涣。涣者，离也。物不可以终离，故受之以节。节而信之，故受之以中孚。有其信者必行之，故受之以小过。有过物者必济，故受之以既济。物不可穷也，故受之以未济终焉。

上《经》言天地之生万物，以气而流形，故始于乾坤，终于坎离，言气化之本也。下《经》言万物之相生，以形而传气，故始于咸恒，终于既济未济，言夫妇之道也。天地二物，故二卦分天地之道，男女交合而成夫妇，故咸恒皆二体合也。有天地然后有万物，乾坤，万物之父母也。万物各有阴阳，有万物然后有男女也。男女相配，则为夫妇，有男女然后有夫妇也。夫妇合，则男女又生，有夫妇然后有父子也。君臣相与，父子之道也。父子天伦，君臣义合，有父子而后有君臣也。君尊居上，臣卑居下，有君臣而后有上下也。上下辨，则礼义可举而行，有上下而后礼义有所错也。不言咸而言夫妇者，夫妇即所以为咸也。夫妇之道不可以不久，故受之以恒。咸者，少男少女交感之至也。恒，长男长女终身不变者也。恒者，久也。物不可以久居其所，故受之以遁。遁者，退也。此但就久字上生义，非谓夫妇不可以久处也。久速进退，与时消息，次之以遁，与时偕行也。物不可以终遁，故受之以大壮。退者衰，则壮者盛。次之以壮，盛衰之义也。物不可以终壮，故受之以晋，晋者，进也。大壮似进矣，而《杂卦》以止为义，则未进也。

物而壮盛，无终止之理，次之以晋，亦理势之自然也。遁，则退也。壮，则止也。晋，则进也。晋必有所伤，故受之以明夷。日之进矣，必至于昃，物之进矣，必至于伤。次以明夷，所以忧其伤也。伤于外者，必反于家，故受之以家人。物无不反其本，疾痛必呼父母。次之以家人，退即其所安也。家道穷必乖，故受之以睽。二卦反对，故取家道之穷为义，家道既穷，则合者必睽，次之以睽，所以忧其睽也。睽者，乖也。乖必有难，故受之以蹇。和则无灾，乖则有险阻之难。次之以蹇，所以忧其难也。物不可以终难，故受之以解。解者，缓也。难极必散，急者缓矣。次之以解，喜其难之涣且散也。缓必有失，故受之以损。难则思戒，难既缓，则不知惧，而损至矣。次之以损，所以虑其损也。损而不已必益，故受之以益。盛衰损益，如环之循，损而必益，深谷为陵之意也。次之以益，所以益其损也。益而不已必决，故受之以夬。益而必决，高岸为谷之意也。受之以夬，所以防决也。决必有所遇，故受之以姤。姤者，遇也。有决去而相违，必有幸会而相遇。次之以姤，幸会之谓也。物相遇而后聚，故受之以萃。物相遇，则成群，人相遇，则聚合。次之以萃，取会聚之义也。聚而上者，谓之升，故受之以升。物相聚，则其势必升，积聚则高大，次之以升。言其积聚而至高大也。升而不已必困，故受之以困。升而不知，反如人登山，不知止则力穷而困矣。次之以困，所以忧其困也。困乎上必反下，故受之以井。力穷于上，极则必反。地在下而井尤极下者也，次之以井，所以使之复于下也。井道不可不革，故受之以革。井久则秽，欲其清，不可不渫，次之以革，所以渫乎井也。革物莫若鼎，故受之以鼎。鼎者，变腥为熟者也。水火本相息，今相为用，革之大者也。次之以鼎，所以取新也。

　　主器莫若长子，故受之以震。长子主匕鬯，所以承宗庙社稷者也。次之以震，以其为祭主也。震者，动也。以卦性言也，上以为长子，而此又以卦性言，因其序而各取义也。物不可以终动，止之，故受之以艮。动必有静，行必有止，理之常也。次之以艮于止，知其所止也。物不可以终止，故受之以渐。渐者，进也。止极则动，动必以渐，次之以渐，则欲其循序而进也。渐必有所归，故受之以归妹。进之渐者，莫若女之归礼，必待备而后行，非渐而何？次之以归妹，以其渐而后归也。得其所归必大，故受之以丰。丰者，大也。物得所归，聚而成大。先以为女之归，此乃为物之归，但以归取义也。次之以丰，言所归之大也。穷大者必失其居，故受之以旅。丰盛至于穷极，必失其所安居之地，次之以旅。旅者，不安其居者也。旅而无所容，故受之以巽。羁旅亲寡，将无所容，巽而行之，何往不入。次之以巽，所以处旅之道也。入而后说之，故受之以兑。物相拒，则相怒，相入则相说，次之以兑。以其相入而致说也。说而后散之，故受之以涣。忧则气结，说则气散。次之以涣，以说而致，涣也。涣者，离也。物不可以终离，故受之以节。散而无所止，则离次之以节，所以止其散也。节而信之，故受之以中孚。人情不知限极，则涣然无统，故立为品节，使尊卑大小各安其分，人情初若不堪，及其久也，知天下之不可不节，所以信也。次之以中孚，节而信之者也。有其信者必行之，故受之以小过。以信而必行无疑，得适变之意，不免少有过，差次以小过。事虽小过，以信而能行也。有过物者必济，故受之以既济。又取过物义，不取过差。物有分量，不过则不能相济，智能过物，故能济物。次以既济，济物之功成也。物不可穷也。故受之以未济。终焉既济，则极矣。

穷而不变无不已之理，终于未济，所以不穷也。不穷，则能有终也。朴乡吕氏曰：《序卦》之意，有以相因为序，有以相反为序。相因之序，如屯蒙需讼是也。相反之序，如泰否同人是也。天地之间，不出相反相因而已。愚按：《序卦》取义，但以相承而通之。或一卦承上起下取义，有不同者，所谓易为变易之书也，大抵《序卦》相承而生者，时势之必然也。圣人因其时势以为卦序者，以制其变也。

右下篇

杂卦传

乾刚坤柔，比乐师忧。临、观之义，或与或求。屯见而不失其居，蒙杂而著。震起也，艮止也。损、益盛衰之始也。大畜时也，无妄灾也。蛊萃聚而升不来也，谦轻而豫怠也。噬嗑食也，贲无色也。兑见而巽伏也。随无故也，则饬也。剥烂也，复反也。晋昼也，明夷诛也。井通而困相遇也。咸速也，恒久也。涣离也，节止也。解缓也，蹇难也。睽外也，家人内也。否、泰反其类也。大壮则止，遁则退也。大有众也，同人亲也。革去故也，鼎取新也。小过过也，中孚信也。丰多故，亲寡旅也。离上而坎下也。小畜寡也，履不处也。需不进也，讼不亲也。大过颠也，颐养正也。既济定也，未济男之穷也。归妹女之终也。渐女归，待男行也。姤遇也，柔遇刚也。夬决也；刚决柔也。君子道长，小人道忧也。

《杂卦》皆以反对取义。自大过颠也以下，旧卦不反对。今依蔡氏本为定。

乾刚坤柔者，乾纯阳，故刚。坤纯阴，故柔也。刚柔立本者也，变通趋时者也。下六十二卦，其变通也。比乐师忧者，比吉道也。而卦主居阳得位，故乐。师危道也。而卦主居下失位，故忧也。临观之义，或与或求者，临观二卦，互有与求之意，临以下二阳临上四阴，为与四阴为二阳所临为求，观以上二阳，观下四阴，为与四阴以二阳为观，则为求也。屯见而不失其居，蒙杂而著者。屯者，草昧之始，艰险见于外。而初、五二阳皆得其正位，故不失其居也。蒙者，未有知识之始，二阳杂乎四阴，而能发其蒙，故著也。震起艮止者，震一阳起于下，艮一阳止于上，帝出乎震为起，物盛于艮而止也。损益盛衰之始者，损下益上衰之始，损上益下盛之始也。大畜时无妄灾者，阳非畜止之物，时乎受畜，尔无妄其动，以天不宜有灾，而致灾者，非人眚也。萃聚而升，不来者萃，而坤众在内，故聚升，则坤众往外，故不来也。谦轻而豫怠者，谦不自有，故视己者，轻豫不自持，故处己者，怠也。

或曰："怠协来"音，当作"怡然怠"，亦协音"噬嗑食"。贲，无色者，噬嗑，以九居四，噬嗑而嗑之颐中有物，故为有食。贲，九居三、上，不相应，自为白贲，故无色也。兑，见而巽伏者，兑阴见于二阳之上，巽阴伏于二阳之下也。随无故而蛊，则饬者，随时变易，不主于故蛊，则但饬其坏，非大有作为也。剥烂复反者，剥，则阳烂于上；复，则阳反于下也。果熟则烂，烂则剥落而归地，其种又生于地也。晋昼而明夷诛者，离在地上；而明著离在地下，则明伤也。或曰："诛"不叶音，当作"咮离"，为飞鸟咮伤人者也。井通而困相遇者，遇遭值也。井上出故通，困刚掩者，适相遭也。咸速恒久者，少男少女，易于相感；长男长女，久而相安也。涣离节止者，风散水而披离，泽防水而止节也。解缓而蹇难者难解，则舒缓难结，则蹇滞也。睽外而家人内者，内外皆以离言在外，则丽于外，而内睽在内，则丽于内，而家和也。否泰反其类者，否阴类在内，而阳类在外泰。阳类在内，而阴类在外，两相反也。大壮则止，遁则退者。大壮，则阳安所止而不退；遁，则阳不安所止而退者也。大有众而同人亲者，大有柔在上，则人归乎我者，众同人柔在下，则我同乎人而亲也。革去故，而鼎取新者，革泽火相息为去，故鼎木火相生为取新也。小过过而中孚信者，小过四阴在外，而过于阳，中孚二阴在内，而孚于阳也。丰多故而旅亲寡者,故对亲,寡对多,则所谓故者,故旧也。丰,盛则故旧合旅,琐则亲戚离也。离上而坎下者,火炎上而水润下也。小畜寡而履不处者,小畜阴得位,以寡而畜,众履阴不得位,不能久处也。需不进,讼不亲者,乾止于坎下,故不进;乾与坎相违,故不亲也。大过颠,而颐养正者,阴陷阳故颠,阳养阴为正也。既济定,而未济男之穷者,六爻当位,故定;三阳失位,故穷也。归妹女终渐待男行者,既归,则女道之终将归,则待男而行也。姤柔遇刚,夬刚决柔者,以阴言之柔,而遇刚为喜,柔为刚决则忧,故君子道长,小人道忧也。

按:《序卦》虽明卦序,然所陈或非本卦大义所关。易之蕴耳,《杂卦》则以反对取义。比之《序卦》,为精学易者所当究心也。

后　序

　　易，变易也。六十四卦，一乾之变也。三百八十四爻，一初九之变也。太极动而生阳，乾之初九也。动极而静，乾之用九也。静而生阴，坤之初六也。静极复动，坤之用六也。分阴分阳，迭用柔刚，而易之变，不可胜穷矣。

　　太极之动，乾而已矣。动极而静，乃有坤焉。得乾之初九者，复也。变而为一阳者，六焉。得乾之初九与九二者，临也。变而为二阳者，十有五焉。得乾之初九，以至九三者，泰也。变而为三阳者，二十焉。得乾之初九，以至九四者，大壮也。变而为四阳者，十有五焉。得乾之初九，以至九五者，夬也。变而为五阳者，六焉。自初九以至上九，则乾之全体也。

　　变乾之初九，则为姤；变乾之初九与九二，则为遁；变乾之初九以至九三，则为否；变乾之初九以至九四，则为观；变乾之初九以至九五，则为剥；变乾之初九以至上九，则为坤。而一阴者，五阳之卦也。二阴者，四阳之卦也。三阴者，三阳之卦也。四阴者，二阳之卦也。五阴者，一阳之卦也。六阳俱变，则用九而为坤；六阴俱变，则用六而复为乾。乾而坤，坤而乾。

　　然则乾之一卦，非六十四卦之所自来欤！初九一爻，非三百八十四爻之所自来欤！有变而后有象，有象而后有辞，有辞而后有占。不得于变，勿求于象，不得于象，勿求于辞，不得于辞，勿求于占，卦之变如此，则卦之象如此。卦之象如此，则卦之辞如此。卦之辞如此，则卦之占如此也。

　　汉去古未远，诸儒尝以象变言易矣。言象变而遗理，不可也。王辅嗣（王弼，字辅嗣。226—249）一扫而去之，以其遗理，而去之可也。并象变而去之，则后之学者，不知三圣命辞之本心矣。嗟夫！六十四卦，皆乾一卦之变也。三百八十四爻，皆乾初九之变也。故有变卦焉，有卦变焉。变卦也者，六十四卦变而四千九十六者是也。卦变也者，十二卦变而六十有四者是也。

由乾一画而变焉为十二，由十二而变焉为六十四，由六十四而变焉为四千九十六。盖变卦其流，而卦变其源也。变卦其支，而卦变其本也。有卦变而后有变卦，故予之于易，既以变卦而论其爻，必参卦变以原其画。夫然后圣人作易之旨，无余蕴矣。虽然，探赜于积年之久，成书于期月之间，若神明之有以开其心者，而犹惧夫失之易也。是其是，非其非，盖将有待于万世之公论焉，傥无忝于鼻祖将军之家学云。

昭阳协洽（癸未，1283，至元二十年），候豫卦。

武林（武陵）丁易东后序。